「戦後」という意味空間

伊藤公雄著
ITO Kimio

インパクト出版会

目次

「戦後」という意味空間

第2部……………………………………107

戦後憲法体制の変容と「昭和」の終わり

第I部

戦中派という世代

戦中派世代と戦友会

はじめに

「戦中派」という言葉があり、そう自称し他称される「世代」が存在している。そして、この「戦中派」という言葉に「戦無派」であるわれわれは、ある複雑な思いを抱いている。それは、ある種の拒否感をともなった蔑称（「戦争加担者のくせにデカイツラしやがって」）であり、またある畏敬の念を含んでもおり（「生死の境をくぐり抜けてきた人びと」）、また同時に、一種のあわれみ（「不器用な世代」「戦争の犠牲者」）をも意味している。当然のことながら、当の戦中派自身にとって、自らの世代に対する想いは、いっそう錯綜した形をとって存在していることであろう。

戦場に兵たりし人ら黙しつついま中年期後半に入る（大越一男 大11～『昭和万葉集』巻一四）

「黙しつつ」という言葉からは、かつてこの世代の人々に強いられた事どもがあまりに多すぎたこと、「兵たりし」ことの悲しい自負心、自己の存在証明も未だ定かでないままにやがて老年に入ろうとする戦《おのの》き、などが読みとれはしないか。

もちろん、こうした自らの世代に対する感慨は、個々の戦中派自身がたどってきた戦前―戦中―戦後の個人史と密接に関わっているのであり、一律にくくるわけにはいかない。再び『昭和万葉集』から引用してみよう。

戦場のシーンとなればテレビ消すいまも兵の日を語らぬ夫は（谷ゆき子　巻二〇）

戦歴を誇らかに語る声きこゆすでに乱れし酒宴のすみに（大川隆美　大6～巻九）

自らの体験の重さ故に、戦争のことには今なお頑として口を開かぬ人。酒席で人の首を切った話を何の屈託もなく大声で語る人。それぞれに、それぞれの戦前―戦中―戦後史がある。戦友会という集団は、そうした戦中派の個々の想いが、様々に出合い、重なり合い、錯綜する場でもある。戦友会の構成員たちは、戦友会という場を通じて、個人史のある時代と「再会」する。しかし、そのようにして再会する過去は、かつて彼らが体験したそのままの過去ではない。四〇年近くの「戦後」という時代をくぐり抜けてきた個々の歴史が、そしてさらに、老いへと向おうとしている現在の彼ら自身の境遇が、この再会にある偏倚を与え、純粋な過去との出合いを許さない。

戦友会に出席する時、彼らの胸に去来するのは、単に戦時のみではなく、彼らの戦前―戦中―戦後を通じた個人史の総体である。彼らが戦友会を通じて彼らの戦時と向き合う時でさえ、彼らの立脚点は、彼らの現在、つまり、彼らの半生の歴史が積み上げてきた「今の足場」なのである。

本稿で対象としようとするのは戦友会の構成員たちにとって、特に彼らの現在の生活において、戦友会がどのような意味の装置として機能しているのか、という問題である。彼らは何を求めて戦友会に参加するのか。また、そこで獲得されるものは何か。こうした問題を、彼ら戦中派が、戦友会という場を通じて、彼ら自身の個人史といかに対面し、またそれに対してどのような意味付けを行なおうとしているのか、を分析するなかで考えてみよう、ということである。

〔一〕では、分析のための基礎的作業として、戦友会をいくつかの類型に分け、各々のタイプの戦友会のもつ志向性をたどる。そして、その分類にもとづいて、〔二〕において、「意味の装置」としての戦友会の機能を、戦後との関わりの中で考察していこうと思う。

一、……………戦友会的結合の諸相

戦友会は、基本的には、戦中の陸海軍の部隊、兵学校、病院、その他の軍関係集団が、戦後、再びかつての集団枠組をもとに再形成―再組織化された集団である。

ただし、再集団化された集団として戦友会を見る時にも、二、三人の規模の小さい戦友会から、「東部ニューギニア戦友会」「ソロモン会」など、ある地域に作戦を展開した、陸海軍の将兵、軍属、看護婦、医師等、全関与者を対象とする幅広い戦友会に至るまで、様々な種類の戦友会が存在しているのである。

ここで、注意しなければならないと思われるのは、戦後、過去の集団を再組織化するにあたって、大部分の戦友会は、中隊レベルで再集団化を行なうか、師団レベルでそれを行なうかというように、かつての集団（原集団）の枠組み―範囲を、「選び」とっている、という点である。原集団のどの範囲までをとって戦友会を形成するか、ということの問題は、各々の戦友会の集団としての性格にきわめて強く反映することになるのではないか。本章においては各集団の範囲選択という視点から、戦友会集団の結合の質の異同を探っていこうと思う。

その場合、分析の材料を与えてくれるのは、一九七八―七九年、われわれ「戦友会研究グループ」が行なった、全国一五八九の戦友会の「世話役」の方々に対するアンケート調査の結果である。

㈠……………戦友会の分類にあたっての基準

学校戦友会

かつて属した集団の範囲選択という問題を考えるにあたって、まず第一に俎上にあげなければならないのは、原集団の存在していた「場」ということである。原集団が、戦闘部隊として形成されていた集団なのか、部隊以外の存在なのか、という点が、第一にあげられねばならない。病院を原集団として形成されている戦友会なども、いくつか存在してはいるけれど、部隊以外の戦友会として、最も典型的で数も多いのは、同期生会などの兵学校を中心とした戦友会であろう。われわれの調査に回答していただいた、学校を原集団としてもつ戦友会は、全体の一二・四％（陸軍五七ケース、海軍六四ケース）にのぼる。

学校を原集団として持つ戦友会を、仮に「学校戦友会」と呼ぶことにしよう。これに対して、部隊を原集団として持つ戦友会――いわば狭義の戦友会といえるかもしれない――を「部隊戦友会」と呼ぶことにする。

部隊戦友会

部隊戦友会における原集団の選択という問題をもう少し考えてみよう。部隊を原集団としてもつ戦友会に関していえば、この集団の原集団は、旧帝国陸海軍のヒエラルヒーの一部である。それ故、再集団化にあたっては、原集団の枠は、分隊・小隊レベルから、大隊・師団レベルまで様々のレベルでの選択の可能性がある。

部隊戦友会における範囲選択というこの問題を、調査者の側から再構成して考えてみよう。分類の基準は、集団としての第一次的接触―対面関係の成立の可能性、という視点である。部隊における一次的接触―対面関係の成立可能性、という問題は、後に述べるように、戦友の死の現場に立ち合ったか否かの可能性にも関わる問題として、戦友会的結合において特別な意味をもつと考えられるからである。

具体的な分類の基準としては、陸軍では中隊以下を、海軍では駆逐艦以下を、対面関係の可能性がより大きい原集団として、また陸軍の大隊以上、海軍の巡洋艦以上を、対面関係の可能性がより小さい原集団として考える。前者を「小部隊戦友会」、後者を「大部隊戦友会」と呼ぼう。

われわれの第一回調査に回答された九七八ケースの戦友会中の八二％が、この部隊戦友会にあたる。うち、大部隊戦友会は四五五ケース、小部隊戦友会は三二六ケースあった。以上、戦友会集団を、その原集団の範囲選択という視点から、学校戦友会、大部隊戦友会、小部隊戦友会の三つに分類した。この先取的な分類をもとに、考察を進めていこう。

(二)……………戦友会と戦死者

親睦が全てだが、同窓会などと違うのは、戦場体験者が軍隊という集団生活で、かけがえのない青春をともに浪費し、死生の間『戦友』という特殊な友情に支えられたものの集まりであることだ。背後に、会員の何倍、何十倍とも知れぬ戦死者が参加している。

(竹森一男『兵士たちの現代史』)

戦友会は、「死んだ戦友」の問題を抜きには語れない。「ただ、戦争で死んだ仲間の視線から、身をかくすすべのないこと、彼らに顔向けできないことが辛いのである」（吉田満「観桜会」『季刊芸術』一九七九年夏号）、あるいは「生きて帰ったということだけで、死んだ仲間になにかすまないという気持がある」（大岡昇平『戦争と文学と』）と語る、かつての将兵たちは、死んだ戦友に対する一種のうしろめたさ、「負債感」を、今なお持ち続けている。戦友会は、第一に、そうした死んだ戦友に対する負債を、集団として「支払う」場である。

こうした、集団としての負債の支払いにあたって、前述した三つの戦友会の類型の間に、その支払いの方法をめぐって異同が存在しているだろうか。もしあるとすれば、それは、いかなる根拠にもとづいた異同であるのか。調査の結果をもとに分析していこう。

時間の軸

第一の分析の軸は、時間の軸である。過去の集団を再集団化した集団としての戦友会が、集団として、より過去を向いているか、それとも現在に強く引かれているのか。

この、戦友会と過去とのつながり、という分析の枠組を、戦友会の各成員の現在の意識が、ある程度吐露されていると思われる、戦友会会合における「話題」に関するアンケートの結果を中心に考察しよう。

表1は、原集団の性格により、先取り的に分類した三つのカテゴリーにおける、各々のグループの話題の頻度を表わしたものである。これらの三グループ間には、ある差が認められるだろう。

表１ 会合における話題

小部隊（総数326ケース）

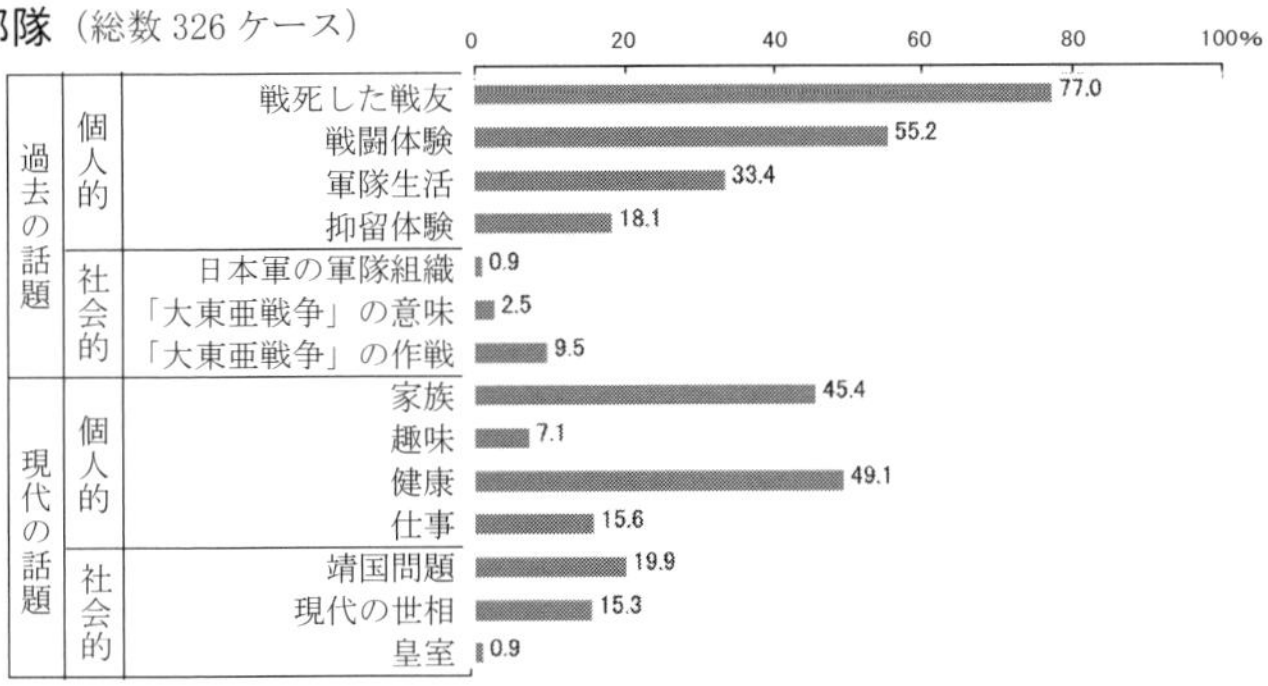

学　校（総数121ケース）

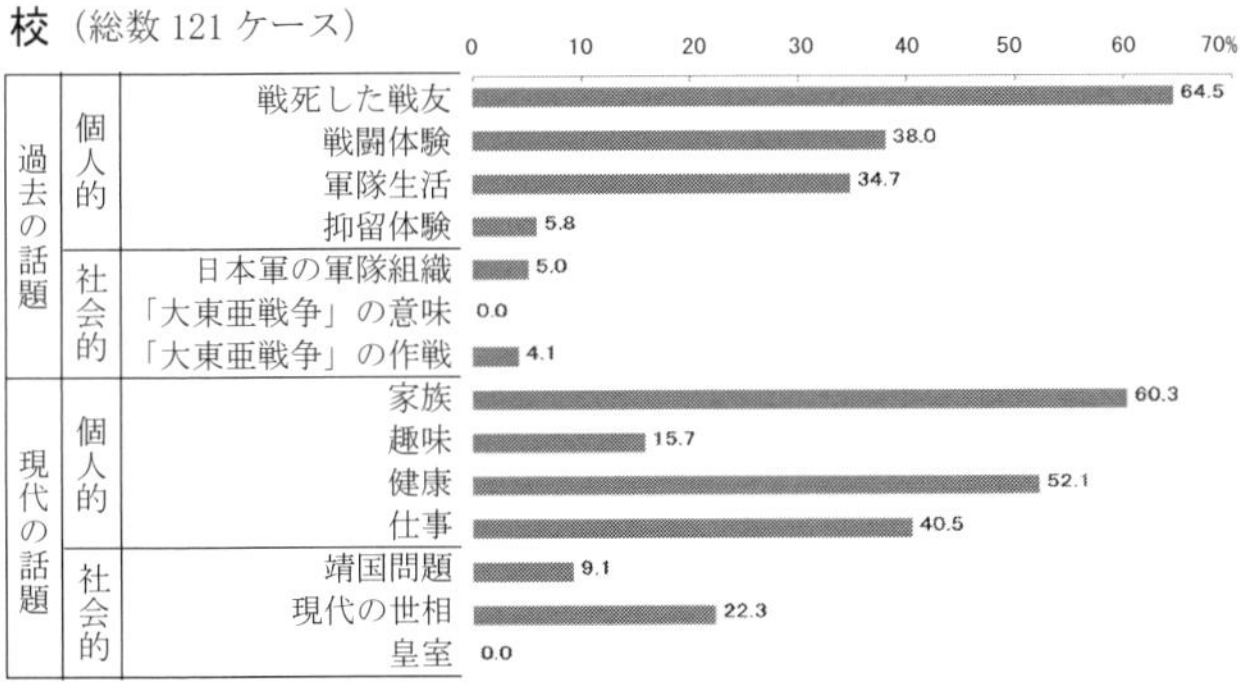

大部隊（総数455ケース）

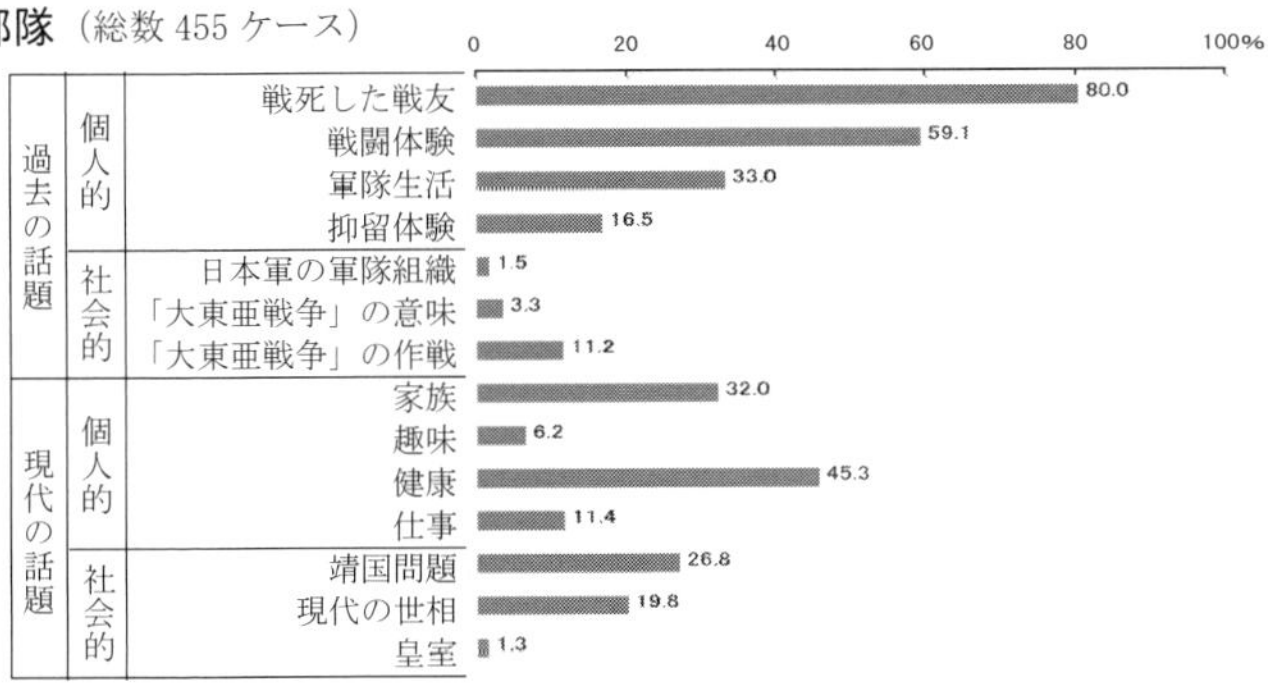

その第一は、学校戦友会と部隊戦友会との差である。学校戦友会においては、「話題」は、過去よりも現在により強くひかれているのである。

次に、部隊戦友会内部にも、ある差が認められる。部隊戦友会は、全体として過去に強く引かれているのであるが、原集団の大小によって、わずかながら差が存在しているのだ。つまり、大部隊を原集団とする戦友会の方が、小部隊戦友会と比べて、より過去の話題に強く引かれているのである。

こうした差は、戦友会集団の再組織化にあたっての「結成の動機」、また「現在の絆」の項目を見れば、より明らかである。

表2を見ていただきたい。大部隊を原集団として持つ戦友会は、より強く過去と結びついていると思われる「慰霊」を、「結成の動機」「現在の絆」にあてる傾向が大きい。これに対して、小部隊戦友会、学校戦友会は、より現在に関わると思われる「親睦」を、「結成の動機」「現在の絆」ともに第一にあげているのである。

再集団化集団としての戦友会集団において、原集団の範囲の選択の差によって、現在の集団のもつ性格の差が何故生じるのか。

まず、学校戦友会と部隊戦友会との差について考えてみよう。

「現在」を志向する学校戦友会

原集団を「学校」として選択した戦友会集団が、過去の話題よりも、現在の話題をより志

表２ 結成の動機、現在の絆

小部隊

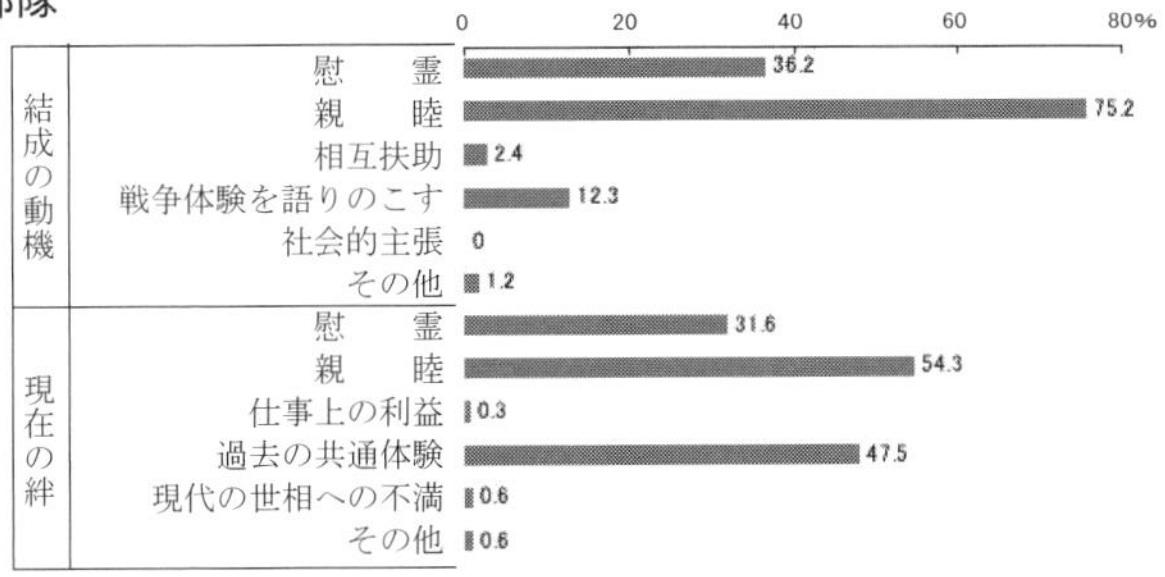

学 校

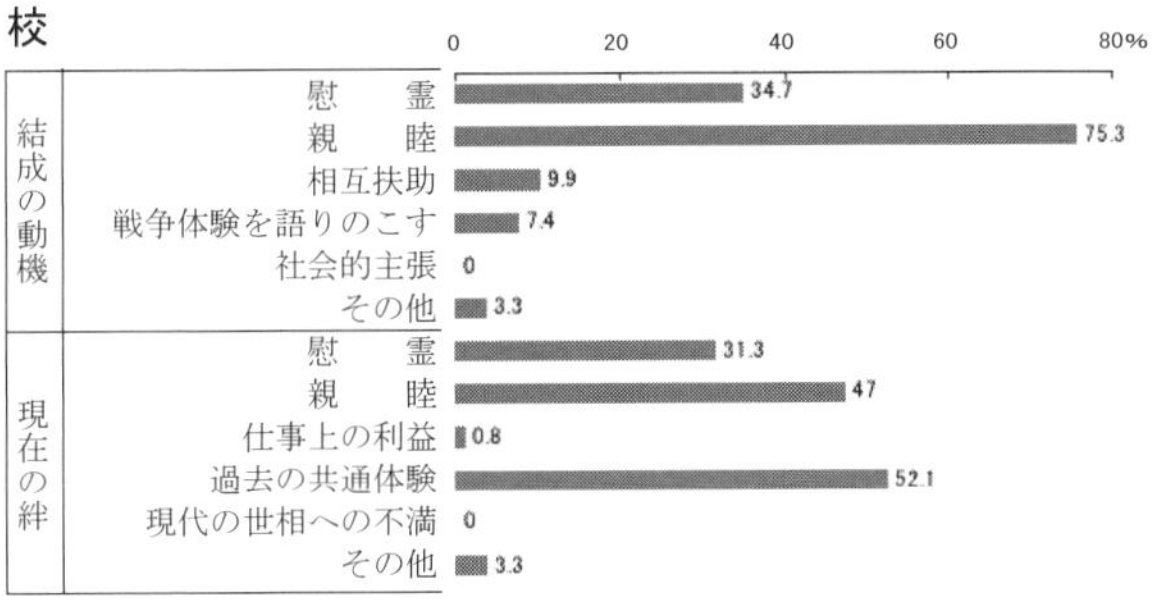

大部隊

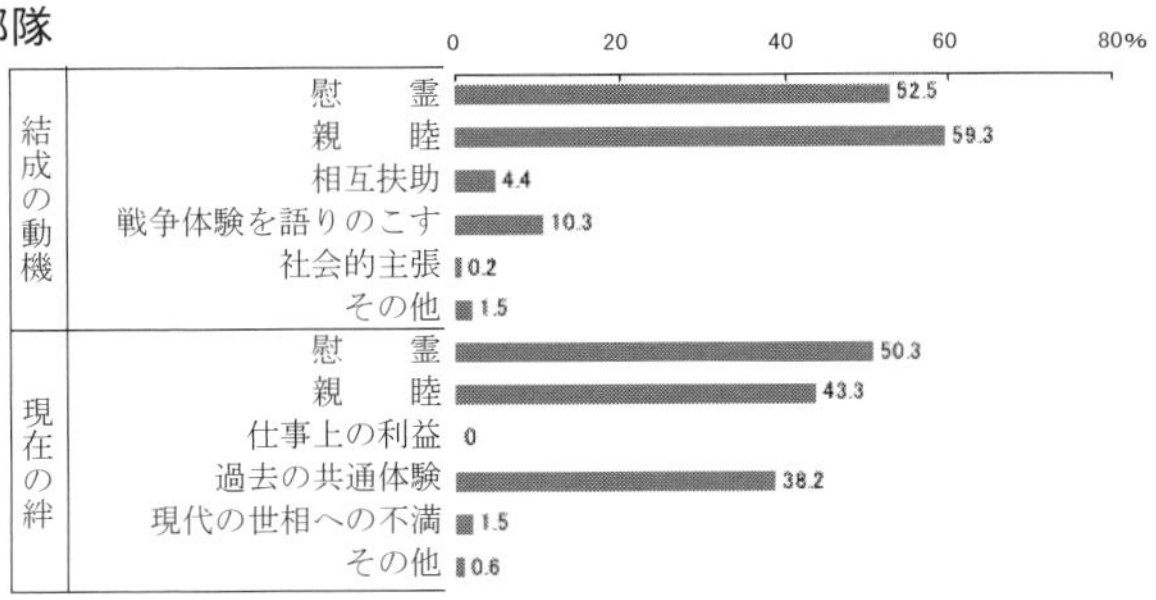

向することの根拠は、いくつかあげられよう。その理由の一つに、士官学校、兵学校出身者の「エリート」性、ということがあげられるだろう。そのことは、学校戦友会の個々の成員が、現在、多く社会的にめぐまれた地位についているであろう、ということからの分析を可能にさせる。彼らは、過去の仲間たちに対して、現在の自己を語ることによって、自己の現在へのある充足感を得ることも可能なのである。また、同期生会などは、かつて多くは対面関係をもっており、後に述べるような、小部隊戦友会の性格と相似た性格を持っているとも言えるだろう。

しかし、決定的な差は、過去の共通の戦争体験の培われた「場」の違いであろう。共通体験が、戦場で培われたか、それとも「後方」で形成されたものであるのか、の差ということであろうと思われる。そのことは、死んだ戦友の死亡現場に立ち合ったか、立ち合っていないか、の差でもある。(ここで「戦友の戦死の現場」というのは、必ずしも「目撃した」ということを意味しない。同じ戦場ということだけをもってしても、戦死現場のイメージは再生可能であろうからである。)

同じ戦場で戦っていた部隊戦友会においては、「死んだ戦友は自分でもありえた」という意味においても、死者との一体視が、より強く生まれると思われる。例えば、安田武は、一九四五年八月一五日、終戦のその日に、自分の「十糎ほど右の方にいた」戦友の死を、「ホンの十糎ほど左の方に位置していた」者として引き受けようとしている(安田武『戦争体験』)。こうした事情は、まさに「死者との連帯」という意味において、集団としての負債の仕払い方の問題として、部隊戦友会により強く関わってこざるを得ない、と考えられる。

部隊戦友会内部の考察に移ろう。すなわち、原集団が対面関係をもつ可能性のより

部隊戦友会の間に生じた差

次に、部隊戦友会内部の考察に移ろう。すなわち、原集団が対面関係をもつ可能性のより大である小部隊戦友会と、可能性のより小である大部隊戦友会の差、という問題である。

表1においては、対面関係をもつ可能性が大であり、共通の戦闘体験を、より密度の濃い形でもっていたと思われる小部隊戦友会の方が、より現在の話題にひかれている。これは、大方の予想とは「逆」の結果ではないか。小部隊戦友会のほうが、死者に対する集団としての負債を、感じることがより少ないのだろうか。

そうではない、と思われる。表2を再度見ていただきたい。戦友会の「現在の絆」において、小部隊戦友会は、学校戦友会とともに、それを「過去の共通の体験」におく傾向が強く出ていることが読みとれるだろう。

「過去」の内容の差

過去へと強く引かれるこれら二つの戦友会類型の間には、過去の志向性において、過去のもつ内容の差、という問題が潜んでいるのではないか。

前述したように、原集団において対面関係をもっていた可能性の高い——すなわち、共通の体験の密度の濃い——小部隊戦友会に比べて、大隊以上を原集団としてもつ大部隊戦友会

において は、対面関係は、充分には成立していなかったと思われる。そして、まさに、この過去の不充分な対面関係こそが、話題におけるこうした結果の差を生み出したのではないか。大隊以上を原集団としてもつ戦友会は、かつて充分な対面関係をもってはいなかったが故に、会合において、過去の話題を名刺代りにしなければ、全体として会話が成立しにくいのではないか。

これに対して、小部隊戦友会は、表2からも理解されるように、すでに過去において共通の基盤が成立しており、ここでは、対話を成立させるために、過去の話題はそれほど必要ないのではないか。過去の密度の濃い共有体験をもつこれらの戦友会のうちには、時として、話したくない、避けたい話題の存在の可能性さえうかがうこともできるのだから。

こうしたことは、大部隊戦友会が、「結成の動機」においても「現在の絆」においても、「慰霊」をより強くかかげていることから、逆に、うかがえるように思われる。

戦友会形成の要素には、前述したように、集団としての負債の支払いが大きな部分を占めている。慰霊は、そうした意味からも、戦友会にとって切り離すことのできない営為である。それでは、慰霊すべき戦友の多くと、対面関係をもっていたであろう小部隊戦友会と比べて、対面関係が充分には成立していなかった大部隊戦友会のほうが、より「慰霊」をかかげる傾向を強くもっていることの根拠は何か。

それは、集団としての負債の支払い方に関わる問題であると思われる。
大隊以上を原集団としてもつ大部隊戦友会は、小部隊戦友会や学校戦友会と比べて、「現在の絆」において「過去の共通の体験」の占める率はより低い。この集団にとっての再結合の契機は、この点からも、小部隊戦友会、学校戦友会のような「過去の共通の体験」ではなく、過去の「所属」（○○大隊所属等）が問題とされているのではないか、と思われる。当然のことながら、この過去の「所属」は、過去の共通の「体験」と比べて、再結合の契機としてはより弱い契機である。そして、このことが、大部隊戦友会に、再結合を維持し強化するための新たな「装置」を要求する。

過去の共通の「所属」というより弱い再結合の契機に、いわば「第二次正当化」ともいうべき制度化された枠組を加えることにより、再集団化集団としての自集団を維持していこうとする傾向。この傾向こそが、大部隊戦友会に、「慰霊」をより前面に押し出させているのではないか。

これに対して、小部隊戦友会は、そうした「儀式」の枠組をそれほど必要とはしない。過去の共通の「体験」が、よりストレートに再結合を維持させることになる。

「所属縁」と「体験縁」

われわれは、ここで、再集団化集団としての戦友会の分析から、新しい概念を提出しようと思う。それは、再結合にあたっての契機をめぐる概念である。

大部隊戦友会は、前述のように、再結合の契機は、過去の「所属」をより重視したものといえる。そこでは「○○連隊所属」が成員たる唯一の資格である。これに対して、小部隊戦友会・学校戦友会の多くも「部隊」「同期」という枠が前提とされているのであるから「所属」は、当然のこととして一つの資格である。しかし、かつての一次的接触―対面関係は、そうした「所属」という前提より、一段強い再結合の契機――過去の共有の「体験」――を、暗黙のうちにではあれ、一つの資格として要求する。再集団化にあたって、過去の「所属」を再結合の主な契機とする集団の結合様式を、「所属縁」にもとづいた結合、過去の「体験」がより強調されていると思われる結合様式を「体験縁」にもとづいた結合、と各々呼ぶことにしよう。

部隊戦友会内部の負債の支払い方の差、という視点にひきつけて、再度、この結合の契機の差について述べてみよう。「所属縁」を結合の契機とする大部隊戦友会は、戦死した戦友との絆は、この「所属」をもとにした絆であった。それ故、部隊全体としての戦死者たちは、小部隊戦友会と比べて、より抽象的な相で――つまり、より直接性・具体性を欠いた形で――把握されざるを得ない。抽象化された戦死者たちとの連帯は、儀式―制度化された枠組をもって表現される。大部隊戦友会と「慰霊」は、この点で強く結びつく。

「体験縁」にもとづいた小部隊戦友会にあっては、戦死した戦友は、部隊全体としても、より具体的な相で現前することになる。つまり、戦死した戦友との連帯は、集まること自体のうちに、過去の集団を一次的に再生させることのうちに、すでに表現されているといえる。ここでは、かつて共に生き共に戦った「死者の戦友が、背後にじっとうずくまり列席している」（竹森一男、前掲書）のだから。

(三)……………生き残った者たち――体験の意味づけ

「恥多き」戦中派の沈黙は、無学、疲労感、自己不信、共犯意識と、さまざまの理由に基づいていたが、沈黙の底ふかく、一つの決意、誓い、を秘めていたと思う。いかなる決意か。それこそ「恥多き」世代という自己規定を、一時も忘れてはならぬ、という誓いではなかったか。それ故の沈黙ではなかったか。

(安田武『人間の再建』)

沈黙していた「恥多き世代」が、少しずつ語りだし始めている。「戦記」「戦史」「戦争体験記」は、各書店に一つのコーナーさえ生み出している。そこには、マスコミの煽動以上の、何かより深い歴史的根拠さえ感じさせる。

四〇年前の「強制された死」の時代から、今「自然な死」の接近を前に、かつての将兵たちは、過去の戦闘体験を、また死者のまなざしを「総括」しようとしている、と思われるのだ。このことは、「戦中派」と呼ばれるこの「世代」の、戦前―戦中―戦後を貫くアイデンティティをめぐる問題――「意味の領域」――へわれわれを踏みこませる。

戦中のアンビバレンツ

かつての将兵たちに対する、戦後の、「戦争加担者」としての批判的風潮の中で、そしてまた、背後にいつも存在している戦死した戦友のまなざしの下で、彼らは、自らの世代の

「負い目」「自己不信」「他者不信」を感じたであろう。しかし、そこには同時に、自己のかつての体験には、抽象的な戦争否定ということだけでなく、そこから抜け落ちた何かがあるという想い、それに何とか意味付与し、自己の、戦死した戦友の、過去を意味づけ、再確認したい、という想いが存在していたであろうことは、想像に難くない。

吉田満は語る――

「われわれがこうして集まるのは、過去がただ懐かしいからではない。われわれは、戦後の時代を生きてきて、奥深いところで満たされないことを知っている。それぞれ自分の言動に釈明はできても、重大なことに道を誤った悔いがある。生き残った者に課せられた仕事を、怠ってきたのではないか、という苛立ちがある。その不甲斐なさの共感が、仲間同士くり返し集って語り合いたいという衝動にかり立てるのである」（前掲「観桜会」）と。

戦友会は、死んだ戦友への負債返済の場であるとともに、生き残った者自身の戦中―戦後への意味付与――自己のアイデンティティ確認の場でもある。

戦中派世代の個々の意味領域に分け入るには、材料も、また力量も不足している。ここでは、その意味付与の方向が、集団として外へ向かっている――いわば、社会的な枠組での承認の要求へと向うのか。それとも、内を向いている――集団内で自足しようとしているのか。という点に焦点をあて、調査結果をもとに考察していく。

靖国問題と戦友会

分析の道具は、質問項目「戦友会として靖国神社国家護持をどう思いますか」である（表3）。

いうまでもなく、靖国神社国家護持の問題は、戦死者の死を国家によって「顕彰」させることを要求する、という問題である。それはまた、国民全体に、戦友の死を、そして自らの戦争体験を、「意味あるもの」として承認を求めようとする作業でもある。ここには、戦友と共有した過去の体験の意味を、社会的な脈絡で再認しようという動機が働いている。

表3は、この項目に関する三つのカテゴリー各々の

表３　靖国神社国家護持に関する態度

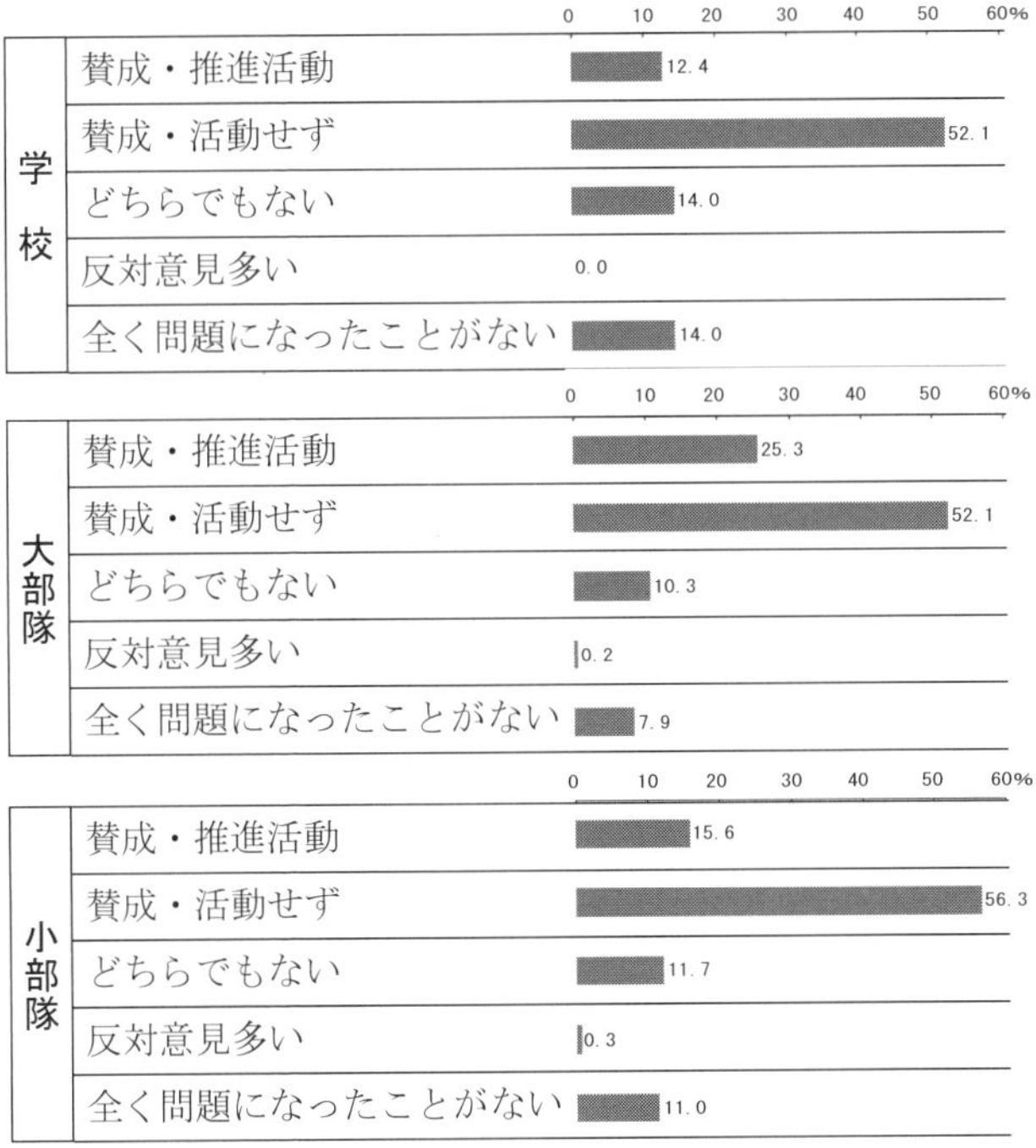

態度を示したものである。ここから、大部隊を原集団としてもつ戦友会集団が、総体的に、靖国神社国家護持運動に積極性を示していることが理解されよう。そしてまた、このことは、「所属縁」を再結合の契機とする大部隊戦友会が、集団維持のために、制度化された枠組をより必要とする、という問題と重なることでもある。すなわち、過去の所属という、より弱い再結合の契機が、靖国神社国家護持という新たな目標を設定されることにより、より強化される、ということである。ここで戦友会は、「政治化」され、集団から一歩外へと踏み出そうとしている。

これとは逆に、小部隊戦友会は、「国家護持」の必要性を承認しつつも、大部隊と比べれば積極的に活動しようとする傾向は少ない。「体験縁」でより強く結びつけられたこの戦友会グループは、死んだ戦友と共有する過去の体験を、そして、生き残った者の戦後史を、集団の内部で「総括」する傾向にある、と考えられるだろう。

学校戦友会は、靖国神社国家護持の問題について最も消極的である。このことは、戦死した戦友が、共通の戦闘体験の場で死亡してはいない――死者との連帯の回路が、部隊戦友会ほど強くない、ということを意味している。このタイプの戦友会の再結合の契機が、戦死した戦友―戦場体験にではなく、学校という、いわば後方における、部隊戦友会のそれとは別種な「体験縁」にもとづいたものであることが、理解されよう。

対外閉鎖性と開放性

三つのカテゴリーをめぐる、戦争体験―戦後史に対する「意味付与」に関する問題について、別のデータをつけ加えることができる。戦友会の会合への遺族、家族の参加の問題である。共通の体験をもたない者を、集団の成員として認めたり、彼らが会合に参加することを許すのか、それとも集団から排除しようとするか。

表4、表5は、戦友会における戦死した戦友の遺族、および戦友会各成員の家族の参加の程度を各々示している。

大部隊戦友会と小部隊戦友会を比べれば、両者の相異は明らかである。前者は後者に比べて、遺族・家族に対してより開いた態度をとっている。このことは、逆に、小部隊戦友会が、より内向的である、という前述の言を裏付ける。

学校戦友会もまた、遺族・家族に対してより開放的な態度を示している。特に家族の参加に関しては、他の二グループよりそ

表4 遺族の参加

		% (0–60%)
学校	遺族も会員として参加	29.8
	遺族は非会員、慰霊会合には参加	50.4
	遺族はまったく加わっていない	19.0
大部隊	遺族も会員として参加	31.0
	遺族は非会員、慰霊会合には参加	47.5
	遺族はまったく加わっていない	20.7
小部隊	遺族も会員として参加	21.5
	遺族は非会員、慰霊会合には参加	38.7
	遺族はまったく加わっていない	39.4

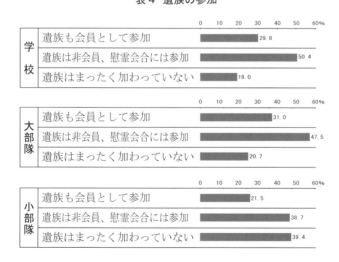

の傾向はかなり大である。学校戦友会は、その多くが、同期生会等、過去の士官学校、兵学校での「体験縁」に、より強く基礎をおく集団であることは前に述べた。この体験縁は、一般の同窓会等とは異なった、いわば「兄弟の契り」的な結合の契機であったことは、士官学校、兵学校関係者の口からしばしば語られることである。過去の共通の体験が、家族間のレベルにまで拡大されようとしている、全体が一つの大家族であるかのような交流が、このグループにおいてはもたれている、と言うこともできよう。

ただし、こうした学校戦友会のもつ開放性も、さきほど述べたように、社会的脈絡をもった自集団の意味づけへと志向することはほとんどない。相互の共有体験を、家族間へと拡大することによって、より内部

表5 家族の参加

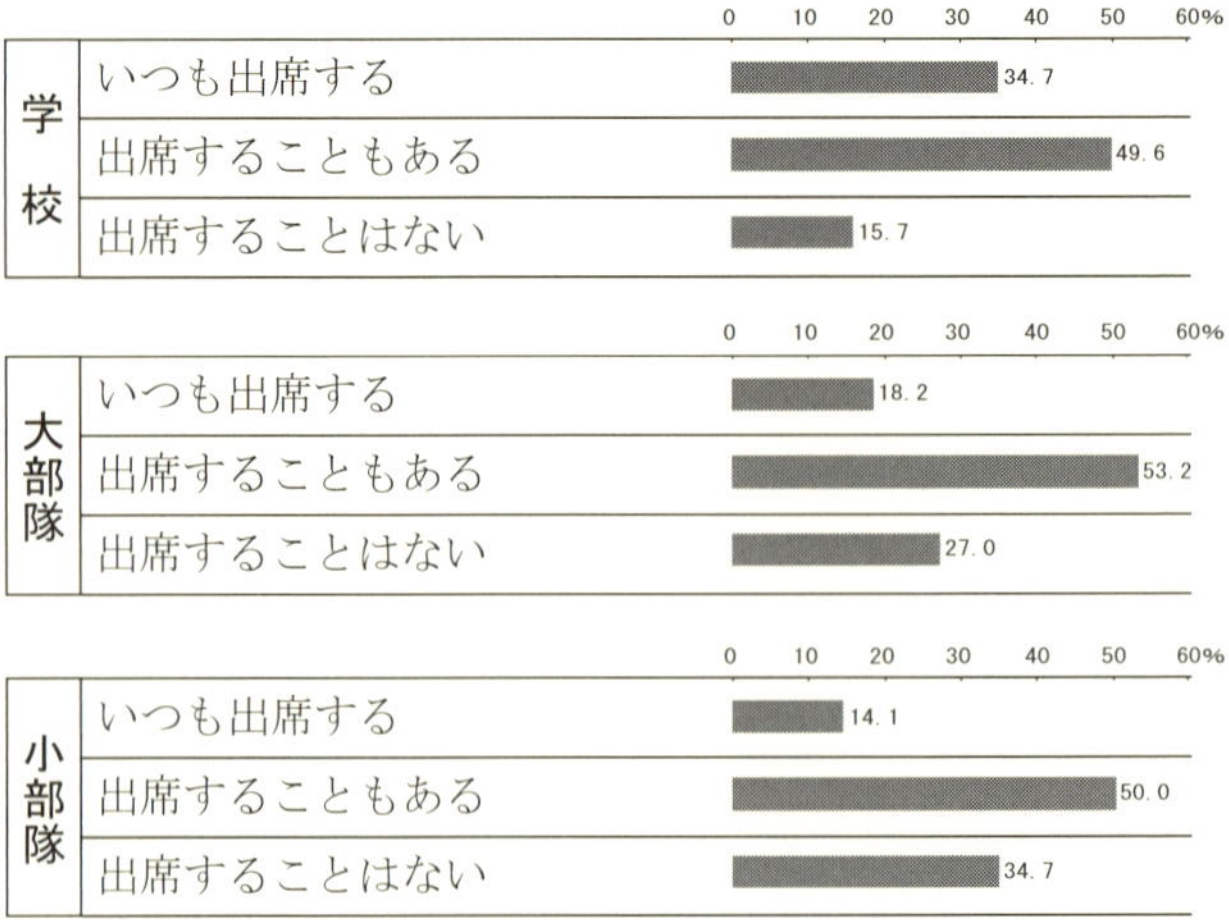

的な親密度を高めるためにこそ、こうした家族に対する開放性が存在していると考えられるからである。

学校戦友会のこうした「明るい」イメージは、同じく「体験縁」をより強い結合の契機としていると思われる小部隊戦友会とは、大きく異なっている。両者は、過去の共通の体験を再結合の契機としている。両者共に「靖国」という、過去の戦争体験者を社会的に意味付ける回路を、それほど強く選択しようとしてはいない。しかし、過去の共通の体験の意味づけ、という点では、小部隊戦友会は、よりいっそう内に向っていると考えられるのである。小部隊戦友会が、遺族・家族に対して、より閉ざされていることのうちに、そのことははっきりと読みとれる。両者の間に存在する、戦死した戦友と共有する体験への意味付与――生き残った者としての戦後の、集団としてのひきうけ方の「差」を、ここからうかがうことができるのではないか。その「差」の根拠は――何度もくり返すが――戦死した戦友の死亡現場の具体的イメージの差であり、部隊戦友会の全体としての非エリート性――「兵」としての戦争体験――ということではないだろうか。

遺族・家族を「排除」した上で、自集団の内部で、戦死した戦友を、自らの戦中―戦後を「総括」しようとする小部隊戦友会。ここでは、戦死した戦友の姿は、自己の集団の過去の体験は、どうしても「総括」し切れないものとして、まだ澱《おり》のように底の方に残っているのではないか。それは、遺族・家族にはさらしたくないもの――さらすべきでないもの、として、そしてまた、国家による顕彰や社会的認知への要求にではなく、あくまで共に戦い共に生きた仲間の集団内部で決着をつけるべきこととして、意識されているのではないか。

もちろん、そうした過去の「決済」は、不可能であろう。戦死した戦友の戦中—戦後をひき受けようとすれば、揺れ動く心の中で沈黙せざるをえない。そうしたやり場のない沈黙は、宴会のドンチャン騒ぎのうちにもデンと控えている。あらかじめ失われている自己の、そして集団の、過去—現在を貫くアイデンティティを求めて、彼ら小部隊戦友会のできる唯一のことは、最後の一人まで、年に一回集まり続けることであるのかもしれない。

㈣……………戦友会の三類型・まとめ

私達の戦友会は……殊更に何等の行事も手がけようとせず、物故した戦友の慰霊さえ怠っているのも、そうした戦友たちを忘れているのではなく、いささか手前勝手な幻想ととられるかもしれないが、それ等の戦友は今も私達の心の中に生きており、年一回ながら会合の度に、その場の雰囲気の中に、彼らは立帰っていると信じているからである。

（「私と戦友会」『国民正論新聞』一九七九年）


二・三節で取扱った、過去—現在、外向—内向という二つの軸で、これらの戦友会集団を、原集団の選択という点で位置づければ、図1のようになるだろう。この図をもとに、これまでの議論をまとめよう。

学校戦友会

過去の集団を再集団化した集団としての戦友会集団において、原集団の形成されていた「場」の違いによって、第一の分類――学校戦友会と部隊戦友会――がなされた。原集団のおかれた「場」の違いは、前者を、現在へとより強く志向させることになった。

図1

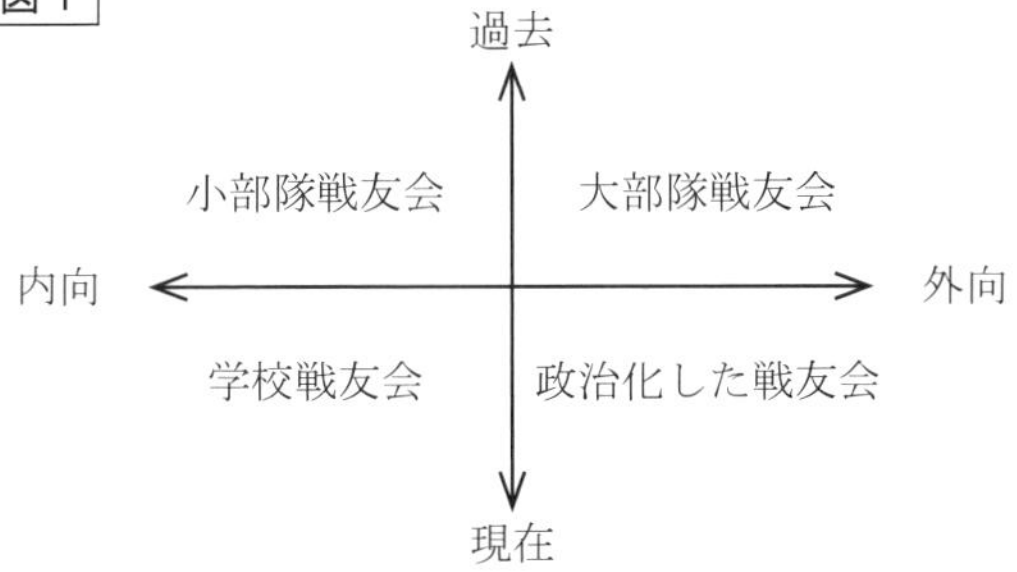

両者の間に存する差の根拠は、第一に、過去の共通の戦闘体験――戦友の戦死をめぐる具体的なイメージの差、であろう。そして第二に、学校戦友会の成員の戦中―戦後を通じての相対的エリート性、ということもあげることができるだろう。兵としての「強制された死」か、将校としての（原則的には）「志願」にもとづく選ばれた死か、という点が、戦死者に対する、そして同時に、各成員の戦中―戦後に対する意味づけの差に、影響を与えているのかもしれない。

ただし、学校戦友会を、一般の同窓会などと同列視することはできないだろう。死の覚悟を前提として培われた過去の共通の体験は、そして多くの同期生たちの死は、この再集団化集団の再結合の契機として強く影響を与えていることは、想像に難くないのであるから。

所属縁で結合する大部隊戦友会

部隊戦友会間の差は、時間の軸においても体験の意味付けの軸においても、対照的ですらあった。そして、この差を生み出した根拠は、再結合にあたっての契機の差であることはすでに指摘した。すなわち、再結合の契機として、過去の集団の「所属」のみを問題とするのか（「所属縁」による再集団化）、それとも、所属と同時に、過去の一時的接触――対面関係にもとづく共有の「体験を」――意識化されているといないにかかわらず――資格として要求するのか（「体験縁」による再集団化）という問題である。

「所属縁」を再結合の契機としてもつ大部隊戦友会は、「慰霊」という制度的な枠組を用いて、戦死した戦友とつながり、集団としての負債を支払おうとする。それはまた、死者たちと共有する過去の体験（戦争）を、社会的認知のなかで意味づけようとする傾向へとつながる。

体験縁による結合――小部隊戦友会

これに対して、「体験縁」を再結合の軸とする小部隊戦友会は、過去の一次的接触――対面関係にもとづく共有の体験が、よりストレートに現在の結合とつながっているため、制度化された枠組をそれほど必要としない。過去の共通体験こそが集団の結合を維持していくための重要な要素となっている。ここでは集うこと自体が、すなわち、過去の集団を一次的に再生させることが、すでに死者とつながる術《すべ》である。それは、負債の支払い、というよりも、死んだ戦友をもまじえた過去の集団の再現であり、過去の体験の、そして現在の生活の再認なのであろう。この作業は、集団内部で自足する方向をとりやすい。こうしたことは、体験縁で結ばれた小部隊戦友会が、結果として、その枠を大部隊レベルと拡大しようとしない意識のうちに、そしてまた、体験を共有しない者を、集団内に入れようとしない態度のうちに、読みとることができよう。

かつて顔をつき合せ、共に戦った戦友の死を、顔を知っている者、共に戦い共に生活した者としてひきうける。集団として背負う返済不能の負債を、集団の外へ向けてではなく、死者との共有の時間を互いに見知った同志で持つことにより支払おうとする。そうした意味において、慰霊行事を再結合の軸とし、社会的認知を求める中で集団としての負債を支払おうとする大部隊戦友会に対して、「体験縁」で結ばれた、この小部隊戦友会は、集まること、集まり続けること、それ自体のうちに意味を見出そうとする集団、といえるのではないか。

㊄……………戦友会は政治化するか

わが戦友《とも》が発揮した、かつての栄光を取り返そうではないか。幻想としての自由民主主義から目覚め、ポツダム体制を克服して、天皇精神を確立し、このかけがえのない日本、その国土と歴史の防波堤として、われわれ戦中派は、奮起、勇進しようではないか。忠魂顕彰の一点に余命を捧げようではないか。

（金城和彦・大12～「戦中派の余命は」『戦中派の遺書』）

靖国神社国家護持と「全国戦友会」

前節において、二つの軸で形成された四つのボックスに、三つの戦友会のカテゴリーを分類した。ここで、外向―現在という空いたボックスを埋めるふさわしい戦友会の類型は存在しないものだろうか。つまり、自己および自集団の現在の活動を志向し、しかも自らの過去―現在を、社会的な脈絡のうちに意味づけようとしている集団類型である。この項に入れるに最もふさわしい存在は、「政治化した戦友会」ともいうべきものであろう。(ただし、この類型は、原集団にもとづく戦友会集団の分類という、これまでとってきた方法から逸脱した類型であることはいうまでもない。)

たとえば、右寄りの雑誌として知られる『ゼンボウ』(一九八一年七月号)は、「海軍は生きている――予科練から海兵まで、戦友会の動向」と題して、戦友会の政治化のきざしをめぐる記事を掲載している。

「横須賀、呉、佐世保、舞鶴など各鎮守府(兵―下士官―特務士官)出身者の全国組織『海交会』は、八〇年に、『金権腐敗政治打倒』を掲げ総決起集会を開催したが、この点は『政治抜き』の他の海軍団体とは異なる。」

「また、政治は無縁――がこれまでの掟みたいなものであったが、昨年の衆参同時選挙では、軽く雲散霧消した恰好となっている。……参院神奈川地方区では、大西裕氏(新自ク、新)が、落選したものの、獲得した三五万票のうち一八万票が海軍関係者のものであることがわかった。同氏は、兵科四期予備学生で……」

ここには「政治化」を開始した戦友会の姿がうかがえる。

一九六〇年代から「靖国神社国家護持法を成立させる」ことを目的に活動している「全国戦友会連合会」も、そうした政治化した戦友会の一つとして数えることが可能であろう。ただし、靖国神社国家護持運動の推進は、連合体としての「戦友連」の目標であり、これに参加している戦友会、およびその個々の構成員がすべて積極的に活動しているわけではない。なかには、「政治的に利用されたくない」と、意識的に脱退した戦友会もある、と聞いている。

先述した三つの戦友会の類型のうちにも、政治化する可能性をもった、あるいはすでに積極的に政治活動を展開している戦友会も存在している。なかんずく、そうした「政治化」の可能性を、最も秘めている類型は、大部隊型の戦友会ではないか、と思われる。(もちろん、小部隊・学校に関しても、こうした政治化を志向する戦友会が存在していないというわけではない。)

というのは、大部隊戦友会においては、小部隊や学校戦友会のようには、過去の体験に結びつけられる相互に確認しうる共通のイメージがより薄い、と考えられるからである。彼らを結びつけているのは、戦中の彼らの「所属」であり、「慰霊」「靖国」という会の「現在」の活動であることはすでに述べた。ここでは、過去の集団の体験は、相互に具体的イメージをもって、戦中—戦後へと連続することは少ないのである。集団全体としての過去—現在のイメージの不連続性は、彼らに、別の装置による空隙の穴埋めを要求する。(彼らに「慰霊」を第一に掲げさせ、靖国国家護持に積極的に関わらせているのは、そうした空隙の充足へのエネルギーである）そして、より抽象的なものを通じての自集団の確認は、さらに外へ、社会的なものへと向わせることになりはしないか。

しかし、ことは大部隊戦友会に限らない。戦友会が彼らの過去の体験や戦友の戦死の意味づけ、という内的作業から、それらをバネにして、生き残った彼ら自身の戦後から現在に至る「満たされざるもの」の充足へ、そして、それを埋め合わせるための政治的理念の呈示とその実現の活動へと向うとき、戦友会の「政治化」が開始される。

その場合、各々の戦友会と、こうした不満の理念化、組織化との「親和性」（結びつき）は、理念が先行する形で組織が形成される（純粋な意味での政治的戦友会）場合もあれば、先に大部隊戦友会の例で述べたように、集団維持という内的要請から政治化していく（結果としての政治化）場合もあるだろう。

いずれにしても、こうした場合、戦友会は過去の体験の意味づけ、という過去へと向う作業を飛び超えて、自らの過去、死んだ戦友への想いを一つのテコとして、彼らの現実の不満、戦中――戦後を通じての個人史・世代史のおける彼らの満たされなかったものを、社会的脈絡＝政治において充足させようとする。それは、何よりも、彼らの「現在」（というより「未来」）へ向けられた営為といえるだろう。

政治への関心と無関心

しかし、こうした理念の先行、戦友会の政治化は、時に、戦友会自体を集団としてある種の危機に導きかねない。つまり、（理念先行によって形成された戦友会は別にしても）政治化を図ろうとする人びとと、一般構成員との間の溝の発生、という問題が、そこには生じてこざるをえないからである。戦友会の場で政治的アピールに対して送られる一般会員の冷やかな視線、そこにはもう二度と再び「政治的なことにまき込まれたくない」という、この世代の一つの特徴的な「心構え」が示されてはいないか。

児玉隆也は、「一銭五厘たちの横町」と題した非エリート兵士たち（彼のいう「町民兵士」「庶民兵士」たち）の戦後を描いたルポルタージュで、次のように述べている。

私は、大君の御楯と出でたつことになりし横町の蠟燭屋、麩屋。どんつくさん、下駄屋、指物師、呉服屋、湯の花屋、金具屋……の一銭五厘たちの言葉を改めて思い出す。「靖国神社法案、何だね、それ。うちには自まえの神棚も仏壇もあるよ。もうこれ以上神さまには手がまわらねえなあ」

靖国神社をめぐる戦中派の思いが、多くの場合、政治的な理由によって支えられているのではない、ということは理解できる。それは、主観的には、彼らと死んだ戦友とをつなぐ、戦後社会に残された数少ない絆の一つとして意識されているのである。しかし、こうした思いも、政治的な「かたち」をもって、それが登場してくるときは、なにかうさんくささを感じさせるのである。「町民兵士」の言葉には、そうしたうさんくささに対する明るい拒否が含まれている。

戦友会と政治、という問題は、戦後日本社会において、それほど社会的にクローズアップされてきた問題ではない。むしろ、それは今後に関わる課題であるといっていい。戦友会へと向けられた戦中派のエネルギーが、右へであれ左へであれ、「政治」へ向けて転換されうるか否か。それは、戦友会のもつ集団としての志向性とともに、戦中派個々人の戦争の総括、自らと死んだ戦友との、戦中―戦後を通じての意味づけ、に関わる課題であろう。

二、……………戦友会と戦後

戦争参加者にとっての戦後は、その時代の推移とともに、彼らの戦争体験の意味づけに様々の色合の変化を帯びさせることになった。それは、記憶のうすれや時代の変化にともなった戦争体験の風化という形をとったかもしれないし、また、強烈な戦時のイメージを日々に新たに強化していくような戦後であったかもしれない。また、老年にさしかかり、ふと気がついた過去への悔恨、というような形での戦争との再会、という場合もあるだろう。

(一)……………昭和二〇年代と四〇年代

『昭和万葉集』を戦争を軸に辿っていくと、戦後という一つの時代と戦中派との関わりの概略を見ることができる。

シベリアに虜となりて死にし友そのつまにわれはにくまれていたり
（昭23・遠山繁夫　大8〜　巻八）

癒え難き顔創映ればああ憎し軍靴にて打ちし永谷軍曹
（昭27・森実　巻一〇）

昭和二〇年代、戦争はまだ現実のものとして人々の前に存在していた。

鐘楼に再び登りうらかなし死にし部下の名も思い出せず
（昭27・生井武司　大4〜　巻一〇）

と、自己の記憶のあやふやさがすでに語られているとはいえ、そこには、まだ傷口が生々しく開いている。

昭和三〇年代に入ると、

空ばかり見てなぐさみし時期がありき追ひまはされしかの兵の日に
（昭31・吉野昌男　大11〜　巻一一）

弾道の下におびえて石のごと沈黙したることもありにき
（昭31・岩間正男　明38〜　同）

海軍に在りし日の記憶遠し遠し旧火薬庫を瞰《みおろ》して過ぐ　（昭30・山崎喜久一　同）

と、戦争はすでに過去の「記憶」となりつつある。しかし、戦時の体験は、すっかり過去のものになってしまったわけではない。

戦友の名の大方は忘れしが銃の番号を今に記憶す　（昭32・三嶋洋　大10～　巻一二）
疲るればまだ戦の夢を見る戦後経たるになほ砲ひきて　（昭37・池田富三　明44～　同）
戦争の話やめよと隣室の母するどければ息ひそむ　（下島ふみ世　大11～　同）

しかし、昭和も四〇年代に入ると戦争の記憶はいっそう遠くなる。

君のいふ兵の名はわれの記憶になく小倉伍長の死にたるは知る
ラッパに起きラッパにいねし二十代小柳ラッパ卒いづくにありや　（吉野昌夫　大11～　巻一四）

そこにはすでに「思い出」といってもよいような淡々とした趣きがある。

移る世に同じがたくて漂泊の日々積むことく過ぎし二十年　（昭40・葛原繁　大8～　巻一四）

凍る雲藍に寄り合うかかる日や吾ら「戦後」と呼べるつかのま

（昭49　近藤芳美　大2～　巻一四）

と、自らの過去に戦後が射程に入ってくるのもまさにこの時期である。

時代の変化は、こうして、戦争との距離を少しずつ形成してきた。個々の戦中派の思いが、時代とともに移り変わってきたのと同様、戦友会もまた、この戦後という時代の流れの中に存在してきたことはいうまでもない。

本章においては、前章で展開してきた戦友会の三類型に、こうした戦後の展開を重ね合わせるなかで、戦中派にとっての「意味の装置」としての戦友会を考えてみようと思う。

意味の装置としての戦友会

ここで、「意味の装置」としての戦友会、といったのは、次のような心づもりからである。つまり、彼ら戦友会会員にとって、戦友会のもつ機能を「自己確認の場」として措定しようということである。

戦中―戦後を生き抜いてきた彼ら戦友会の会員たちにとって、戦友会が、数少ない「何かほっとする場」であるのは、戦後史における彼らのアンビバレントなアイデンティティに、この戦友会がある秩序を与えてくれているからではないか。あるいは、すくなくとも、そうした秩序を与えてくれるのではないかという期待を抱かせてくれる存在だからなのではないか。

分析の基準としての入会年

しかし、個々の戦中派の戦後史、個々の戦友会の戦後史を、ここで分析の対象とすることは避けようと思う。力量の不足という問題とともに、調査の結果の数量的な分析、という前章からの方法を継承したいと思うからである。

ここでは、戦友会と戦後史との関わりを、戦友会員たちの入会年・入会時期を基準に考えていこうと思う。戦後のどの時期に戦友会を形成し、またそれに参加したかをもって、意味の装置としての戦友会に対する、戦中派の抱く期待を分析しよう、ということである。

戦友会の入会の時期は、彼ら戦友会会員にとって、単なる数字以上の意味をもっている。終戦直後の声高な「平和主義」のなかで、それに逆行しながら、タブーであった「戦争」を——公然とであれ、ひっそりとであれ——掲げて戦友会に集まった人々と、昭和四〇年代以後の高度経済成長の波の中で戦友会に出会った人々とは、戦友会に対する思いがおのずから異っていると思われる。つまり、自らの戦争体験を、戦後のどの時期に、集団として総括しうる場をもったか、いわば彼らの体験を、戦後のどの段階で——個人としてではなく戦友会という集団の場を通じて——「せき止めた」か、が、彼らの戦後社会に対する態度にある変化を与えているのではないか、と思えるからである。

戦友会の各構成員、二三九一人に対して、一九八一年に行なわれた第二回戦友会調査アンケートにもとづいて、以後の論を進める。

パーティに移ると、私は今日のホステスはいやに年をとったのばかりだなと思っていると、これが皆戦友たちのＫＡ（夫人）であったのには驚いた。その中の一人に「私、西村の家内でございます」と挨拶されて訳が分らなかったが、俳優の西村晃の奥さんであった。「主人がコマ劇場に出演中でこられないもので」ということだったが、奥さんだけでも出席する熱心さに再び驚いた。

（向坊壽『再び帽振れ』）

二……〝戦後戦争〟の将校団──学校戦友会

会員にとっての意味の装置としての戦友会の分析を、学校戦友会からまず開始しようと思う。それは、前章でも明らかにしたごとく、この戦友会が、部隊戦友会とは一定程度異なった性格をもっていると思われるからである。また、先に述べた入会年という点に関しては、このタイプの戦友会には多くはそれが存在していない、という特別の理由からでもある。というのは、同期生会などは、卒業と同時に自然入会という形をとっているものが多いためである。

前章において、学校戦友会は、兵学校・士官学校で培った体験縁が、戦中──戦後の連続性をもって存在している集団であり、また同時に、彼らの戦中体験を社会的脈絡で表現することをある程度回避する集団、として描かれた。

内向──現在、という志向性を基本的にもっていると思われる学校戦友会は、その構成員にとって、どのような意味の装置として機能しているのか。

学校戦友会とエリート性

前章で明らかにしたように、このタイプの戦友会は、部隊戦友会が「過去」を向いているのに比して、より強く「現在」にひかれている戦友会である。過去の体験縁を再結合の契機としつつも、彼らの集団における自己確認の作業は、彼らの戦後の生活、なによりも彼らの「現在」を媒介として、すなわち、相互に自己自身の現在（現在の社会的・経済的位置）を確認し合うことによってなされていると思われる。つまり、多くは、今なおエリートである彼らにとって、戦友会の場で確認されるのは、彼ら自身の現在の境遇である。

例えば、冒頭に引用した向坊氏の属する元海軍第一四期飛行予備学生の戦友会は、その新年会を、毎年「銀座マキシム」において開いているという。そして、そこには次のような人物たちが登場する。「西鉄グランドホテル専務」「裏千家宗主」「NHK解説委員」「エーザイ社長」「電通専務」など。

われわれの得たデータにおいても、学校戦友会会員の、現在のエリート性は際立っている。表6は、海軍兵学校同期生会の会員（一〇一人）の年収の平均と全体（一一二五人）の平均との比較である。一見して明らかなごとく、年収八〇〇万円以上が半数という数字には驚きを禁じえない。また、『サンデー毎日』の五〇歳になった名古屋陸軍幼年学校四八期生会」と題する同窓生の追跡調査（表7）には、このエリート「軍国小学校」の卒業生たちの戦後が、

「中途半端」という自嘲をこめながらも、きわめて「堅実」なものであったことを教えてくれる。

　とにかく、職業分布をつくれば九〇パーセント以上が「事務・技術職」か「経営・専門職」かに入るし、ほぼ八〇パーセントが「大卒以上」の学歴をもっているのである。

学校戦友会の戦後空間

　表8は、今回のわれわれの調査における「希望する生活」に関する、全体の平均と、海兵同期生会の平均との比較を示している。

　海兵出身者の多くが、希望する生活として「やりがいのある仕事」を選択している。海兵出身者たちは、おそらくは、戦後の経済戦争においてもそれを将校あるいは下士官として戦ったであろう。彼らは「なごやかで平和な家庭生活」や「その日その日をゆたかに」暮らす生活ではなく、「仕事」を戦後失われた「価値」の代償（戦争自体が彼らに

表6　年収（海兵出身者／全体平均）＊昭和55.12

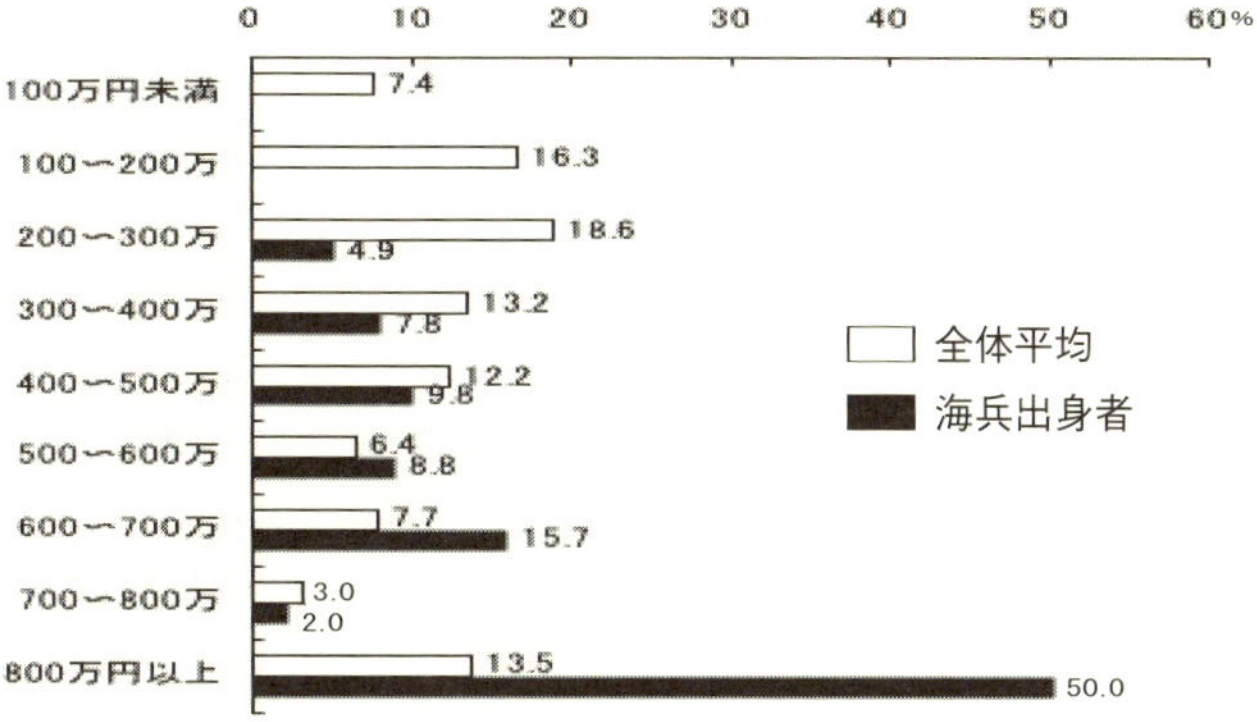

表7　名古屋幼年学校四八期生（第一訓練班）の現在

『サンデー毎日』80・8・24　pp 34－39

児玉洋生	（死亡）	
小林宏介	小林写真館経営	旧長野工専
坂井　徹	名古屋家裁調査官	京大
佐々木康雄（泰夫）	モービル石油需給部長	名大
佐藤行孝		
設楽雅衛	東芝生産技術レーザー課長	早大
篠田勝郎	（死亡）	
清水敏治	リバースチール横浜工場長	名大
下田和夫	富士電機松本サービス代表取締役	旧明治工専
杉浦嘉之	杉浦外科医院長	岐阜県立医科大
杉江良治	日本技術開発推工部長	京大
杉山　孝	兵庫塚口病院胃腸・内科部長	京大
鈴木　勲	農水省経済局海外技術協力官	京大
鈴木晴夫	創和実業業務部長	旧海南中
高瀬克忠	稲城台病院医局長	金沢大
多賀義明	多賀会計事務所長	旧沼津中
竹内　弘	小野田エンジニアリング課長	旧福井中
竹内良矩	三菱銀行検査部検査役	東大
多田　樹	福井市民新聞主宰	
田村晶俊	サカイ店装技術部長	旧富山中中退
塚本芳和	電通総合計画室次長	東大
中井周三	岡谷鋼機名古屋鉄鋼部付部長	名大
中田直人	東京合同法律事務所弁護士	東大大学院
中野宏夫	（死亡）	
新山昭輔	三菱商事原動機輸出部長付　次長	慶大
西　秀雄	ナラハ電気代表取締役	東農大
西山　領	川崎製鉄土建部長	名古屋工大
野村正夫	東海農政局地方参事官	東大
長谷川淑彦	荏原製作所官需第一営業部長	京大
長谷川　弘	岐阜県立犬山高校教諭	旧岡崎高師
羽根田春夫	羽根田工業所経営	旧八高中退
原　誠	富士フィルム商品技術部長代理	旧東京工専
広瀬武夫	通産省福岡通産局長	東大
福井祐吉	積水ハウス取締役技術部長	京都工織大

福島則之　土岐市立濃南中学教諭　旧岐阜師範
藤井康助　スーパー経営　旧彦根経専
相川　豊　ダイヤモンド社制作副部長　国学院大
秋丸舜二　日立製作所電力事業副技士長　京大
阿部　豊　ツイン電機専務　慶大
天野一成（死亡）
安藤　馨
石井寿郎　麒麟麦酒福岡工場製麦課長　鳥取大
石原　修　千葉県立流山中央高校教諭　日大
石丸和夫　安田生命大阪支社・営業推進課副長　金沢大
磯部恭三　甲府家裁主任調査官　東京外語大
伊藤幸三　名古屋商工会議所管理部長　名大
伊藤正義　静岡大学教育学部教授　東北大大学院
井上孝雄　井上医院医師　新潟大
内山輝之　浜松教施研代表取締役　早大
梅林（三浦）昌彦　梅林病院長　信州大
江崎瑞裕　光洋ジェネラル常務　神戸大
海老原一三　日本カナダ・パッカーズ社長　立教大
扇本　肇　岐阜県立瑞浪高校教諭　岐阜大

大森克巳（死亡）
大田英憲　川崎重工電送部第二電送課長　旧神戸工専
大竹孝英　東京タンカー機関長　旧清水高等商船
大村（菊田）平　航空自衛隊航空実験団副司令　東京工大
岡（三垣）昭市　岡山県総合グラウンド事務所　旧岡山農専
岡田幸大　国鉄中部鉄道学園労務主事　中大
奥平昌彦　国立横浜病院小児科医長　千葉大
加藤紀之　信州大学、文部教官講師　東大
河村幸吉　関東電波監理局監視第四課長　旧金沢工専
神田（望月）竜夫　山梨県立甲府第一高教諭　中大
菊沢吉治　博報堂課副主幹　東京外語大
久保　敝　石金精機製造課長　旧富山高校中退
久保田幸七　日本流通産業仕入担当　大阪商大
藤田　進　矢部商店常務　広島県鯉城高
上月昭吾　三重交通取締役総務部長　名大
上妻　精　成蹊大学文学部教授　東大大学院

表８　希望する生活（海兵出身者／全体平均）

	なごやかな平和な家庭でくらす	やりがいのある仕事にうちこむ	世の中のためになることをする	その日その日を愉快に楽しむ	何でもそろっていて便利で豊かな生活	無回答
全　体	45.2%	23.3%	18.2%	9.7%	1.5%	1.5%
海兵出身	27.5	42.2	22.5	2.0	2.9	2.9

とって「仕事」であった、ともいえるであろうけれど）とするかのようにして、まさに戦争を継続したのである。

吉田満が「戦中から敗戦まで、徹底的に肉体を酷使され、戦後の混乱期からようやく立ち直るとただがむしゃらに戦争協力者の汚名をそそぐには、身を粉にして働くほかないようにして働き、妻子の愛し方も、人生の楽しみもろくに知らず」（『戦中派の死生観』）と描く「戦中派」の姿は、こうした兵学校出身者の戦後（それは必ずしも一般の「町民兵士」と同一ではないだろう）の主要な傾向を描いたものといえるのではないか。

戦時中、戦争の意味、自らの死の意味を追い求め、それを納得しようと努めたのはなによりも、この人々、学徒兵や兵学校生徒などに代表される知的エリート軍人たちではなかったか。彼らにとって、ある一つのまとまった価値観を戦中に維持しようとしてきた分だけ、敗戦の与えた精神的な空洞感はいっそう大きいものであったであろう。「仕事」が、戦後失われた戦中の価値観、理念を埋め合わせるものとして選ばれる。

ただし、自らの依ってたつ価値を、戦中とは別のもの（仕事）へと移し変えた戦後の戦争においても、彼らはやはり士官であり将校であった。しかも、この戦争は、何はともあれ勝利をおさめつつある戦いなのである。彼らにとって、戦友会は、戦中の過去とともに、むしろそれ以上に、最後の戦争を総括する場として機能しているといえるのではないか。

同期生の集まりに夫人たちの参加がめっきりふえてきた。初めの頃は海軍への愛着にとりつかれた男たちだけが主役で、夫人は何か異分子の感じがあったが、今日は……奥さんたちも立派な主役に見える。いやむしろ、元海軍の会合らしく姿勢を正して生き生きと行動しているのは彼女たちである。（吉田満、前掲書）

部隊戦友会と比較したときの家族に対する開放性や会合の華やかさも、戦後戦争の勝者の会合という観点から見れば、いっそううまく説明できるかもしれない。

「戦友会の魅力」という質問項目に対する回答を見ると、学校戦友会のそうした傾向をもう少しうまく明らかにすることができるのではないか。「戦友会の魅力とは何ですか」という自由回答の質問に対して、「実利」を内容とする回答が、この海兵同期会には、他と比べてかなり高いのである。（全体平均三・三％に対して九・九％）。ここでは、「過去」の体験縁を最初の結合の契機としつつも、現在の結合の絆が彼らの現在の「仕事」、彼らの社会的・経済的地位をめぐるものとなりつつある、ということがいえるのではないか。相互の企業の情報交換から「つて」の形成という形で、一種のギルド的な側面さえもっている、ということもできるだろう。

彼自身、ほとんど一四期生会参加したことはない、と語る向坊氏の言を再度引用させていただく。

「一日少くとも一回戦死した奴のことを思い出す」という彼の心情、「同窓会的雰囲気でホイホイ集まるにはあまりに酷烈な経験です。生きている奴とはつき合っていなくても、死んだ奴とはつき合っている」と語る同会の「レジスタンス組」である「宇佐空」の人びとと同じ線上にある。

こうした学校戦友会へのレジスタンス組的態度は、戦友会を世俗の垢に染まってしまっている、と見ているのかもしれない。そして、そのことは、逆説的に、現在の学校戦友会のもつ開放性、明るさ、を物語ってもいる。自らの仕事、自らの現在の社会的地位を媒介にして、自己の現在を確認する場（多くの同窓会的再集団化集団の傾向は、ノスタルジーを媒介とした、彼ら自身の現在の自己確認へと向っている）という、このタイプの戦友会のもつ傾向は、確かに、集団としては戦争という要素が――たとえ一人一人の意識の裡には重く残っていようとも、すくなくとも戦友会の会合の場においては――部隊戦友会ほどの重さをもってはいないように思われる。彼らの「戦友」は、むしろ彼ら個々人の意識の内部で、あるいは彼らが別の形で属している部隊戦友会の場で、よりしばしば総括の俎上に登ることになるともいえよう。

何となく気疲れを覚えながら、ホテルの外に出て、電通の専務の吉岡文平が、二次会はここですと書いてくれたメモをポケットにしまって、やはり私は、独りで追悼会をやろうと銀座のバーに向って歩いていた。(向坊壽、前掲書)

(三)……………戦後の共有体験——昭和二〇年代結成の大部隊戦友会

「意味の装置」としての部隊戦友会(今回の第二回調査においては、海軍の部隊戦友会は、データが不充分であり、ここで行われる分析の基本データは、陸軍の部隊戦友会を中心としている)を考えるにあたって、戦友会のもつ内的凝集性、という問題を考えてみよう。

前章で扱ったように、戦中の共有体験の密度が高かった小部隊戦友会は、共有の体験密度のより薄い大部隊戦友会と比べて、より内部へと志向し、凝集度も高い。そのことは、戦友会の出席率に典型的に示されている。出席率の高さは、戦友会のもつ会員に対する「引力」の強さを明らかにするとともに、内的親密度の一つの重要な指標として考えられるからである。

〝戦後戦争〟における体験縁の形成

一九八一年の調査における戦友会員たちの出席率を、昭和二〇—三〇—四〇年代という入会時期別の区分と、大小という原集団の規模をもとに分類すると表9のようになる。前章の分析を裏づけるように、小部隊戦友会の出席率は「つねに出席」が、各年代を通じて四〇%を超えているが、大部隊に関しては、全体平均は三〇%を割っている。ただし、ここで、昭和二〇年代入会グループのみは四〇%と、小部隊戦友会の会員なみの出席率を誇っていることに注意されたい。

こうした事態もまた、「体験縁」―「所属縁」という分析枠組を用いて説明することが可能であろうと思われる。昭和二〇年代形成の大部隊型の戦友会においては、戦中の共有された過去は、小部隊ほどには緊密なものではなかったはずである。なぜなら、彼らの間には対面関係にもとづいた、相互に見知った関係をもつ機会は、それほどなかったのだから。ただし、体験縁という概念を、戦中という一時期に限ることをせず、戦後をも含むタイム・スパン（時間の幅）で眺めれば、こういうこともできる。戦後の四〇年近い戦友会活動は、彼らに戦後の生活の中で、戦友会という場を通じて相互に共有の体験を形成させたのだ、と。

彼らの戦友会は、戦中の体験縁を直接の契機として結合している戦友会ではない。あくまで戦友

表9　戦友会への出席率

大部隊戦友会

入会年＼回答	毎年必ず出席する	よく出席する	ときどき出席する	ほとんど出席しない	出席したことがない	無回答
昭和20年代(138ケース)	40.6%	28.3%	24.6%	5.1%	0.7%	0.7%
30年代(164ケース)	29.3	25.0	31.1	11.6	2.4	0.6
40年以後(278ケース)	28.8	19.1	32.4	9.4	10.4	—

小部隊戦友会

昭和20年代(35ケース)	42.9%	34.3%	11.4%	8.6%	2.9%	—
30年代(34ケース)	44.1	26.5	17.6	5.9	5.9	—
40年以後(79ケース)	40.5	20.3	26.6	8.9	3.8	—

会結成の契機は、過去の「所属」であったはずである。しかし、戦後の戦友会活動は、彼らに、戦後形成された「体験縁」を生み出させはしなかったか。あまりうまい言葉ではないが「戦後の戦争」を、戦友会という場で戦った仲間、という意味での共有体験が彼らの現在の結びつきを強化している、と考えられるのである。つまり、彼らの集団としての過去と現在との連続性は、「一五年戦争」ではなくて、戦後戦争における体験の連続性なのである。

戦後の孤立のなかで

それでは、彼ら終戦直後の大部隊戦友会における「戦後戦争」とは、何であったのだろうか。そしてまた、この戦後戦争の渦中で、彼らの戦友会は、いかなる意味の装置として彼らのアイデンティティを保証しようとしてきたのか。

戦中派にとっての戦後戦争が——少くとも意味の領域にあっては——「戦争協力者」あるいは「戦争の犠牲者」としての自己に対する外部からの視線との対決において開始されたということは想像に難くない。たとえそれが厳しい内的対決を含まないものであったとしても、そして、それ故に、あいまいな形で一応の決着がつけられたとしても、なんらかの形で、彼らと戦争との関係をめぐる「総括」が要求されたことであろう。

それは、戦後の苦しい生活の中で必死に働いている最中にもふと浮かぶ、戦死した戦友の姿や、自らの苦々しい体験を契機としたかもしれない。あるいはまた、一応の生活の安定の後で、くつろぎの時間に突然脳裡をよぎる自分の過去、というかたちをとったかもしれない。

とにかく、彼らには、なんらかの形で戦争に対する内的決着が要求された。多くの戦中派は、この決着を充分にはつけきれぬままに現在に至らんとしているのであり、そしてまさにこうした決済未了の過去こそが、彼らの戦後のアイデンティティの動揺の背後にある。

親子の断絶などとさかんにいわれていますが、断絶なんかじゃない。親が子に遠慮しているのです。最大の原因は、敗戦というコンプレックスじゃないかな。

（児玉隆也、前掲書）

しばしば語られる彼らの「自信のなさ」「コンプレックス」不器用さは、そうした揺れ動く自己の不確定さに根拠をもっていた、と考えることもできる。

いち早くなされた「戦争」の枠づくり

しかし、戦後直ちに形成された戦友会の会員においては、事情が少し異なっていると思われる。彼らは、そうした個人的な内的対決を、ある程度回避しえたのではないかと思われるからである。彼らには、戦友会という集団的な戦争総括の機関が存在していたのだ。

例えば表10を見ていただきたい。この表の示しているのは、「戦争裁判」に対する各入会時期、原集団の大小別の回答表である。見てすぐわかるように、昭和二〇年代大部隊の戦友会員たちにとって、戦争犯罪への判決は「押しつけ」として強く意識されている。つまり、彼らは、戦争の加害者としての負い目から相対的に解放されていると考えられるのである。

彼らは、戦友会によって、戦後いちはやく、彼らの戦争体験をある意味の枠の内におさめることに――それが必ずしも完全になされたのではないにしても――成功したのである。

彼らの戦友会は、戦後社会においてマイナスのレッテルを貼られ続けた「戦争加担者」という視線から、彼らを比較的自由にしてはくれなかったか。あるいはまた、そうした戦後の風潮に反発するなかで、彼らの集団が形成された、と順序を逆にして考えることもできる。いずれにしても、彼らにとって、戦友会が、戦後の彼らのアイデンティティに対する攻撃を防衛する装置として機能してきた、ということはいえるのではないか。

アイデンティティの防波堤として

この戦友会を通じて防衛されたのは、戦争参加者―戦中派としての自己の内的―外的位置づけであり、傷つけられ

表10　戦争裁判について

大部隊戦友会

入会年＼回答	戦勝国の押しつけで腹が立つ	負けたのだからしかたがない	戦犯と呼ばれる人は裁かれて当然だと思う	わからない	無回答
昭和20年代	46.4%	39.9%	8.7%	3.6%	1.4%
昭和30年代	35.4	50.0	9.8	4.3	0.6
昭和40年以後	36.0	47.1	11.2	5.4	0.4

小部隊戦友会

昭和20年代	40.0%	54.3%	2.9%	—	2.9%
昭和30年代	32.4	55.9	8.8	2.9	—
昭和40年以後	27.8	48.1	10.1	7.6	6.3

ようとした自我は、この戦友会という意味の装置に守られて、深い傷を負うことなく戦後を生き抜いてきた、といえる。自我─自己意識を防衛する戦後の戦いにあって、彼らには、戦友会という避難所があったのである。

自己のアイデンティティの避難所、としての戦友会の下で、彼らは、自らの戦中体験をある程度総括し、それに意味の枠づけを与ええた。彼らが、自らの戦争体験に関しても、また、戦後の彼らの生活に関しても、比較的ポジティヴな方向を維持しえているのは、戦後も初期の段階で、戦争に決着をつけえたためではないだろうか。

表11に示される、このグループの人々の社会に対する積極性も、そうしたことをある程度示している。「世の中のため」という回答の多さは、彼らが社会に対して、比較的堅固な態度（立脚点）をもっていることを示していると思われ、全体からみても、特殊な位置を占めている。

昭和二〇年代に入会した大部隊戦友会の会員たちは、戦後の混乱期を、自らの戦争体験に対する批判や非難に対して、戦友会という防波堤をもって闘い抜いた。戦友会とい

表11　希望する生活

大部隊戦友会

入会年＼回答	なごやかな平和な家庭でくらす	その日その日を愉快に楽しむ	やりがいのある仕事にうちこむ	何でもそろっていて便利で豊かな生活	世の中のためになることをする	無回答
昭和20年代	45.7%	8.0%	18.1%	2.9%	23.9%	1.4%
昭和30年代	54.9	10.4	17.7	1.2	14.6	1.2
昭和40年以後	53.6	14.0	19.1	0.7	12.2	0.4

小部隊戦友会

昭和20年代	45.7%	14.3%	17.1%	—	20.0%	2.9%
昭和30年代	52.9	17.6	11.8	2.9	14.7	—
昭和40年以後	50.6	10.1	16.5	—	20.3	2.5

う場を通じて、彼らが確認する自己の姿は、戦争加担者としてマイナスの価値を与えられた戦中派像ではない。むしろ、戦中派としての自己の積極的側面が強調される。彼らにとって、戦友会は、戦後四〇年近い年月にわたって、戦中派としてのプラスの側面に光をあててくれる場として機能してきたのである。そして、自己の戦中派としてのアイデンティティを強化する装置としての戦友会のこの機能こそが、毎回出席四〇パーセント以上という、大部隊型戦友会には稀な、会員に対する「引力」の秘密なのであろう。

ただし、戦中における共有体験の密度がけっして濃くはなかった彼らの現在における結合を与えているのは、すでに述べたように、彼らの戦中体験ではない。戦後の共有体験——すでに戦中の記憶を大幅に越えてしまった共有の仲間意識——こそが、彼らの現在の凝集性の高さを支えているのである。

㈣……………連続する戦中・戦後——昭和二〇年代結成の部隊戦友会

愚かなる戦争という批判易し　吾らはげみき　しかも破れき　（大田隆美　大6〜　巻九）

昭和二〇年代における小部隊戦友会の入会者に関しては、大部隊とは異なり、密度の濃い戦中の共有体験が彼らの再結合の契機となっている。ここでは、戦中の共有体験が比較的スムーズに戦後の共有体験へと連結している。このグループの戦友会員たちが、二〇年代大部隊型の人々よりも、いっそう強い内的凝集性をもつのは、そのためである。彼らは、生死をかけた「一五年戦争」も、また同時に、自己のアイデンティティに対する剥奪との戦い（戦後戦争）も、緊密な仲間意識—戦友意識で乗り超えてきたのである。出席率（「毎回出席」と「よく出席」で七〇パーセント以上）は、そのことをよく示している。

いまなお強い対外閉鎖性

表12が示すように、家族の同伴に関しては、二〇年代大部隊型の人々が、戦後四〇年近いつき合いのなかで、多くは家族を交えて会合を楽しんでいるのに比べて、このグループの人々は、今なお、家族を会合に対する「よそ者」として排除している。この点に、同じ二〇年代入会型のグループとはいえ、大部隊型と小部隊型の差がはっきりと表われている。

小部隊型では、家族を戦友会の会合につれていくことは「ほとんどない」と「ない」が回答表の九〇パーセントを占めているのである。これに対して、大部隊型は、「毎回」「よく」「ときどき」合計で三〇パーセントと、部隊戦友会

表 12　家族の参加

大部隊戦友会

回答＼入会年	毎回行く	よく行く	ときどき行く	ほとんど行かない	行くことはない	無回答
昭和 20 年代	5.8%	10.1%	13.0%	26.1%	40.6%	4.3%
昭和 30 年代	3.0	2.4	11.0	18.9	62.8	1.8
昭和 40 年以後	1.8	2.5	15.5	12.2	63.3	4.7

小部隊戦友会

昭和 20 年代	2.9%	8.6%	2.9%	11.4%	74.3%	—
昭和 30 年代	5.9	2.9	—	11.8	76.5	2.9
昭和 40 年以後	1.3	2.5	7.6	25.3	59.5	3.8

の各グループのなかで家族に対してもっとも開放的なのである。おそらくそれは、大部隊型のグループの結合の軸が、戦中の体験よりも、戦後の共有体験により関わっているためであろう。また、この二〇年代大部隊型の人々の志向性が、学校戦友会と同様、より「現在」へと向けられているためである、ということもできよう。

これに対して、二〇年代小部隊型のグループにおいては、その入会時期、すなわち集団としての戦争の枠づけの時期が、かなり早期であったにもかかわらず、戦後の戦争における共有体験よりも、今なお戦中の体験のほうが重いものとして残っているのである。彼らにとって、過去の戦争のイメージは、そして死んだ戦友のおもかげは、共有のものとして今なお強烈に残存している。そうしたイメージは、「思い出」として相対化される以前に――つまり、戦後直ちに――像として確定され戦後集まりを続けるなかで、より強力なイメージとなって保持され続けてきたのであろう。

彼らもまた、戦後の早い時期に、戦争を集団として意味づけ、総括を開始したことで、集団としての意味づけの場を比較的遅くまでもたなかった人たちよりも、個人としての重荷は軽くてすんだのかもしれない。しかし逆に過去を集団として背負いこんでしまったのであり、それ故に、彼らに共通する戦中のイメージは、戦後においてもやはり集団の内部へ内部へと持ち込まざるをえなかったのだといえるだろう。

彼らにとって、戦友会において確認されるのは、個人史のうちに、また自集団のうちに、戦中―戦後を貫いて存在してきた自分と戦友たちの姿なのである。

戦中―戦後の連続性

彼らの再集団形成は、戦後直ちに行なわれた。ということは、先述した昭和二〇年代大部隊型のグループの人々と同様、彼らの戦後においてこの戦友会が、「戦中派」としての自分たちのプラスの側面を防衛するための場として働いたと考えてもよいだろう。ただし、彼らの戦中派としての自己の積極的な意味づけは、大部隊型のように、戦後の共有体験を媒介にしたものではない。ストレートに戦後へと連なる戦中の共有体験こそが、彼らの自己確認を行なう際の手段(媒介物)である。

たとえば表13の「あなたにとって良い時代とはいつでしたか」に対する回答に、このグループの人々は、戦中であった昭和一〇年代に最も強く反応しているのである。彼らにとって、戦時は、自らの集団を生み出してくれたという意味で、また、相互の戦友意識が最も強い絆で結ばれた時代という意味で、「良い時代」として、今なお意識されているのである。

昭和20年代	昭和30年代	昭和40年代	昭和50年代	とりたてて良い時代はなかった	無回答
0.7%	10.9%	21.7%	15.2%	8.7%	2.9%
4.3	12.2	17.1	18.3	12.8	1.2
2.2	9.4	21.6	16.5	14.4	1.8
—	8.6	14.3%	14.3%	14.3	2.9
2.9	8.8	17.6	11.8	5.9	2.9
1.3	10.1	13.9	17.7	22.8	1.3

しかし、小部隊戦友会にあっては、自らの共有体験の意味を、集団の外部へ向けて迫ることによって自集団の持つ意義をより強化しようという要請は、大部隊型ほどには強くない。集団の存立の意義が、言葉や象徴物で表現することのできない、体験の領域にかかわっているからである。先に示した、「戦争裁判」や「希望する生活」に対して与えられた彼らの回答は、その一つの証左である。他の小部隊型のグループと比べて、戦中派としての自己の立場をより積極的にとらえていることはうかがわせはするが、二〇年代大部隊型ほどには「威勢」はよくないのである。

戦中派としての自分たちの位置を、戦友会という戦時の仲間が集うことによって、つまり、戦時の体験を媒介にすることによって、相互に確かめ合う。このグループの戦友会会員にとって、戦中―戦後の個人史は、なによりも戦中の団結の中で培われ、現在に至るまで、相互に補強し合い、確認し合いながら形成されてきたものなのである。

表 13　良い時代はいつだったか

	良い時代 / 入会年	明治時代	大正時代	昭和一ケタ代	昭和 10 年代
大部隊	昭和 20 年代	0.7%	3.6%	18.1%	17.4%
	昭和 30 年代	0.6	3.0	12.2	18.3
	昭和 40 年以後	0.4	4.7	13.3	15.8
小部隊	昭和 20 年代	—	8.6	14.3	22.9
	昭和 30 年代	—	5.9	23.5	20.6
	昭和 40 年以後	—	1.2	15.2	16.5

㈤……………過去との対話――昭和四〇年代結成の小部隊戦友会

そしてフッと気がつくと三〇数年たって、やっと生活が楽になり、やれやれ泥の上から顔をあげて世間をみて、愕然として自分の老いに気がつく。老いとは年齢だけでなく、世の中の変りようへの対応の心理的にぶさである。「お父さんは古いよ」と云う息子や娘たちの言葉が端的にそれを象徴している。まるで浦島太郎だ。

（牧野勇一・大7〜「自分の目で『戦中派の遺言』）

戦後間もない時期に形成された戦友会は、小部隊のグループも、大部隊のそれも、「戦争加担者」へのマイナスのレッテル貼りのなかで、おのおの戦中―戦後に形成された団結――共有体験を結合の軸として、ともすれば崩れそうになる自己のアイデンティティを集団として保証するなかで生き抜いてきた人々である。しかし、こうした集団としての防波堤を形成せぬままに、戦後二〇年を生き抜き、その二〇年の空隙の後に戦友会と出合った人々にとって、戦友会はどのような意味の場として働いているのだろうか。

戦友会への出席率という点に関しては、昭和四〇年代―小部隊型の人々は、大部隊型のそれと比して、はるかに高い出席率を誇っている。それは、ほとんど二〇年代―小部隊の出席率と差がない。そして、このことは、前章で分析したように、小部隊戦友会の結合の軸が、体験縁にもとづいている、ということと密接に関係している。

しかしながら、戦後二〇年以上たってから、かつての戦友と再会した人々は、出席率以外のところでは、戦後直ちに戦友会を形成した人々と比べると、少しばかり異なった傾向をもっている。いままで見てきたいくつかの調査の結果は、そのことを明らかにしてくれている。

「とりたてて良い時代はなかった」

「良い時代は」という質問に対する回答は、その典型的な例である（表13）。一目見てわかるように、戦友会の形成を比較的遅い時期に経験した人々にとって、もっとも強い親和性をもっている回答項目は、昭和二〇年代小部隊の人々が「昭和一〇年代」（戦時中）を選んだのに対して、「とりたてて良い時代はなかった」のである。これは、彼らが個々に背負う「個人的な事情」がそう答えさせているのかもしれない。しかし、それだけではなかったはずである。戦後二〇年というつらく厳しい時代に、彼らは、戦争を個人として背負わされ、個人として戦争を総括することを要求され、戦後の彼らに対する冷たい視線と戦っていたのである。彼らには、自らを守り、自らの戦争体験に意味の枠づけを与えてくれる共有の場、が不在であったのだから。

戦友会と出合うまでの数十年間、彼らの手元に、突然、戦友の名簿と会合の通知が届くまでの数十年間。その期間に、彼らの戦争体験は、個人としてある程度相対化され、また風化したことであろう。

しかし、それはあくまで確定しない、未だ整理のつかないものとして、心の底に沈澱し続けていたのではないか。彼らは、体験を、共同して位置づけ――意味づける場を持たなかったのだから。

こうした傾向は、彼らの現在の生活態度のうちにも読みとることができる。例えば、「希望する生活」（表11）に対する「世の中のため」という回答の多さである。これは、少しばかり逆説めいた言い方になるかもしれない。というのは、昭和二〇年代―大部隊型のグループや二〇年代―小部隊型グループも、この項に比較的強く反応しているからである。それは、戦中派としての威勢の良さや、自らの戦中派としての積極的な位置づけに関わっているのではないか、とすでに述べた。実際、大部隊型のグループでは、昭和二〇―三〇―四〇年代と、時代が下るにつれて、「なごやかで平和な生活」や「その日その日を愉快に」が増え、威勢が「悪く」なっていく傾向にあるからである。

それでは、昭和四〇年代に入って以降、小部隊戦友会を形成した人々は、二〇年代の人々と同様、戦中派としてのアイデンティティを世の中に向けて、再び主張しようとしているのだろうか。彼らは、むくわれなかった戦後の不満を、戦友会との遅れた出合いにより、一気に、社会へ、外へ向けようとしているのだろうか。そして、それが「とりたてて良い時代」のなかった、彼らの現在の志向性、なのだろうか。

そうはいえないと思う。そのことは、例えば、表10をもう一度見れば理解できるだろう。戦犯に対する彼らの態度である。ここには、「戦争」に対して、いまなお残っている、彼らの憎しみのようなもの、すくなくとも自らを戦中派として積極的に主張することをはばかっている態度が読みとれる。

決済未了の戦中体験

彼らは、戦争に関して、また戦争をめぐる自己のアイデンティティに対して、自らが戦中派であるということの積極的評価を、いまなおなしえない情況にある。なによりも、彼らには、戦後いちはやく戦争を集団として意味づけ、また、それを年月とともに強化してくれるような場（戦友会）が、不在であったのだから。つまり、とりたてて良い時代のなかった、彼らの戦中―戦後は、いまなお集団としても、充分に決着がつけられてはいないのである。

そうした自信のなさ、いまなお不安定である自己の戦中から現在に至るアイデンティティが、つまり、彼らの戦争および戦死した戦友への負い目が、「世の中のためになること」と答えさせた、と考えるのは、「読みすぎ」というものだろうか。しかし、表14に示されるような、彼らの戦後への意味づけは、すなわち、昭和二〇年代―大小部隊型のグループと比べて「重荷」であったという回答の多さは、こうした見方を支持してくれるように思われる。

彼らは、戦友会という場で、一度は風化しかかった彼らの戦争を、二〇年以上の年月を経た後、共同で「総括」する作業を開始したのだ。それは、戦後の白眼視や苦しい生活の中で、共同してアイデンティティの防衛のために戦ってきた「戦中派」型の戦友会（昭和二〇年代型の戦友会）の戦争への意味づけの仕方とは異なった形をとることになる。一般の社会意識は、すでに戦争を風化させてしまっているし、彼らもまた老いの時期に入り、家庭的にも落ち着いた境遇にいるのだから。しかも、彼らにとって、二〇年代型のグループの人たちが共有していたような、むくわれなかった戦後との共同した戦いは不在である。彼らの現在の結合を支えているのは、戦中―戦後―現在という時間の流れの中で、戦後だけがスッポリと抜け落ちた共有体験なのである。

共にむくわれなかった戦後、という見方をすれば、彼らにとって戦後もまた共有の体験の場であった、どいえるかもしれない。しかし、すくなくとも、彼らには、そのようなあいまいな形で共有する戦後よりも、より強力で密度の濃い共有の過去があるのではなかったか。

彼らが、戦友会に集まることを通じて確認しようとするのは、むくわれなかった戦後、むくわれない現在における自己の姿を、外へ向けて主張しよう、ということではない。彼らは、現実の社会とわたり合うにはすでに年をとり過ぎてしまっている。また、集団としては出遅れてしまっている。過去の密度の濃い共有体験（体験縁）に結びつけられているが故に、自集団の維持のために、外に目標を設定し

表14　戦後の生活

大部隊戦友会

入会年＼回答	充実して生きがいがあった	かなり充実していたが何かわりきれないものがある	生きていくのが重荷であった	わからない	無回答
昭和20年代	24.6%	63.0%	6.5%	3.6%	2.2%
昭和30年代	22.0	59.8	10.4	6.1	1.8
昭和40年以後	18.0	62.2	11.5	4.3	4.0

小部隊戦友会

入会年＼回答	充実して生きがいがあった	かなり充実していたが何かわりきれないものがある	生きていくのが重荷であった	わからない	無回答
昭和20年代	34.3%	60.0%	2.9%	2.9	—
昭和30年代	20.6	67.9	2.9	5.9	2.9
昭和40年以後	24.1	59.5	10.1	6.3	—

たり、儀礼的な方法を用いて集団の凝集性を高める必要もない。戦後が、意味づけるべき共有体験としてスッポリ抜け落ちている分だけ、逆に過去の集団が、すんなりと現在の集団のうちに入りこんでしまっている。なにかほっとする場なのである。

彼らが、そこで相互に砂認し合うのは、彼らの心のうちに、戦後の数十年間くすぶり続けていた彼らの戦争――自らの戦争体験、死んだ戦友たちの姿――なのである。

シジフォスの神話

彼らは、過去を媒介にして、すなわち、戦争という良くも悪しくも強い印象を残している人生の一時期との再会を契機として、戦中―戦後―現在の自らの個人史と対面することになる。彼らの視線は、徹底して過去へ向いている。それは、必然的に集団の内部へ内部へと向わざるをえない。彼らにおいて、自らの過去‐現在を、社会的な脈絡で承認させようという要求は、けっして強いものではない。むしろ、集団の性格を外部へ現在へと向わせることになるそうした傾向が、自分たちの集団にとって好ましくないもの、集団としての存続さえも危うくするものだ、ということに彼らは無意識のうちに気づいてしまっている。

共有の戦中体験を媒介にして、彼らがここで確認するものは、「戦中派」としてのアイデンティティを、積極的に主張することではない。戦後の時間の経過は、そうしたことを不必要なもの、また不可能なものにしてしまっている。

彼らが相互に確認し合おうとしているのは、戦後一貫して彼らの心にくすぶっていた、彼らと死んだ戦友との共有の体験、戦後埋め切れなかった戦中から戦後を貫く個人史の総体と、静かに対面することなのである。

過去へ過去へと向いている。集団として、あるまとまった像が形成されていくわけではない。また、個人のうちでさえ一つの固定した像へと結ばれることもないのである。ぽっかりと空いた自らの自我の欠落した部分を埋めるために、しかも、会合に参加したところで、それを埋めることが不可能であることを知りながら、彼らは戦友会に集まり続ける。

彼らは、毎年毎年、シジフォスのように、それが頂きにたどりつけば下へ転落することを知りつつ、過去を山上へと運ぶ。

㈥……………共有すべき過去の不在——昭和四〇年代結成の大部隊戦友会

小部隊戦友会のグループ間においては、昭和二〇年代入会者と四〇年代入会者との間に二つのかなり異なった傾向があった。そして、三〇年代入会者は、両者の転換点ともいうべき傾向をもっていた。

これに比べて、大部隊の各グループにおいては、時代の経過とともに、その凝集性が次第に拡散していく傾向が見える。昭和四〇年代―大部隊型のグループは、小部隊戦友会のような密度の濃い戦中体験ももちあわせていないし、また二〇年代―大部隊型のグループのような、戦後戦争における共有体験——戦後四〇年間の年月の間に、反復強化されてきた集団としての親密度——も薄いのである。出席率の相対的低さは、そのことをはっきり示している。

このグループの戦友会員たちも、戦後の数十年間を、集団として戦争と向きあうことなしに過してきた人々である。彼らもまた、四〇年代―小部隊型の人々と同様、戦中の体験を集団として枠づけることなく、しかし、個々の内面でのある程度の相対化を終了させて、戦友会との出合いを、長い間待っていた人々なのである。「良い時代」「戦後の意味」に対する問いへの彼らの回答の多くは、やはり「とりたてて良い時代はなかった」であり、「重荷」であった。

チグバグな時間の流れ

数十年の空白の後、戦友会は、そうした彼らの心の隙間に、「何か埋め合せをしてくれる場」としての期待をもたせて登場したのかもしれない。しかし、この大部隊型の戦友会には、小部隊戦友会のような、共有された密度の濃い過去のイメージは存在しない。会合に参加すれば、昔の戦友、面識のあった仲間に会えるかもしれない。しかし、そうした機会はけっして多くはないだろうし、また、そうした旧交の暖め合いは、会全体の雰囲気とは別の時間の流れの中に持ち込まれざるをえないのである。

会の全体の時間の流れと、戦友会の場に参加した個々人の裡での戦争との対面における時間の流れとは、「所属」をもとに再結合を行なったこのタイプの戦友会においては――戦後における共有の体験を、集団として持ち続けていると思われる早期形成のものは別として――常にチグバグな形で進行せざるをえない。出席率において示された、このグループの

「定着率」の悪さ、集団としての凝集度の弱さは、こうした集団と個人の内的時間のズレの結果と見ることもできよう。

彼らは、昭和二〇年代――大部隊型のグループのように、戦後戦争における共有体験をもってはいない。つまり、共有された戦後は、けっして密度の濃いものではないのである。ましてや小部隊戦友会のように、強烈な戦中の共有された過去をもっているわけでもない。戦中――戦後を貫く自己の確認を求めてやってきたこの戦友会という場において、彼らは、相互に交換すべき共有の過去をもってはいないのである。

「共有する過去の不在」は、集団を集団として維持させるために、そして、心の隙間を埋めるべくここに集う人々の期待に応えるために、何物かによって補充されねばならない。

フィクションとしての過去

私たちは、いままで参加させていただいたいくつかの戦友会の場や、送られてきた戦友会の会報の中から、そうした空白の過去を埋め合わせるための、彼らのいくつかの「作業」に出合ったことがある。それらは、共有の戦闘体験とはほとんど関係をもたないと思われる「艦の設計者」を会合に招いた海軍系の戦友会の姿であったり、「靖国神社国家護持」という、会から外へ、社会へ向けて目標を設定しようとする戦友会であったり、また、会の活動に緊張を与えるべく開始された慰霊碑建立活動や現地墓参活動であったりした。

こうした活動を行なうのが、大部隊型の戦友会に限られるわけではない。しかし、共有の過去をもたない、昭和四〇年代―大部隊型の戦友会において、こうした作業が開始されるとき、そこには、集団維持のためのある「技術」が隠されているといえるのではないか。彼らは共有の過去をもたないが故に、新たに共有する過去を創り出す作業を開始せねばならなかったのである。つまり、虚構の共有された過去、フィクションとしての過去を媒介にして、集団としての現在の結合を形成しようとし、また、それを維持しようとしているのである。

それでは、こうした集団としての共有する虚構の過去のイメージ生産を通じて、彼ら四〇年代―大部隊型のグループの人々は、いかなる自己の確認を求めて、戦友会に参加しているのだろうか。

二つの流れの中で

このグループにおいては、戦友会の結合の軸が拡散している分だけ、確認さるべき自己のタイプの方向性も拡散しているように思われる。ただし、この場合注意しておかねばならないのは、この拡散が、基本的には二つの方向へ、すなわち、戦中派としての積極的側面の確認へと向うグループと、戦中―戦後の自己の姿を静かに意味づけようとするグループの二つの方向に向いている、ということである。

前者は、自らの満たされなかった戦後を、戦友会において生み出されるフィクションとしての共有の過去を媒介にして埋め合わそうとするだろう。後者は、戦争体験を軸とした個人史との出合いを、たとえ虚構ではあれ、設定された過去を媒介に、意味づけしようとするであろう。

こうした分裂は、彼らの現在の結合の軸が、戦中の共有された密度の濃い過去でも、戦後の戦争における戦友会としての共有の過去でもない、という点に由来している。媒介物がフィクションである分だけ、彼らはそれを自由に使用することができるのだ。

しかし、この二つの分裂は、集団の今後の方向性をめぐって、一つの決定的な要素としてはね返ってくることはないのだろうか。

前者のグループは、虚構の過去を、さまざまの手段を用いてより「確実」なものにしようとするだろう。それを通じて、彼らは、戦後貶価された自らの「戦中派」としての否定的な側面を、積極的評価へと転化しようとする。そのエネルギーは、戦後直ちに、彼らが自らの戦争を集団として枠づけることができなかった分だけ——昭和二〇年代型のグループと比べて——より抽象的でより理念的なるものを軸に、そして、より強く作用することになるかもしれない。

言いかえれば、彼らが結合の軸としているのが、かつての共有の戦闘体験のイメージではなく、より抽象化され理念化された虚構の共有の過去である分だけ——自らの集団を正当化するために、より普遍的なものを必要とするが故に——外部への志向性、社会的承認への要求と結びつく可能性が高い、ということである。

体験縁にもとづくことの少ない大部隊型戦友会の政治化、という事態が開始される。

こうした集団内部の「積極分子」に対して、多くの会員は、むしろ、「とりたてて良い時代のなかった」個人史、「重荷であった」戦後に、なんとか意味の決着をつけようと、戦友会に参加してくるように思われる。彼らには、小部隊戦友会のような強烈な過去のイメージを集団として確認し合う場が未だ設定されていない。決着のつかない不安定な自己の姿に、意味の枠を与えてくれる場として、彼らには、今のところこの集団に期待するほかはないのである。

彼らにおいては、自らの個人史、死んだ戦友たちを、社会的な脈絡で位置づけようとする志向性は必ずしも強くはない、と思われる。それらは、個人の内部で、あるいは集団の内部で枠づけられるべきこと、として思念されている。それ故、集団内部の積極分子の活動に対しては、時にはわずらわしささえ覚えるのである。しかし、彼らにとって、自らの個人史との対面は、積極分子の生産しつつある虚構の過去を媒介にする以外、今のところ方法がないのである。

多数派戦友会の今後の動向

昭和四〇年代—大部隊型のグループは、そうした二つの要素のもたれ合いのなかで、いまなお流動化しつつある、といえるだろう。

静かに過去と対面することを望む人々は、対面関係のあった者同士で、別の集まり（四〇年代—小部隊型戦友会）を創り出すかもしれない。逆に、そうした人々の「脱落」の中で、「戦中派」を積極的に標傍する傾向が強化されていく戦友会もあることだろう。あるいはまた、会の設立以後の共有の経験が蓄積され、時代とともに強化され整理されることを通して、集団としての自己同一性を確立していく、というような場合もあるだろう。さらに、二つの要素が対抗すると同時に、もたれ合ったままで「自然消滅」（会員の死亡による会の終息）へと向う戦友会もあるかもしれない。

いずれにしても、わが国の戦友会の中で、最も多数の会員を擁すると思われるこのタイプの戦友会の動向が、戦友会全体のもつ今後の性格に、大きく作用することは間違いのないところである。

三、……………戦中派という世代

わかったなどと言ってもらっちゃ困る。いったいなにがわかったというんだ。私が読経を始めたのは、シンガポールから帰ってきてすぐだった。志木野中尉や棚石伍長たちに申しわけない、なんと詫びていいかわからぬと思い、いっそ罪を償うために自殺すべきではないか、と首を吊ることも考えた。生涯死ぬまで、たとえ小さな虫であろうとも殺すまい、とその時誓った。……ところが、今はどうだ。そういう読経の生活が続いたのは三年だった。なんと三年しか持ちこたえることができなかった。……いつのまにか、私は、毎日の暮らしの金を追っかけるようになってしまった。……いまはもう昔の自分と少しも違わない。私はもとに返ったと思っている。

（岩川隆『多くを語らず』）

これまで述べてきた戦友会の類型論や、意味の装置としての戦友会をめぐる論述は、あまりに「きれい」すぎる、といわれるかもしれない。理念の枠組を通じたが故の直接性・具体性の欠如、数量的なものにもとづいた集団のもつ傾向の断定、等々によってしては、戦中派個々人としての思い、その深みには、とても入りきれないからである。「そんなに恰好いいもんじゃねえよ」という声が聞えてきそうである。

戦後の四〇年近い年月の経過は、彼ら戦中派の戦争体験を、すでにぼんやりした過去のものにしてしまっているのかもしれない。彼らにとって戦争は、ここで取り扱ったようには「意味」の枠づけへの要求など、それほどもってはいないのかもしれない。私たちの前で戦争は、「つらい時代だったねえ」の一言で、こともなくかたづけられてしまうこともしばしばなのであるから。

しかし、戦中派、という世代は確かに存在している。

その存在を、「戦無派」であるわれわれに知らしめるのは、彼らとの対面におけるある種の異和感、異物感である。彼らとの対面においてしばしば味わう「（われわれの世代を）わかって欲しい」と「わかるはずがない」の陰に陽にの繰り返し。傲慢さと不器用さ、自信のなさ。

そこには、死んだ戦友への想いや、かつて強いられた死との持続的な対面、「生き残ってしまった」という想い、戦後という時代に対する「同じ難さ」などが、明らかな形をとらぬままに漂っている。

ポッカリあいた風穴

彼ら戦中派の多くの心の内には、時代の大きな転換のなかで開けられた風穴が、いまなお存在しているのだ。本節冒頭に掲げた「もう昔の自分と少しも違わない」という叫びには、その断定する言葉のうちに、それが断定である分だけ、苦い過去がいっそう強く感じられはしないか。

「三年しか持ちこたえることができなかった」ことは、いまなお心の内に大きな場所を占めているのである。それは、苦い思いであればあるだけ、強く抑圧された状態にある。思い出すまい、として心の隅に押しやれば押しやるだけ、「過去」は爆発のエネルギーをいっそう強く充塡させる。岩川隆は、この部分をこう続けている。「酒倉は、自分でも原因がわからぬほど昂ぶって、身体をふるわせた。」

今の自分は戦前の自分と、戦争を通過しなかった自分と、同じ自分だ、という叫びには、逆に、戦前―戦中―戦後の自己の不連続性に対する恐れのようなものを読みとることができる。戦友を戦犯として売った主人公酒倉ほどには、一般の戦中派の過去は苦々しいものではないかもしれない。しかし、戦前・戦中・戦後を貫くアイデンティティが不在である、という点では、そして、それが戦争という歴史の産物である点では、彼は戦中派の一つの典型である。

戦後を通じてのこの世代のアイデンティティの不安定さを、吉田満は「うしろめたさ」の感覚と呼んだ。

「なぜなら、戦中から戦後までを一貫するアイデンティティの確認こそが、戦後生活の出発点であると予感しながらも、それでは、アイデンティティの中身は何か、自分が日本人であることの意味を、具体的にどのように捉えるのか、と問われれば、答える用意がなかったからである」（『戦中派の死生観』）と。

置き残された戦争の意味

そして、彼ら戦中派が、自らの戦中―戦後を貫くアイデンティティを確立するためには、まず次の問いに答えねばならなかった。

「彼らの死は無意味であったか」――これが我々生存者に提起される厳粛極りなき問である。

（ゼークト『一軍人の思想』）

その問いは、戦死した戦友への意味づけとともに、自己の戦争への総括をも要求する。

「自らの戦った戦争は、無意味であったか。」

しかし、日本社会の戦後は、その価値観の一挙的な転換とその急激な展開は、そうした問いに回答を与える暇を与えなかった。いや、むしろ、そうした問いそのものを置きざりにしたまま現在に至ってしまった。

彼ら戦中派には、少数の例外を除いて、基本的には二つの道しか残されてはいなかったのではないか。

一方には、戦後的なるもの全てに反発し、自らのアイデンティティを防衛するために、戦中の価値観を維持し強化していく、という道を。そして他方には、戦争の意味、戦死者の意味を、あいまいなままにした戦後的なるものへの流れ込みの道を。

前者の道は、表面的には、戦中―戦後の一貫性を保持しえたかに見えたが、実は「戦争」を、カラ元気のうちにもっともあいまいなまま残してしまうことになった。そして、後者の道は、「代償」を仕事に求めて戦後を生き抜いたにしても、どこかわりきれぬまま時代の流れのなかに彼らを漂わせることになった。

いずれにしても、戦争は、決着を与えられぬままに、いまなお彼らにまとわりついているのである。

戦友会は、そうした「風穴」を埋める装置として、彼らの前にあった。

一方には、戦中―戦後のアイデンティティの不安定さを、戦中派としての積極的な側面を主張することによって、しかも、それを集団として確認することによって克服しようとしてきた人々があった。彼らにとって、彼らのアイデンティティの連続性を確認させる、もっとも極端な道は、「戦前的なるもの」を再び社会に承認させる、という道であっただろう。戦前―戦中的なるものを、この戦後社会に再び復活させること。そこでは、彼らの絶ち切られたかにみえた主体性を、連続性をもって甦らせることが可能である。

しかし、多くの人々は、そこまで要求することはない。彼らは、戦友会という場で、大声をあげて自らの戦中派としての誇りを確認し合い、いわば架空の「昭和維新」の声をあげることで満足する。彼らもまた、アイデンティティの不連続性、といういらだちを心の奥に持ち続けながら、戦後という一つの時代に、実は、すっぽりとつかりきってしまっているのである。

時の流れの中で

しかし、こうした戦中派としての「積極的側面」を――社会とは一定切断された場であるとはいえ、また、それが今ではすでにフィクションであるとはいえ――謳歌しうる人びとと比べて、戦中派としての否定的側面をいまなお重くひきずっている人々にとって、事情はいっそう複雑である。彼らは、戦中―戦後の主体の不連続性を、戦前―戦中的なるものの保持、という形で乗り超えようとはしなかった。それ故に、彼らは、この戦後社会を、とまどいながら、つまり、戦争をうまく自らのうちに位置づけできぬままに、生き抜いてきたのであった。彼らにとって、戦前的なる価値を保持し続ける、という前者の道を選択することは、どこかわりきれぬものが残りすぎたのだ。

彼らにできる最善のこと、それは、戦後的なるもののうちに「戦争」――彼らと彼らの死んだ戦友の戦争――を滅びるにまかせること、であった。「政治」や「社会」の文脈で、自らの戦争を意味づけることの不毛さに、彼らはすでに気がついてしまっていたのだから。（そして、こうした政治や社会への彼らの反応の仕方もまた、「戦争の産物」なのである。）

彼らには、不安のようなもの、結着のつかない燠《おき》のようなものが、まだくすぶって残っている。しかも「老い」は目前である。

戦友会という場所も、そんな彼らの心のくすぶりを、すっかり洗い流してくれる場ではない。そんなことはわかっている。しかし、ここには、すくなくともそうした自分のふがいなさ、自分の心の屈折を、共有してくれる昔の仲間がいる。口に出さなくとも、そうした想いは、ストレートに相手に響く。「俺は一人じゃない」。家や会社や隣近所のつきあいよりも、そうした想いはここでは強烈である。

戦中の戦友意識は、時間を超えて、別の仲間意識として息づきを開始する。

しかし、明日になれば、また「現在」への復帰が要求される。会合の場で、ふと埋め合せがついたように思った自らの個人史の風穴は、明日になれば、また、ぽっかりと口を開けるであろう。しかし、それはそれでよいではないか。ここが自分にとって幻想の揚所であることは、はなからわかっていることなのだ。

宴会は、そんな想いをもまきこんで、にぎやかに展開される。しかし、彼らの心に開いた戦中――戦後を貫く風穴は、宴会の只中にも確かに存在している。

酔い痴れて　唄う軍歌の　節廻し　しどろもどろと　なりて　果てたり

（戸塚静馬　大1〜『昭和万葉集』巻二〇）

〔高橋三郎編『共同研究・戦友会』田畑書店、一九八三年、「新装版」インパクト出版会、二〇〇五年〕

附記

書かれているように、この文章の初出は一九八三年。高橋三郎京都大学名誉教授（当時は教養部助教授）を中心にした戦友会を対象にした共同研究の成果の一部である。戦後社会における戦争体験者たちの「戦争体験」や「戦後日本社会」への意味づけをめぐって、原集団である部隊や学校、さらに結成年などを軸に分析を加えた。ここで採用した『昭和万葉集』を使った戦後における「戦争」の意味づけの歴史的整理は、後に鶴見俊輔さんや吉田裕さんが同じような方法を用いて論じている。

今や戦争を体験した世代は急激に減少し、戦友会もほとんど消えつつある。小部隊戦友会に見られるような戦後日本の元兵士たちの体験の共有は、（第一次大戦のドイツのようには）簡単に「政治」に回収されることを許さなかったというぼくの見立ては、戦中派の分析という点で、今でもそれなりの有効性をもっていると思っている。

本書の最終章(「ポピュラーカルチャーのなかの暴力と死」)で描いているように、現代は、(厳しい戦闘体験への想像力を欠落させた)「虚構(イメージ)の戦争」が、政治的に弄ばれつつあるようにみえる。戦争体験者の「戦後」の真摯な意味づけから日本社会を逆照射することの重要さを、あらためて感じる。

戦中派世代の戦後「転向」

一、……………戦中派世代と組合運動

戦中派世代の研究をしたことがある。高橋三郎の呼び掛けで開始された「戦友会」をめぐる共同研究のなかでのことだ。調査の過程で、いくつかの戦友会の会合（たいていの戦友会は、年に一度、慰霊祭と宴会からなる大会をもつ）に参加させてもらい、インタビューなどを試みたこともある。参加者たちと話しているとき、特に、会では「若手」の方である現在の年令で数えて六〇代前半から半ばくらいの人々と話しているときに、これらの人々がときどきある共通した話題を語るのに気が付いた。「戦後、復員してきてから僕なんか熱心に組合運動の旗ふりをしたもんだ」とか「総評系の組合の書記長をしていた」とか、さらには——これは海兵（海軍兵学校）出身者の会合のことだったと思う——「六〇年安保の前、共産党から衆議員選挙に出る予定だった」などと言う人までいた。

戦友会というと右寄りの集団と思う人が多いかもしれない。しかし、我々の行なった調査などから判断すると、多くの戦友会は、はっきりとイデオロギッシュなものを除けば、どちらかといえば非政治的な集団として考えた方がいいように思う。もちろん、会合では、日の丸を掲げ「君が代」を斉唱したり、海軍なら軍艦旗を揚げたり「海ゆかば」を歌ったりするものが多いわけだが、個々人とのインタビューなどから判断すれば、極端に左翼的な物言いをする人や「平和と民主主義」を強調する人の数が少ないことはもちろんだが、逆にはっきりした保守的イデオロギーの持ち主と思われる人の数も決して多くはない。むしろ、メンバーの一般的な意志としては、「政治」から距離をとっておこうと考えている戦友会が大多数なのではないかと思われる。だからこそ、前述したような左翼運動や労働運動の体験者たちの「政治」を話題にした発言が、ちょっと意外に思え、また記憶に残ったのだろうと思う。

しかし、ちょっと振り返ってみれば、一九五〇年代前後、戦闘的労働運動の中心的活動家が戦中派世代であったということは年齢から考えてもそれほど意外なことではないのだ。たとえば、村上兵衛（一九二三年生まれ）は、「戦中派世代」のマニフェストの一つとして名高い「戦中派はこう考える」（『中央公論』一九五六年四月号）でこう書いている。

（戦中派世代は）しかし係長に出世した数よりも、労働組合の中央委員、執行委員あたりになった連中のほうがずっと多いだろう。少なくとも私の周囲ではそうである。

ただ、ここで村上が「戦中派」と呼んでいる世代は、単に戦争を体験した世代という意味ではない。ここでいう「戦中派」とは、青年期に太平洋戦争を最前線で戦った世代、いわば狭義の「戦中派」であることに注意する必要があるだろう。つまり「戦中派」とは、中年・壮年期に第二次世界大戦に参戦した「戦前派」と、徴兵以前の少年・少女としてこの戦中期を送った「戦後派」とに挾まれた世代ということである。

(軍隊に対する感じ方における) 相異は、戦前派が観念的に、あるいは老兵として従軍したのに較べて、私たちの世代が若者として直接にそれを受け止めたことに由来しているのかもしれない。戦前派にとって軍隊が『無用』の愚物であったのに比して、私たちにとっては最低必要な悪であった点に食い違いができている。(前掲論文)

戦中派と呼ばれる世代が、世代論的にみても一つにくくりきれないということは、すでに橋川文三や鶴見俊輔が指摘している。たとえば橋川文三は、いささか戦中派知識人に傾きすぎるきらいはあるが、その「戦争体験と戦後世代」(『現代知識人の条件』弓立社)で、「大正四〜五年生まれをその上限とし、昭和三〜四年生まれを下限とする世代を戦中派といっておきましょう。……かりに、この戦中世代を、さらに三つのグループにわけてみるのが便利と思われます。つまり、これを戦中派前期と、中期、後期にわけてみると、いろいろなことがわかりやすくなると思います」とした上で、この三世代の特徴を次のようにまとめている。

すなわち、戦中派前期世代は、「兵として、あるいは将校として戦闘序列に組み込まれるまでに、すでに一応の人格形成をなしとげていた人々」であり、「マルクス主義を中心とする社会科学の洗礼を」受けた、「したがって、熱狂的な帝国主義とか、非合理的な国粋主義・超国家主義などに結びつくこと」がない世代、「戦争を不合理な『暗い谷間』の時期としてとらえ、敗戦を『解放』として『第二の青春』の開始としてとらえた人々」であるとされる。

これに対して、橋川自身もそこに属する戦中派中期世代は「なんらかの型をもつというには、不幸すぎる時期に精神形成をやった」世代、「合理主義から実存主義ないしは神秘主義にまたをかけたような滅茶苦茶な範囲」の教養に裏うちされた「世界や歴史を一種の主観というか、情熱の投影として考える」ような「いちばんなんだか哀れな世代」として位置付けされる。

また、最後の後期世代は「世界と歴史に対して、自己の意見を見出そうというような」ことには、もはや関心さえ持ちえないような世代、東条英機の「戦陣訓」を「いちばんぴったりとうけとめた」世代とされる。

本稿の対象が、基本的にこの狭義の「戦中派」、橋川のいう中期戦中派にあることをここで断っておこう。なぜなら、戦後における民衆レベルでの「転向」という問題を考えるとき、私にとってもっとも興味深いのがこの中期の戦中派世代であるからだ。この世代は、少なくとも二度、大きな思想上の方向転換を世代として行なっている。すなわち、敗戦による、急激なしかも外部から与えられた「転向」と、高度経済成長のなかでの、なしくずしのしかも内発的な「転向」と。当然のことながら、この点において、後期戦中派であるいわゆる「昭和ヒトケタ」世代もまた共通した部分をもっているだろう。ただし、戦中・戦後の評価において、この後期戦中派と中期戦中派との間には微妙な差が存在しているように感じられる。つまり、吉田満（一九二三年生まれ）の諸著作に代表されるように、戦中から戦後への時代の動きに対するとまどいやうしろめたさのようなものが、この中期戦中派にはより強く感じられるのだ。そして、この世代に特有といわれる「とまどい」、戦中・戦後を通じた「わりきれない気分」が、この世代の「戦後転向」の分析にあたって重要なポイントを形成してもいる。

二、…………「成熟」と現状肯定への「気分」

それでは、戦後におけるこの世代の思考転換はどのような形態をとったのだろうか。たとえば、先に上げた村上兵衛は、一九八九年一月の天皇裕仁の死にあたって、かつて彼自身が「天皇の戦争責任」で厳しく問い掛けた、天皇の政治責任・（日本人およびアジアの人々に対する）道義的責任（『中央公論』一九五六年五月号）について、「（自分を犠牲にしてまで責任を問おうとした天皇に対して）他人がその責任を問うことができるだろうか」、また「いささかの歴史的知識を貯え、かつ人間存在のむつかしさを知るようになった今日の私じしんは、天皇の道義的責任を問おうとは思っていない」とした上で、こう語っている。

戦争中から戦後にかけて、私の心は天皇への愛憎のあいだを揺れうごいた。私が天皇をいったん捨てたのは、士官学校の生徒だった戦中のことで戦後ではない。しかし今日、天皇がその地位において精一杯マジメにつとめられた事実に対しては、かれの「若気の至り」だったという反省を含めて敬意を払っている。そうして私の中には、昭和という時代を「天皇とともに生きた」という感慨がある。

一九五六年に、「戦中派」としてのアンビバレントな感情を含みつつも「天皇制排撃への結論は観念の操作からでも到達することができるが、ここでは私にはその観念を裏打ちする感情の用意があることを、はっきりと表明しておきたい」（『中央公論』四月号）と語った村上は、ここでストレートに無条件の「天皇陛下万歳」へと移行したわけではない。むしろ、天皇・天皇制に対するわだかまりの意識の存続は行間からも明らかなのだ。しかし同時に、三〇年前の彼の言葉と一九八九年の彼の言葉とを比べれば、その間の「距離」がかなりの幅をもっていることも明白な事実だ。

村上の言明にも明らかなように、天皇という戦後日本社会において重要な価値基準となった視点から見たとき、戦後の日本人の意識はかなりの変貌をとげている。なかでも、ここでいう狭義の「戦中派」においては、特にその変化が顕著であるように思われる。たとえば、図1に示されたNHK世論調査部のデータをみてもそのことが理解できる。一九七三年から八三年の一〇年間で、天皇に対する「無関心」から「尊敬」への移行が、この世代（「大正」一〇年代から「昭和」初年生まれ）において、もっとも大きな上昇傾向（ほぼ一五％）を示している。

図1　天皇に対する感情（世代別）

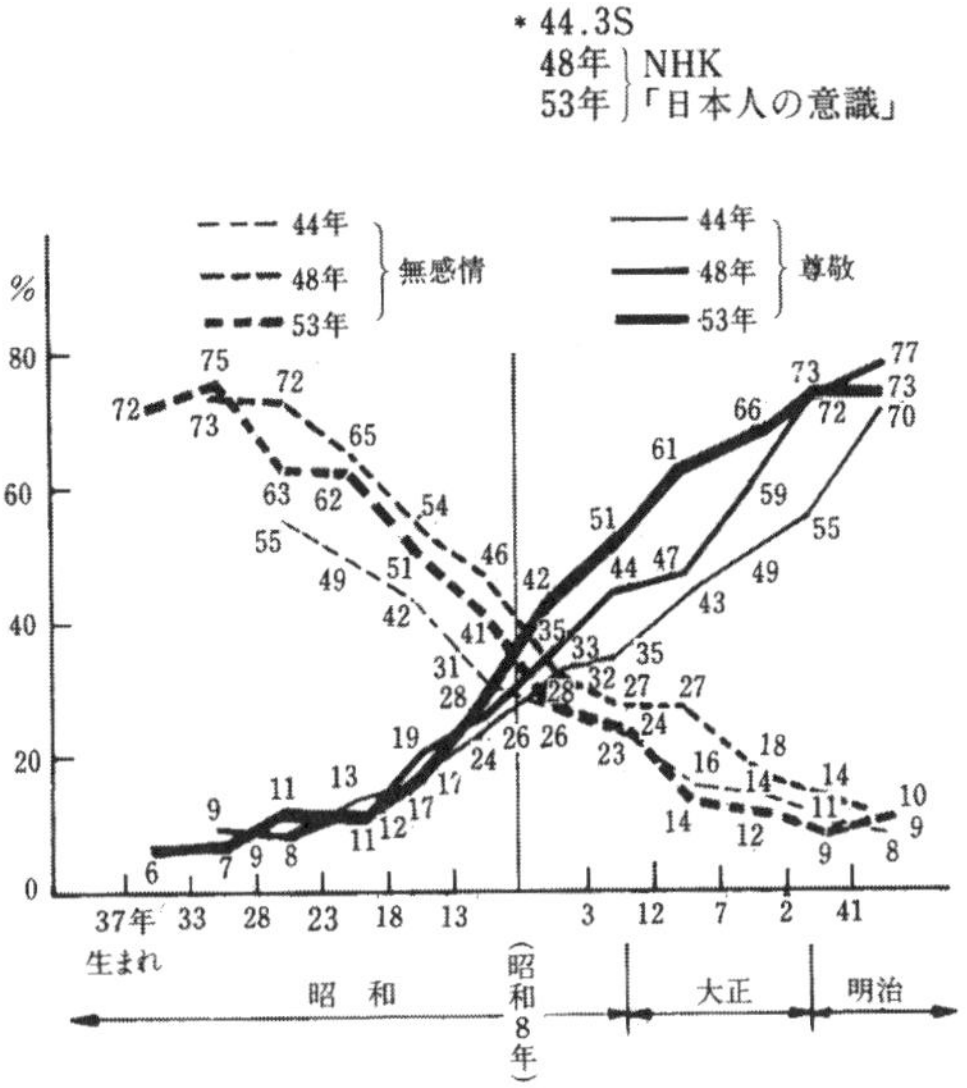

NHK放送世論調査所編『図説戦後世論史、第2版』(NHKブックス)

　それにしても、天皇をめぐる意識における変化を生み出したものは何なのか。もちろん年令的な「成熟」という問題が存在しているだろう。一般に年をとるにつれて「保守化」する傾向が生じるというのは、社会意識研究においてはよく観察されるところだ。

　また、すでに常識の域に達したことがらではあるが、これに、戦後日本社会のもたらした「資本主義的爛熟」とこれをめぐる戦中派世代の位置付け、という要素をつけくわえてもいいだろう。
この「爛熟」が、東アジアを始めとする多くの諸国・諸民族に対する収奪や搾取の上に成立していることはあまりにも明らかな事実だ。しかしその一方で、鶴見俊輔のいう「私が戦争中にねがったことは一九五五年以後の毎日では、自分のくらしのなかに実現されている」(「高度成長」内山秀夫・栗原彬編『昭和同時代を生きる』有斐閣)という「率直な」気分は、時代による早晩や世代を越えて、現状肯定へ向かう意識の重要な根拠として強烈に作用していることも間違いのないことだろう。
たとえば、本年(一九八九年)一月に『週刊文春』誌上で語られた吉本隆明(一九二四年生まれ)の次のような発言は、この戦後を代表する思想家の言として記憶に留どめておきたいものの一つであろう。

とにかく、数十年の間に大衆の生活レベルをこれだけにもっていったのは、日本資本主義のお手柄だと思っています。そういう意味では否定的じゃない。飴玉二つ買うと一日の小遣いがなくなっちゃったときと比べると、今はたいへんなものだよなと考える面のほうが僕は多いですね。

かつて、「転向」を「日本の近代社会の構造を、総体のヴィジョンとしてつかまえそこなったために、インテリゲンチャの間におこった思考変換」(吉本隆明「転向論」)と鋭く解剖した思想家による現状認識を、ここであざ笑ったり図式的に断罪するつもりはない。むしろ吉本がこのような「日本の現代社会の構造総体のビジョン」を生み出すに至った戦後の四〇年をこそ、我々は見詰め直す作業に取り掛からねばならないはずだ。

そして、そうみるならば、この間、さまざまなメディアを通じて繰り返された、農業社会の崩壊が天皇制を自然に解体するという、吉本の発言も、単純な論難を越えて、彼自身の世代感覚と日本社会をめぐる総体的ビジョンとを結び付けたうえでの細かい分析と批判を我々に要求することになる。

おそらく吉本は、こうした現代日本社会論や天皇制をめぐる考察を通じて、後戻りできないところまで「超西欧化」した日本社会を、古典的「左翼」の社会観や凡庸な「近代主義」の視点から認識することは無意味だ、といいたいのだろうと思う。そして、興味深いことに、こうした吉本の天皇像＝日本社会観は、いわゆる「新京都学派」、なかでも、戦前のような軍国主義の復活はおこりえないという立場から、「文化天皇」制の強化を主張する上山春平（一九二一年生まれ）などの視点と微妙に共通する要素を含んでいるのではないかと思う。

つまり、この世代の人々にとって、現代日本社会は、戦前・戦中・戦後初期と比べて、根本的に異なった「成熟」した社会として映っているということだ。しかも、この「成熟」は、単に物質的な欠乏からの解放ということを指すのみならず、西欧とは異なった形態をとった「大衆」の「生活レベル」での「成熟」という観点から把握されているように思われる。

当然のことながら、私は、吉本や上山の天皇像にも日本社会観にも全く同意することができない。むしろ、天皇制は、高度資本主義との結びつきの中で、新しい抑圧の装置として機能する可能性をもっていると考えている。また、個人的感覚としては、この「爛熟」しきった日本社会によって、ひどい剝奪感と、耐えられないほどの息苦しさを感じさせられているといったほうがいい。もちろんこの現状をめぐる気分のズレは、世代の差でかたづけられる問題では決してない。国際環境も含めた日本社会の現在と未来をめぐる「総体的ビジョン」をめぐる論争として徹底して議論されるべきことなのだろう。しかし、ここで、この問題を全面的に論ずる余裕も力量も私にはない。ただ、おさえておくべきは、この戦中派世代の知識人たちが、現在の日本社会を、伝統的な左翼や近代主義の目ではなく、彼らの世代の目から、ある種の現状肯定というパースペクティーヴで眺めようとしている、ということだ。

しかし、この世代における、日本社会をめぐる、批判的な態度から肯定的な態度へのスライド＝思考転換は、日本社会の「成熟」の認識という彼らの現在のパースペクティーヴからのみ説明できるわけではない。この世代が、世代として背負わされた「時代精神」と戦後の日本社会の展開との間に発生したズレと衝突という事態もまた、この思考転換に大きくかかわっていると考えられるからだ。

すでに引用した論文を含む、村上兵衛の『戦中派は考える　繁栄日本への疑問』（サイマル出版会）は、この一人の戦中派が、戦中・戦後の日本社会と、意識の上での距離をどのように縮めまた広げてきたかを知る上できわめて興味深い内容をもっている。村上兵衛という一人の戦中派知識人をもって、戦後の戦中派の意識、特に民衆意識の変貌を代表させることはもちろんできはしない。しかし、村上の語る彼の戦後史が、戦後の戦中派の意識と多く通底した部分をもっていることは誰にも否定できないだろうと思う。以下、村上の戦後における思考転換のプロセスを軸に、戦中派世代の戦後史を少しばかりなぞってみよう。

三、……………相対化＝現状肯定へ向かう心理

多くの戦中派世代がそうであったように、村上にとっても、戦後における「革新」からの思考転換の最初の契機は、五〇年代から六〇年安保闘争へと至る過程で味わった「戦後左翼の戦後責任」という問題であったようだ。

たとえば、一九八三年に書かれた「現代日本を問い直す」で、村上は、「軍隊から復員し、官公庁や会社に勤めた仲間で労働運動にかかわらなかった同世代の者を見つけることはむずかしい」としたうえで、「戦後の社会主義」経験をこう総括する。

私じしんのつたない言論が、『進歩的』であったかどうかはしらない。しかし、私は日教組をはじめ、労働組合にコミットしていたことも確かだし、総評の週刊誌や社会党の機関誌の〝大衆化〟のためにも働いた。そして「基地反対闘争」や三井三池の争議などには、よく出掛けた。……私が、これらの運動、ないし人びとと距離をおくようにな

るのは、この三井三池の争議の年、いわゆる六〇年安保のころからである。……私はその間、いわゆる反体制の側の人たちのなかに、ごく少数の素晴らしい人物を発見したが、同時にただ尊大なだけで、中身の空虚な、あまりにも多くの人びとを見た。……労組幹部は、身内の（系列の）権威に弱いという点では、官僚以上の官僚であった。……一般的には官僚は今も好きではない。が、少なくとも彼らは役に立つし、国家――いわば『公』を考えているだけマシだ、と思っている。

しかし、この思考転換は、単に戦後左翼の限界という視点からのみ出発しているわけではない。むしろ戦後日本社会への戦中派世代としての「思い」の方が大きく作用しているといった方がいいだろう。村上自身、「いわば革新の側から関心が少しづつ遠ざかっていく」気分を最初に表明することになった論文「『敗北主義の倫理』を排す」（『中央公論』一九六〇年五月号）において、こう述べている。日本の民衆は、戦争中、抵抗の伝統をもたなかった。そればかりか、戦後、その欠如を痛切に認識することなく、ただ「逃避」することに汲々とした。そこから生まれた日本の戦後文化は「敗北主義の文化」だ。連合国側には、たとえばデモクラシーあるいはコミュニズムといった守るべきものが存在したが、「われわれには積極的に守るべきイメージをなにひとつ見出しえなかったかに見える」。「そして、国民とくに青年のあいだに広汎に存在した献身の精神、いわば積極的なエネルギーは、敗戦とともに見捨てられ、そこから新たな意味がひき出されることはなかった。……彼らに与えられたものは、バカか戦犯のレッテルだったようである」。

「ポジティブな精神は、わが国においては、戦争中すべて戦争協力の方向に収斂され、さきのフランスやイタリアの例に見るように、抵抗＝たたかいの精神と結びつくことはなかった。そしてネガティブな精神のみが発言権を持ち、戦後文化の主流となり、そのためにポジティブな精神そのものが否定されたのである」。

この村上の戦後社会への視線は、ほぼ同年代である吉田満の次のような発言と相互に共鳴し合う部分をもっているだろう。

戦中から戦後までを一貫するアイデンティティの確認こそが、戦後生活の出発点であることを予感しながらも、それではアイデンティティの中身は何か、自分が日本人であることの意味を具体的にどのように捉えるのか、と問われれば、答える用意がなかった……。

(「戦中派の死生観」)

戦後社会に対する戦中派の世代的な疎外感・欠落感とでもいうべきなのだろうか。おそらく、復員してきた彼らにとって何よりも必要だったのは、自分たちにとって戦後社会をある一貫した相で呈示してくれるような拠り所＝ポジティブな世界像だったのだろう。しかし、少なくとも、彼らが最初に救いの主として設定した戦後左翼は、結果的に「敗北主義」的で「逃避的」なネガティブなものとしてしか映ることはなかったし、ましてや、彼らのアイデンティティへの渇えた気分を満たしてはくれなかった。おそらくは多くの戦中派は、この満たされざる気分を抱いたままで、戦後の復興期から高度経済成長の時代へと突入していったのだろう。

実は、「日本」の国家・社会そして民族をめぐる再定義、総じていえば新たなナショナリズムの形成という要素は、この空隙を埋めるものとしてあらかじめ準備されていたといってもいいのだろうと思う。前近代の宗教に代わる存在として与えられた「想像の共同体」＝ナショナリズム（B・アンダーソン）こそ、この空白を埋めるための絶好の対象であるからだ。そしてそのことは、村上や吉田の前言からもたやすく読み取れる。しかし、同時に、彼らの言葉に見え隠れするある種の「とまどい」からは、この世代が、ナショナリズムという道をただちに選択することのできない世代、かつてあまりにもナショナリズムそのものによって痛めつけられた世代であったということもまた見てとれるのである。

高度成長期を通じて、戦中派世代は——というより「日本人は」といった方がいいのかもしれないが——このあらかじめ与えられていた回答に向かって、戦中・戦後を貫通したアイデンティティの探求を開始したのではなかったか。しかも、その流れは、戦後における「国民的」レベルでの「思考転換」と大きく連動している。このことは、図2で示されているように、世論調査の戦後史においてもかなりはっきり読み取れる事実である。「西洋人と比べて日本人が優れているか、劣っているか」という問いに対する「日本人は優れている」という回答が、戦後、大きなカーブをもって上昇していることがそこから見てとれるだろう。この急増は、戦後日本における世論調査上で、最も変化が大きかったといわれる他の二つの意見「他人の子を養子にするか」「希望する生活」とともに、日本人の意識における顕著な変化・転換を構成しているのである。

　しかし、この失われたアイデンティティの新たなナショナリズムを通じた復興という作業は、少なくとも戦中派世代においては、過去において称揚された「ナショナルなもの」への全面的な回帰というかたちをストレートにとることはなかったと思われる。そうするには、彼らは痛い目にあい過ぎていたのだ。そして、そのためにこそ、意識的にであれ無意識的にであれ、また内発的にであれ外発的にであれ、この世代が一九六〇年代

図２　林和己夫『日本人の心をはかる』（朝日新聞社）

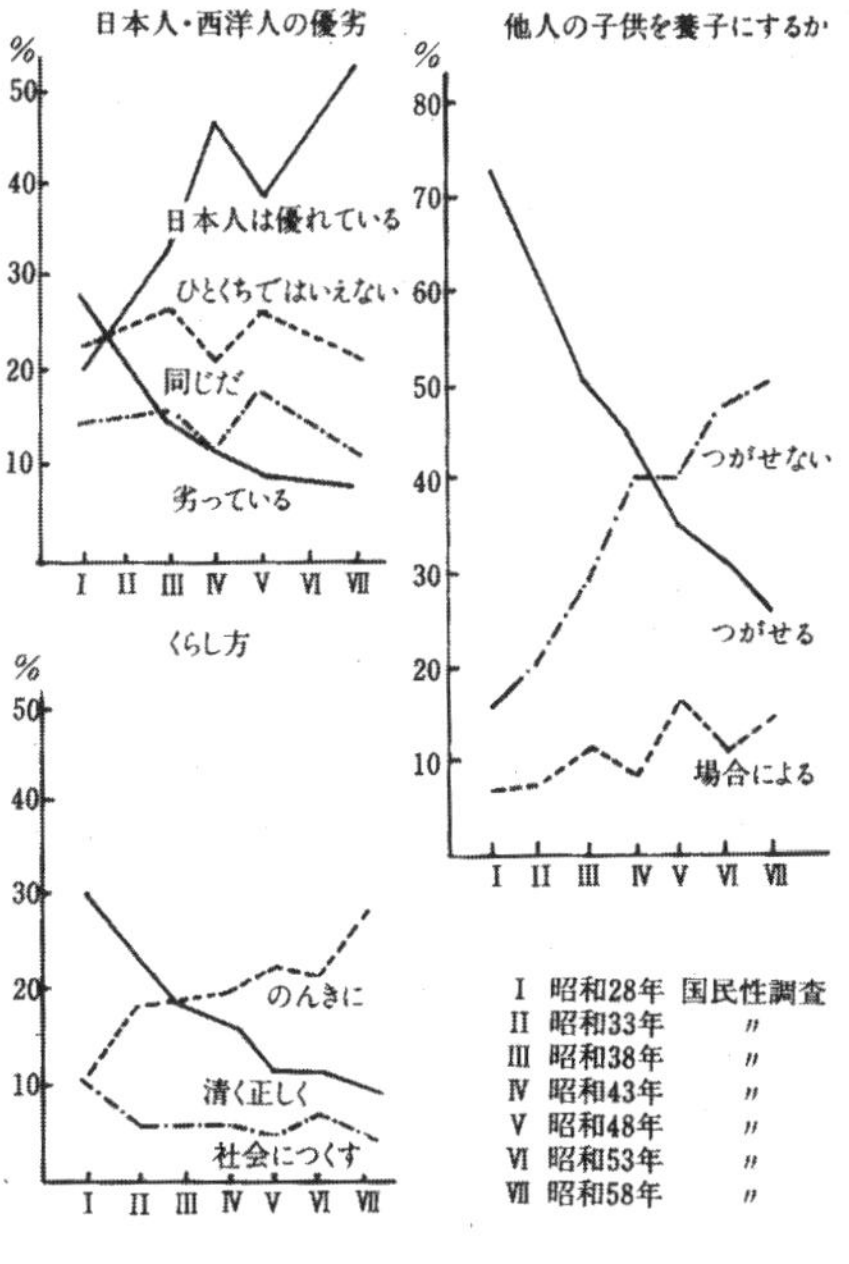

を通じて準備したのは、自己（の世代）と日本社会の「相対化」というステップだったのではないか、と私には思われるのである。

こうした自己と日本社会の「相対化」という作業を戦中派世代がいつ頃から、またどのような方法をとって開始したか、という問題を考えるとき、村上の次のような言葉は、そのヒントを提供している。

私は、この六〇年安保をひとつの転機として、いわば革新の側から関心が少しずつ遠ざかっていくが、そこで私が考えたひとつは、もっと世界をひろく見よう、ということであった。

六五年に書かれた「ドイツに戦中派はなかった」において、村上は、「戦中派」という言葉の自分たちにとってもつ意味についてこう述べている。

戦争のある部分に献身したにせよ、あるいは批判的であったにせよ、そのギリギリの体験が、戦後にいたってムダであった、バカだったと一般にきめつけられたことへの懐疑、憤懣といったものを、その言葉は同時に内包していた、と思われる。だから、戦中派なるものの性格規定は、当然に私たち世代の混乱した戦後体験を含む。というよりその戦後体験によっていっそう際立った性格が与えられるにいたった。

そしてその上で、戦中派はこう自己規定される。

その象徴的パターンは、戦争中みずから軍人を志願し、戦後共産党に入党して火炎瓶を投げた青年といえなくもない。私としては、むしろ戦争中の強烈な体験をもとに、その意味を戦後になお愚直に、しつこく考えつづけている人間群——と理解したい。

この戦中派の目に、ドイツの戦争世代はどのようなものとして映ったか。その回答こそ、まさに「ドイツに戦中派はなかった」なのである。彼がドイツにおいて「発見」した（あるいは発見したと思った）ものは、「本能的な力への信仰」と「強烈なナショナリズム」、責任問題発生時における「まず自己を防衛せよ」という精神、「自発的な道徳心の希薄さ」などであった。そこには、日本の戦中派が抱いたような、戦争責任をめぐる情緒的罪責感や、戦後の価値の転換はなかったというのである。むしろ、そこで彼が「発見」したのは、ナショナリズムという点では「戦前も戦中も戦後も少しも変わらない」ドイツ人の姿だったのだ。

かつてヨーロッパの戦争世代の手記を集めた『世界の青春』を読み、ヨーロッパの同世代の人々もまた、自分たち日本の戦中派世代と同様、戦争に対して国家に対してアンビバレントな感情を抱いていると思い込んできたという村上は、再度この『世界の青春』を読み直す。そこで、彼が改めて見い出したのは、「ドイツの青年たちは絶望と神の不在をくりかえし述べている。しかし、祖国の戦争目的と自己との乖離にくるしむ言葉は、ついに一行も発見することはできなかった」ということであった。

しかしながら、村上において、ドイツの戦争世代と自分たち戦中派との意識における差異の対象化が、ただちにドイツ型のナショナリズムを日本に復権させるという方向に向かうわけではない。村上の心が向かうのは、ドイツ的な精神（というより西欧的精神）を鏡とした、「単純な合理主義ではわりきれない」自分たちの世代と日本社会に対する「気分」の再確認なのだ。しかもこの気分は、以前と比べて少しばかりポジティブな色合いを増すとともに、彼の心を何かしら「軽く」させる方向に作用し始めている。

こうした、戦中派世代による自分たちの世代および日本社会への相対化・客観化が世代的レベルで開始されたのは、村上の例においても明らかなように、一九六〇年代なかばのことではなかっただろうか。もちろん、そこには、戦後二〇年という時間の経過、高度成長のなかでの生活上のゆとりの発生といった事態が大きく作用しているだろう。

高橋三郎も、手記や自費出版なども含めた膨大な戦記ものの内容を、戦後社会と関わらせつつ分析した『「戦記もの」を読む』（アカデミア出版会）のなかで、こう述べている。

昭和四〇年代の『戦記もの』は、著者が戦闘体験者であるか否かを問わず、よく調べて書かれたものが多くなりますが、その背景にはノンフィクション・スタイルの流行というだけではなく、『事実』に対する興味や『事実』を認める態度が、書く側にも読む側にも徐々に生まれてきたという事情があるように思います。

六〇年代半ばに開始されたと思われる、自らの戦争体験、死んだ戦友の位置付け、天皇や国家をめぐる意識の相対化というこうしたプロセスは、一方で、戦後「平和主義」による戦争の理念的かつ一面的批判から、戦中派世代（というより日本全体）が「自由」になっていく過程でもあった。しかし、この相対化は、自分の所属する世代と社会をめぐって、どこまでも相対化し続けるという覚悟をもったような相対化ではなかった。戦中派の戦中・戦後社会に対するニヒリズムが中途半端なニヒリズムであったように、この相対化もまた中途半端なものでしかなかったのではないかと思われるのだ。つまり、この相対化には、どこかで現状を絶対化するようなモメントが、すなわち、相対化というかたちをとった、自己をとりまく過去・現在・未来の固定化とその肯定へ向う心理が混入している。しかも、現状の絶対化への指向性は、はっきりした理論という形を決して結実させようとはしない。それは明らかに「気分」でしかないのだ。理念的なるもの、はっきりした理論的輪郭をもったものは、相対化のなかでカッコに入れられていく。戦後、「戦争責任」という名のもとで彼らを裁いた西欧の理念、それによって裁断されたがゆえに逆に彼らが強くコミットもした西欧の理念は、わりきれなさゆえに納得のいく「日本文化」によって回収されてしまう。

こうした相対化＝現状への肯定的気分へと向かう戦中派の心理に、東京オリンピック・万博・石油ショックの乗り切り・ＧＮＰ世界第二位・最大の債権国家といった、日本を絶対化するための媒介的な要素が随伴する。また、マス・メディアが生産―再生産し続ける膨大な情報の氾濫、資本の国際化や海外旅行の契機の増加などにともなう人的な「国際化」が、逆にこの相対化＝現状肯定を一層増幅させていったことも明らかなことだ。

一九七一年に雑誌『流動』に発表された論文「天皇制は何ゆえに存続し得たのか」において、他の君主制国家との比較検討を通じながら、村上の「気分」は、かなりはっきりと天皇制の肯定を表明し始める。ここで使われているロジックもまた、日本社会を西欧型モデルで分析することの不毛さということである。

「元首といい、統治権といっても、それらはヨーロッパ的の政治学ないし社会学からみちびかれたガイネンである」。

それでは、この天皇制は、どのような理論的パースペクティーヴから分析されるのかといえば、理論ならざる理論、理論のアミの目からこぼれてしまうようなわりきれない気分からなのだ。

「ただひとついえることとは、たんに『合理的』とか『理論的』とかいわれていることが、複雑な歴史、政治、一国の文化の全体をあやまりなく見透しているほど『理論的』であり得るか――それを私は戦後二〇数年のあいだに学んだ」。

戦中派村上の心において、天皇・天皇制は以前とは別の相貌をとって把握されることになる。

飲み屋で出くわしたA新聞記者とB編集局長との天皇制の存廃をめぐる議論に、村上はこう言いながらわって入る。

私は口をはさんだ。

「……昔は、ぼくも、天皇制を廃止すべしと、勇ましく主張したものだが」。

「ぼくだってそうさ」とB編集局長がいった。

「ぼくらは、みな、昔はそう思ったさ。しかし、ずっと人間関係というものを経験してくると、ものごとはそうハッキリとはいかない……なんとなく、天皇はあったほうがいいように思われますよ。いや、あったほうがいいのです」。

天皇制を積極的に支持しようとすれば、たしかに「人間関係」という理由づけしかないかもしれない。それはきわめてアイマイなものだが、人間はその体験したところをつねに政治論的に明晰に開陳することができるとはかぎらない。明晰にすることによって、理論のアミの目からこぼれおちてしまう現実もある。

村上は、この文章が収められた節に「体験的天皇論の転向」という見出しをつけている。五〇年代に、戦中派として厳しく天皇の政治的・道義的責任を追及した彼の視点の大きな転換がここでは自覚的に表明されているのである。もちろん、この感覚の変化は、戦中派世代に特有のものとはいえないのかもしれない。天皇および日本文化をめぐる否定的な理念から肯定的心情への移行は、先に述べたように、少なくとも「社会意識調査」レベルでは、高度経済成長をはさんだ戦後史の展開とともに一般に顕著な傾向なのだから。そしてもし、戦中派世代の戦後のこうした価値の転換・思考転換に、世代的特徴があるとすれば、この世代が、結局、根本的なところで国家や天皇への全面的賛美をストレートに表明しきれないままに、ある種のとまどいや愚直さを持ち続けている点にこそ求められるべきなのだろうとも思う。かつて奪われた自己像と自己が所属する世代・社会のアイデンティティの回復への希求は、未だ満たされざるものをあまりにも多く残しているからだ。

戦後世代の我々と彼ら戦中派世代とが、我々の生活するこの日本社会の現在と未来をめぐる議論において切り結ぶべき点があるとすれば、それは、彼らの「わりきれなさの気分」を一面的かつ皮相的に断罪することからも、ましてや優しく理解してやることからも生まれることはないだろう。この四〇年余の戦後史・我々の現在・未来との関わりのなかで、彼らの「とまどい」「わりきれなさ」の気分を検証・解剖し、それを理論的かつ批判的に解体する作業のなかからこそ、我々戦後世代と彼ら戦中派世代との真の「思想闘争」の場が求められるはずだと思うからである。

＊　＊　＊

それにしても、戦中派を中心におきながら見てきた、以上のような「戦後転向」は「転向」の名に値するものなのだろうか。そしてまた、現在「転向」を問題にすることの意味がどこにあるのだろうか。

少なくともこの変化は「権力によって強制されたためにおこる思想の変化」（鶴見俊輔『共

同研究・転向』）といった戦前・戦中の転向と同じものではありえない。そもそも、いったい彼らは「どこからどこへ」「転向」したというのだろうか。「どこからどこへ」という問題を設定すれば、それはいままで述べてきたような、ある理念に支えられた国家へのアンビバレントな反抗意識から、「ナショナルなもの」「日本文化」への情緒的な一体感への転換といったパースペクティーヴで議論することはできるだろう。しかし、現在、この問題を、いわゆる戦後の転向論争と同じような方法論から議論することが可能なのだろうかという思いがある。この転換の軸が、かつてのような理念や思想のレベルから、現状肯定へと向かう「気分」「心情」の問題になってしまうことできわめて不透明な相を持ち始めているということからだけではない。そうではなくて、転向を議論しようとする我々の側の足場そのものが、単純な教条への禁欲的なしがみつきや、そこから発する倫理的な非難というかたちでの「転向」論を許さないからだ。誤解を恐れずに言えば、「転向」というレッテルを貼ることで、自分の立脚点を闇雲に防衛するという「作風」のなかに、政治的不健全さというようなものが感じられてしかたがないからなのだ。

この問題は、何も現代の「転向」に限ったことではない。現在と同様、戦前・戦中の転向現象もまた同じパースペクティーヴから把握することができるはずだ。「非転向の転向」というかたちで吉本隆明が定式化した視点が当時有効性をもったとすれば、彼が、この問題を教条への闇雲の信奉やそこから発する倫理的非難のレベルから、政治的かつ思想的レベルの問題へと引き上げようという方向性を示していたからではなかったか。

現象としての「転向」を前にして、根本的に問われるべきは、「どこからどこへ」という情緒的で倫理的なレベルから出発する教条的非難ではなく、我々の過去・現在・未来の展望のなかで、この思考転換そのものを政治的に批判・解体することであるはずだ。その意味で、現在我々が「転向」を問うことに意義があるとすれば、自己防衛のためのレッテル貼りで終始するような「転向」議論そのものの廃棄のために、つまり、湿っぽい情緒的で日本的な「転向」概念の政治的な解体へと向かうなかでこそそれがなされる必要があるのではないだろうかと思うのだ。

〔『検証・〔昭和の思想〕Ⅱ　転向と翼賛の思想史』社会評論社、一九八九年八月〕

附記

一九八九年に「転向」を共通テーマにした天野恵一・池田浩士編の『検証昭和の思想』の第二巻に発表した。村上兵衛という、戦後、積極的に「戦中派」を自称し、自分なりの立場から「あの戦争」にこだわり続けた批評家の戦後を軸に、彼の視座からの「戦後社会」の意味づけの変容を追った。

一九六〇年代後半から七〇年代にかけて、この世代が、かつて憎悪さえ示してみせた「戦争」や「天皇」の意味づけを、少しずつ変更していくプロセスが、村上という、ある意味で「誠実な」戦中派の視座から浮かびあがってくるように思う。この変化は、吉本隆明など戦後左派の日本社会の意味づけの変容とも明らかにダブってみえる。

第2部

戦後憲法体制の変容と「昭和」の終わり

空っぽからの出発──天皇が死んだ日

一、……………天皇の死んだ朝

一月七日、朝六時ころ、友人の電話で起こされた。「そろそろのようだよ」という言葉で、すぐにテレビのスイッチをつけた。テレビ報道の緊迫感から、「ああ、これで今日がXデーになるな」と感じた。

天皇死去のニュースが入った後にも、あちこちから電話が入ったし、こちらからもいくつか電話をした。少しばかりはやったような気分もあったが、事前に予想していたほどではなかった。かえって、緊張感がぬけたような奇妙な気持ちがしたくらいだった。

すぐに外に飛び出して、京都の街を観察したかったのだが、間の悪いことに妊娠中のつれあいが風邪をひいていて、おまけに、当時二歳の娘も調子がわるく、あれやこれやで、京都の街の「ウオッチング」に出られたのは、午後も遅くなった三時過ぎになってしまった。

どこへ行っても、それほどの緊張感は漂ってはいない。学生の多い百万遍周辺をブラブラしてみたが、弔旗を掲げている家や商店も数えるほどしかない。こうした雰囲気は繁華街に出ても同じだった。京都一の繁華街、四条河原町周辺も、あまりいつもと変わりがない。もっと緊張感なりザワついた雰囲気があるのではと思っていたのだが、まったくの期待はずれという感じだった。ほとんどの商店が、店を開けていた。大きい書店では、すでに天皇制特集のセールスの準備に入っている。河原町通りのアーケードを覆って飾られていた正月を祝す日の丸の小旗は、一応、弔旗に取り替えられてはいたが、ちょっと見ただけでは通常の日の丸と見分けがつかない。むしろ、その数の多さや色彩のハデさゆえか、かえって「オメデタイ」という感じさえ与えるから皮肉なものだ。一般の商店で独自に弔旗を揚げている店はほとんどない。そのため、銀行やデパートなどが、一律に弔旗を掲げているのが印象的なくらいだ。

といっても、デパートに関しては、当初の予定から比べれば、「弔意の自粛」が行なわれていたのも事実らしい。天皇の病状悪化以後の京都の街の動向を描いた、毎日新聞社京都支局の記者たちの取材記録『昭和終末取材日誌　陛下にヨロシク』（長征社）によれば、この日の京都市内のデパートの対応は次のようなものだったという。

○デパート

午前九時、山元は「デパートの表情を見て来い」という池田の指示で四条河原町へ。

以前の取材で高島屋は天皇の写真と白い菊を出すと聞いていたが、いっこうに出ない。

担当者に確かめると「取りやめました」。近鉄、阪急、大丸、藤井大丸と各デパートのいずれも天皇の写真を出さず、急きょ各社で話し合って足並みをそろえたようだ。近鉄は白い菊を添えて「大行陛下の崩御に対して……」との看板を、大丸は看板だけを出した。他は特に変わったことはない。ただ、各社とも社員に喪章をつけさせ、店内のBGMはクラシックを流すか、何もなし。この日から各店ともバーゲンセールに入っていたが、自粛ムードで、広告・宣伝の担当者はみんな話しづらそう。夕刊に雑感原稿を書くが、ボツ。


その高島屋前で、飛鳥井桂子向日市議らを中心とする女性グループが、パフォーマンスを演じていた。戦時中、「国防婦人会」が「銃後」の婦人を動員して行なった「バケツ体操」のパロディだ。「もうだまされぬぞ天皇制には」と書かれた割烹着にもんぺ姿、手にはバケツ・防毒マスク・火たたき棒をもち、「バケツ体操の歌」を歌う彼女たちの周囲には、一〇〇名ほどの人の輪がつくられていた。

この日の京都の繁華街について、先にあげた『陛下にヨロシク』は次のようなレポートを載せている。

○街角で

夕方、尾賀は支局を抜け、すぐ近くの寺町通、新京極通を歩く。寺町通のどの店も早々と「陛下が亡くなられました。謹んで哀悼の意を表します」の張り紙。パチンコ店の店頭のネオンサインは消え、普段なら騒々しいだけの店内の軍艦マーチもない。土曜日だというのに客も少なめだったが、それでも「天皇さんが亡くなりはったかて関係おまへん」と無言の意思表示をしているかのように、黙々と台に向かっているのが印象的だった。一方、新京極通は、約半数の店が「逝去を悼む」として、臨時休業していた。開いている店も一様に「哀悼の意を表する」の張り紙を出して営業。予定通りの行動といいたげで、商人のしたたかさに舌を巻き、その冷静さこそ庶民の健全性を示していると思った。……社会はいつものように平静に時を刻んでいる。

二、……………京都・大阪での天皇批判の動き

夕方五時、さまざまな市民運動体や部落解放同盟、社会党などで作られている「天皇制の強化をゆるすな！　京都実行委員会」の主催する緊急集会に向かう。京都実行委員会は、一九八八年九月一九日の天皇の吐血以後、ただちに、「天皇の死が午後二時以前なら当日の午後六時から、二時以後なら翌日の午後六時から、部落解放センターで集会を開催する」と決め、九—一〇月の「国体を利用した天皇制強化反対」の運動（一〇月九日には、約三〇〇〇

人でデモンストレーションが行なわれた）などを通じて、「Xデーには部落解放センターへ」とアピールを続けていた。その成果もあってか、会場は、集会開始前から大盛況。社会党の清水達也府議を司会に、駒井部落解放同盟京都府連書記長、井上清、樋口謹一両京都大学名誉教授、池田浩士京都大学助教授、師岡祐行部落解放研究所長、後宮俊夫牧師などが次々に発言した。「天皇の戦争責任はその死によっても消えることはない」という声が、発言者の共通したトーンになっている。

途中で集会を抜けて、地下鉄の駅の売店に新聞を買いに行った。店の前で、若いサラリーマン風の男の子が二人、会話をしている。

「おい新聞買わなくてもいいんか」

「えー、何でや」

「記念や記念」

見ていると、確かに何種類かの新聞を買う人もいる。僕も、あるだけの種類の新聞を買った。もっとも、広げてみると、一般紙はどの新聞も同じような紙面ばかり。すでにできあがっていた予定稿のオンパレードという印象だ。地方紙も、「『昭和』に幕　天皇陛下崩御」（『大阪新聞』）という具合。関西風で面白かったのは、夕刊紙やスポーツ新聞の類い。たとえば『大阪スポーツ』。さすがに、一面二面では、「天皇陛下崩御　八七歳波乱のご生涯」と、一般紙と同様の紙面作りだが、三面からはもう「千代の富士、大乃国に綱教育」と相撲記事、さらに四面からは、いつものように風俗記事中心。連載エロ小説もきちんと掲載されていた。

『夕刊フジ』や『日刊ゲンダイ』など、夕刊全国紙も同様。何か妙に安心した気分になった。
集会のほうに戻ったら、会場はすでに人で溢れていた。入り切れなくなった人たちは、二階、三階にある別室で、館内テレビを通じての集会参加ということになった。その数約八〇〇人（翌日の新聞や、その後の情報などから判断しても、当日、各地で開かれた天皇制批判集会のなかでも京都の集会への参加者数が最大だったようだ）。

もちろん、この日、関西各地ではいろいろな出来事があった。何が起こったのかについて、天皇制に反対する人びとの動きを中心に、その後僕が入手できた情報などからここで少しばかりまとめてみよう。

卒業式・入学式向けに「君が代」のテープを配布した京都府教育委員会に対して損害賠償の訴訟を起こしている「『君が代』訴訟をすすめる会」（代表・飯沼二郎京都大学名誉教授）は、〈天皇の死〉の当日の午前一一時、京都市教育委員会に対して、学校での黙禱、「半旗」や哀悼行事への参加を強制しないように、という内容の申し入れ書を提出した。

お菓子メーカーのタカラブネの労働組合は、会社で揚げた弔旗を引きずり降ろし、今後は二度と揚げることのないよう会社から確約書をとった。

学生も、京都大学で、大学側の揚げた弔旗を実力で引きずり降ろす運動が行なわれたのをはじめ、各大学で緊急集会や緊急行動が取り組まれた。

京都府下の八幡市では、「『日の丸・君が代』強制反対八幡市民連絡会議」が、〈天皇の死〉当日、地域・駅頭・団地でのビラ情宣を行ない、翌日には集会をもった。八幡市では、市庁舎への「弔旗」は掲揚されず、九日の始業式でも「弔旗」は掲揚されなかった。また、「元号」の変更にともなうかたちで、市の申請用紙から「元号」がはずされ、市民に「元号」使用が強制されない措置がなされるなど、自治体としては興味深い対応をしている。

大阪に目を向けると、七日夜には、一九八六年暮に学者、宗教者などの呼び掛けで、市民団体などを中心に結成された「反天皇制のうねりを！ 関西連帯会議」が集会を開催、五〇〇人ほどで無届けのデモンストレーションを行なっている。これは、〈天皇の死〉当日の街頭デモとしては全国的にも最大規模のものだっただろうと思う。また、神戸でも、午後、一〇〇人ほどの人が三宮センター街でビラまき行動を行なったという。

翌八日は日曜日。風邪の妻子の世話のためほとんど外出することができなかった。テレビのニュースなどで見るかぎり、「平成」と変わった元号が注目されるくらいで、前日と比べて大きな変化はなかったようだ。実際にウオッチングに出掛けられなかったところを、再度『陛下にヨロシク』を引用させてもらうことで補わせてもらおう。

京都御所で
大沢と小黒は午前八時半、宣秋門前へ。雨が降り続く。記帳台は前日より六台増しの一八台に。
九：〇〇　開門。約三〇〇人の列。一番乗りは午前六時五〇分から。
記帳者の様子を取材。徹底インタビューで平成最初の日の日本人の行動を探ろうと試みる。

ボーイ・スカウト六三団の小学三年生から中学二年生までの一三人。

書き初めの表彰式に来たついでに記帳の親子連れ。

芦屋市在住のおじの死去で関西に来た神奈川の親子連れ。

華道家元の新年会中止を知らずに京都に来た独身女性二人連れ。

同志社国際高校の女性と二人連れ。

奈良と京都から来たデートのカップル。

行事として気軽に記帳しに来た人が多いのに驚く。

一二：〇〇　朝からの雨が止み、行列が宣秋門から清所門までつながる。入場制限が始まる。午前中に八〇〇〇人が入場。

一二：四〇　大沢と小黒は、御苑内の休息所で、この日唯一のメニューの「きつねうどん」（三三〇円）を食べながら打ち合わせ。「みんなどうして記帳に来ているのかな。昭和の終わりや天皇の死を悲しんでいるようでもない。平成を祝っているわけでもないし……」「平成初のサンデー行事に参加してみようとしているんじゃないの。『陛下のご冥福をお祈りする』と言っていた京大生も黄色の派手なジャンパーを着ていて、そのアンバランスに気付いていない」。

若い層に狙いを定めて、話を聞き続けることにした。

一三：四五　記帳台をさらに一八台追加して計三六台に。正午から一時までに五〇〇〇人が記帳。

一五：一〇　宣秋門から始まった列が南に延び、建礼門を越え、御所の南東角まで。

一七：一五　予定を一五分延長して閉門。入場者は四万九五四〇人。児島所長は「三万人くらいと思っていたのに……」と疲れた表情で語る。

一九：三〇　支局へ引き上げる。

一九：五〇支局に上がる途中、河原町通りと祇園を回ると、「マクドナルド」「ハーゲンダッツ」などの外資系企業がネオンを自粛。

＊

記帳に来た大学生の約七割がカップル。若い人の声を集めると……

「あんまり暗い感じじゃなかった」「散歩がてらに。普段と変わらない」「結婚式の打ち合わせの帰り」「めったにないことだから、経験しておきたかった」「知らないことがいろいろ起こって面白い」「派手な格好の人が多いのはいやな気分」「とりあえず来てみようと友達と。これからどうするかはお茶でも飲みながら考える」「どんな様子なのか、この目で見たかった」など。

同じ日、日本最大の寄せ場である大阪の釜ケ崎では、「天皇制の強化を許さない西成市民の会」主催の「差別と戦争の元凶・天皇はいらん新春パレード」が行なわれた。この集会は、〈天皇の死〉以前の段階ですでに準備されていたものだったのだそうだが、偶然にもその翌日ということになり、結果的に大きな盛り上がりをみせた。日曜日ということもあって子ども連れでの参加も多く、出発時六〇〇人くらいだったのが、最後には約一〇〇〇人に膨れあがったそうだ。参加者たちの間からは「明仁はただのオッチャンになれ」などというシュプレヒコールが飛び交ったという。

この八日正午、京都大学西部講堂では、天皇哀悼の雰囲気に抗議するためのイヴェント「CRY DAY」が開始された。このイヴェントは、大正天皇の死にあたって「歌舞音曲の中止」が強制されたように、昭和天皇の死に際しても同様の事態が生じるのではないかという危惧から、すでに、一年以上前の八七年一二月から準備されてきたものだ。六〇年代から七〇年代にかけて日本を代表する（といっても言い過ぎではないだろう）「カウンター・カルチャー」の震源地の一つだった西部講堂らしい企画だ。西部講堂連絡協議会を中心とする「CRY DAY」実行委員会は、天皇の病状悪化の報道がなされるとすぐに、『『その日』から三日間、飲め！ 歌え！ 踊れ！ 騒げ！」と書いた立て看板を、東大路に出し、「その日」に向かって準備を行なっていた。

九日、講義に出掛ける途中、ちょっと立ち寄ってみた。会場周辺は、右翼の攻撃を予想してか、材木などを使って、二重三重に厳重なバリケードが築かれ、あちこちにヘルメットをかぶった防衛部隊が配置されるなど、さながら野戦場という感じだ。しかし、残念ながら中に入る時間がとれない。結局、このイヴェントに僕が参加できたのは、一〇日夜、講義の後、文化と天皇制をめぐるシンポジウムに二時間ほど加われただけになってしまった。実行委メンバーと話したり、参加した人たちから聞いたかぎりでは、予想していたより参加者は少なく、それぞれ毎日一〇〇人程度だったようだ。「大正天皇なみの歌舞音曲の中止強制の可能性さえある」という、当初の予想ほどひどい状況が出現しなかったこと（実行委としては「派手に音楽や演劇・映画をやっているのは西部講堂だけ」という状況さえ想定していた）や、右翼を挑発しないように、マスコミの報道をシャットアウトしたことなどが、思ったより盛り上がらなかったことの背景にはあったようだ。

こうした関西の反天皇制運動の動きは、二月二四日のいわゆる「大喪」の日にも、再び大きな盛り上がりを作り出すことになった。この日、大阪では天皇制反対の御堂筋パレードに五五〇〇人が参加。京都でも約三〇〇〇人がデモに出た。京都府警の現場の警備責任者が「なんでこんなにいるんだ。休みになったからか」（二月二五日『朝日新聞』京都版）と言ったほどだった。

これまで述べてきたように、関西地域においては、〈天皇の死〉にともなう天皇賛美の声は、事前に想像していたよりはるかに低調なものでしかなかった。しかも、その一方で、「運動」としての天皇制反対の声の広がりは、おそらく全国的にみてもかなり突出していたといえるのではないだろうか。そこには、もちろん、よく言われる関西人の反中央意識といった要素もあるのだろう。と同時に、部落解放運動や在日外国人の運動の広がりと深さも、こうした動きを生み出した背景にはある。さらに、政党や組織に頼ることのない自然な市民運動の積み重ねのなかで、数年間にわたってさまざまなネットワークを横断してきた反天皇制運動の持続的な展開もあった。

とはいっても、関西地域で積極的にデモに出掛けた人はせいぜい一万人足らず。圧倒的多数派は、具体的な行動をともなうかたちで意思表示を行なったわけではない。しかし、天皇賛美の声が高まったかといえば、すでに述べたように、こうした声は必ずしも高まることはなかった。むしろ、多くの人びとは、一面的に昭和天皇を称えるマス・メディアのはしゃぎぶりに批判的な態度を保ちつつ、基本的には比較的冷静で「しらけた」対応で〈天皇の死〉に臨んだといえるのではないか。

三、……学生たちの眼に映った〈天皇の死〉

そのことは、たとえば、僕が、当時講義を担当していた関西の二つの大学（大阪大学教養部、神戸市立外国語大学）で行なった、次のようなアンケートの結果などからもうかがい知ることができる。アンケートの項目は次のようなものを準備した。

一　昨（一九八八）年九月一九日の裕仁天皇の病状悪化のニュースを聞いたとき、どんな印象を受けましたか。自由に書いて下さい。

二　いわゆる「自粛」ムードについて、どんな感想をもっていますか。自由に書いて下さい。

三　裕仁天皇の死のニュースを聞いたとき、どんな印象を受けましたか。自由に書いて下さい。

四　天皇の死んだ七日から八日夜までの間、あなたはテレビを総計で何時間見ましたか。だいたいでいいから教えて下さい。約　時間

五　いわゆる「天皇の戦争責任問題」について、あなたはどう考えますか。自由に書いて下さい。

六　新しく天皇になった明仁天皇について、あなたはどんな印象を抱いていますか。自由に書いて下さい。

調査日、一九八九年一月一〇日、一三日。すべて無記名、自由回答。回収数は、大阪大学男三二人、女二五人、性別無記入二人で総計五九名、神戸市立外国語大学、男一一人、女四九人、性別無記入一人で総計六一人であった。

フェイス・シートとしては、学部（学科）、性別と生年だけを記入させたのだが、ここでひとつ工夫をしてみた。生年の部分を、元号抜きで「年」と設定したのである（もちろん、元号で記入する者と西暦で記入する者の数を知るためである）。

結果的には、大阪大学では、元号派、西暦派がそれぞれ三〇人（五〇・八％）と二三人（三九・〇％）、神戸市立外国語大学では三三人（五四・一％）と二二人（三六・一％）であった。

併記した者もそれぞれ、二人（三・四％）と五人（八・二％）いた（また、記入しなかった者はそれぞれ、四人と一人いた）。西暦派が意外に多いのにはちょっと驚いた。もっとも、ここには「アンケートの意図」への配慮もあったようで、察しがいい者のなかには、余白に「どちらを書くか調べるつもりでしょう」と書いた者もいた。それにしても、この世代で思ったより元号が「定着」していないのは興味深い。

まず、これらのアンケートのなかで、どちらかといえば平均的と思われる意見をいくつか抜き出してみよう。

神外大・女（一九七〇年生まれ――以後、生年の年号については本人の記載方法に従う）。

一　あそこまでTV、新聞がさわぐとは思わなかった。TVは一時間ごとに経過を発表するし、新聞も毎日、血圧だとか呼吸数だとか「宮内庁の言葉」とかのせてたけど、あまり意味のないことだと思う。

二　私は基本的に反対である。確かにいろんな考え方の人がいるから自粛する人が出てくるのはわかるけど。一番いやだったのは自分の主義でっていうんじゃなく、まわりに歩調をあわせたって感じの自粛が必要以上に数多くあったこと。

三　「とうとう死んだか」という感じがした。悲しみは感じなかった。何か大きなイヴェントを体験しているようだった。「天皇が死んだ」といわれるより、「昭和が終わった」といわれるほうが事の重大さがよくわかる気がした。

四　約五時間。
五　あるといえばあるんだけどそこらへんははっきり言い切れないように思う。日本を牛耳っていたのは軍部だし、天皇はあやつられていたようなものだし。だけどやっぱり天皇が反対しつづければ事態は変わっていたはずなので「責任がない」とは絶対に思わない。
六　TV、新聞を通じて入ってくる情報によってしか、彼を知るすべはないので、本当のところはよくわからない。その情報も紋切り型だし。ただ「平和」にとてもこだわっているらしいのでそういうところはよいと思う。

阪大・男（一九六九年生まれ）
一　ふーん、ついに。
二　いきすぎじゃないでしょうか。
三　ふーん、やっと。
四　約一時間。
五　確かに大行天皇は時代の波におしきられてしまったかわいそうな人なんだろうと思いますが、最近のテレビや新聞で報道される話は美化されすぎている気がします。
六　べつにたいした印象は抱いていません。

神外大・女（S四年生まれ）

一　いやー、もう昭和もおわんねんなー。天皇さん死にはったら学校休みになんねんやろかー。前期テスト中やったら、どーなんねんやろー。

二　やりすぎやと思った。本当に天皇の病気の回復を願って自粛するのではなく、「みながやってるから」とか、まわりに流されて一種の流行のような感じだった。「自粛」という言葉が、〃88〃の新語大賞に選ばれたとき、なんかおかしいなあと思った。

三　アラー、とうとうX Dayがきたんやなあ。うまいことクリスマスとお正月がすんでから死にはるなんて、まるで国民に「おいわいごとはきちんとさせてあげる」って思わはったみたいですごいなと思った。私は七時五五分の崩御の発表をTVで見たけど（NHK）一瞬画面が真っ黒になって「天皇陛下崩御」の白い字幕がでたときは、なんか、ボーとしてしまって、何かが失われていったような気がしたのも確かです。あの画面はずっと忘れられないと思う。

四　約七時間。

五　確かに少しはあると思う。でも終戦から今までの四〇年余で十分つぐなったのではないか。ただ、沖縄に訪問されずじまいだったのが残念。いったら、皇太子（今の天皇）夫妻のように、火えんビンや何かもっとすごいものまで投げつけられると思うけど。

六　昭和天皇は「偉大な人」というイメージがあって、近よりがたい感じだったけど、明仁天皇はそこらへんにいるおじさんって身近な存在だと思う。が、どこかたよりない気がする。

阪大・女（S四一年生まれ）

一　特別何も感じなかったけれど、そろそろ寿命だなと思った。

二　そんなに自粛なんてしなくてもいいんじゃないかなと思った。あんまり自粛しすぎてかえって暗くなってしまったような気がする。

三　ついに死んだのかという感じだった。しかし、何度も危ない状態になりながら、よく四カ月近くももったなあと妙に感心してしまった。

四　約六時間。

五　戦争責任はやはりあったと思うが、象徴天皇になってからできうる範囲で（あるいは方法で）それを償おうとしていた態度は認めるべきだと思う。

六　裕仁天皇よりは多少親しみがあるかなという感じ。象徴天皇としての役割をきちんと果せるひとだと思う。

現在の天皇制のあり方への自分なりの批判を含む意見もあった。たとえば、

阪大・男（一九六七年生まれ）

一　早く死んで、新しい時代が来ればよいと思った。裕仁とともに昭和のもつ暗いイメー

ジが早くなる日を期待したい。
二　したい人はすれば良い。私は天皇が死んだ日にＳＥＸをした。
三　私は天皇制自体には反対しないが、政治との明確な距離を計るために天皇家を京都に戻すことが日本人の identity を守り、かつファシズムの危険性から遠ざける最善の方法であると考える。
四　約一〇時間。
五　天皇は反動的指導者に利用されたとの印象が強く、今さら過去の責任問題を追及してもしかたがない。
六　たいして印象はないが、保守的な現在の皇室の体質は改善の余地があると思う。
天皇の戦争責任について、かなり鋭い告発や、天皇制そのものの解体を主張する意見もある。

阪大・男（一九六七年生まれ）
一　来るべき時が来た、と思った。
二　世の中はいろんな価値観があってこそのものであって、一個人の生死問題で価値観が抑制されるのは好まない。
三　とうとう取り返しの効かない日が訪れたと思った。ドイツ国家は戦犯者を自らの手で裁き、いまだにナチ戦犯を糾弾し追撃している。イタリア国家は人民の手によってムッソリーニをつるし首にした。日本国だけ、最高責任者が生き残り、まだその狂信的な信奉心も薄れていない。我々国民は世界に通用する世界観からしても、人民の手によって天皇をさばくべきであった。

四　（アルバイトで忙しくて）約一時間。

五　質問自体が馬鹿らしく、責任は問われて当然だ。日本が反核を叫んでも、論理的浅薄さは天皇の責任追及が為されないところにあると確信する。

六　興味ない。どういうわけか我々の血税を無駄に使う皇族に反感がある。ちなみに学生の私でも、間接税はもとより、毎日稼ぐ給料から源泉徴収されているから、税金の事に文句を言える筋合だと思う。

阪大・男（一九六八年生まれ）

一　もういい年だからそろそろ寿命だなあ。

二　危ない！

三　戦争責任をとらせないまま死なせてしまったのは残念だ。

四　約一時間。

五　天皇は日本の最高戦争責任者である。あんなやつのために貴重な血液を無駄にしていたのは非常にもったいないことだ。

六　「クリーン明仁」というイメージで売り出しているが我々はそんなものにだまされないぞ！　天皇制を廃止せよ！

逆に、これも数は少ないが、天皇賛美ともとれる回答もある。たとえば、

阪大・女（S四三年生まれ）

一　恒久的なものだと思っていた昭和時代が終わるのだと思い、震えた。歴史がガラガラと音をたてて大きく回転していく気がした。すぐ死ぬのは確実、新しい世代が来ると覚悟した。

二　TVのばからしい番組やCMがおちついたのはありがたいし、愉快でもある。自粛のために直接被害はうけなかったので、不満はない。天皇が死のうとしているのだから神妙に息をひそめているのは当然のことだ。

三　私の子供とは世代がちがう。「昭和の人間にはわからんのや！」となめられそうだなと思った。死亡の日に天皇ドキュメントをどの局でも放送していたが、「しっかり準備していたのだな」と思うと、TV局の競争の激しさが、あさましく思えた。また、あんなに栄養管理されていてもガンになるなら、これからは気にせず何でも食べようと決意した。政治家などのおくやみの言葉も、他人が何日も前から考えておいたものだろうと思うとばからしい。

四　約一時間。
五　天皇は無関係だと思う。あのようなエリート一族のお坊ちゃんが戦争賛成を強行に主張するはずがない。周囲の圧力に負けたのだ。かわいそうだと思っている。
六　本当によい人。ますます親しみやすい皇室となるだろう。私は美智子さんを女性として尊敬している。これからよくＴＶに出るのでうれしく思う。

神外大・女（一九六八年生まれ）
一　びっくりした。でも高齢だし日本も豊かになったことだし、あまり医者の手で無理やり長生きさせて苦しめてほしくないと思った。
二　日本人もやればできると思った。こんなときに騒ぎ立てる奴は非国民だ。
三　安らかに崩御されてよかった。天寿をまっとうできたと思う。やっぱり国家の主の死はすごいと思った。天気も雲隠れを思わせるような🌧／☂だったので本当に現人神ではなかろうかと思った。でも、これで日本が有名になったのでは？　インドともう一つ中近東の国が喪に服してくれると聞いて感動した。それだけ天皇の重要性（秘密とか謎とか）とか分かっているとか。
四　（問いの「天皇が死んだ」に下線が引かれ「崩御と言って下さい」と書かれていた）約二〇時間。
五　いつも日本が責められるが戦争というのは両方悪いのだから、相手の方にも責任があると思う。それなら日本への原爆投下の責任はどうなるのでしょうか。確かにアメリカは、日本を支配しないどころか日本の復興に尽くしてくれたし、東南アジアの国には残酷なことをしたので責任はあると思うけれど、イギリスが騒ぐのには納得できない。

六　今いち迫力不足。でも平和な日本にとてもマッチしていて時代を反映している。マイホーム・パパのようだ。天皇問題といってもはるか昔の制度などで、今更、反対とかもめなくてもいいと思う。謎に包まれている方が雰囲気が出てよい。

他の者より天皇家に強い親近感をもっていることは明らかだ。しかし、両者ともに敬語も使わずに「天皇」と呼び捨てにしたり、新天皇を「今いち迫力不足」と論評したり、昔ながらの「天皇主義者」が読んだらビックリするような回答ではある。もっとも、一二〇人の回答者のなかで、「天皇向けの敬語」をきちんと使って書くことができた者は一人もいなかったことをつけくわえておこう。また、後の回答者は、自粛しないのは「非国民」だ、「崩御と言って下さい」などと書いてあるわりには、生年が西暦で書かれていたりもしている。今風の天皇賛美の構図ということなのだろうか。

四、……………〈イヴェント〉としての〈天皇の死〉

次に、このアンケート全体の傾向について、少しばかり詳しく見てみよう。

問一の天皇の病状悪化時の印象については、多数派は「もういいお年を召した人だし、そろそろ仕方がないかなと思いました」（阪大・女・一九六八年生まれ）というような、「来るべきものがきた」という淡々とした回答であった。阪大では三六人（六一・〇％）、神外大では、三〇人（四九・二％）がこうした傾向を示した。一方、何らかのショックを受けたと答えた者は、それぞれ九人（一五・三％）、一〇人（一六・四％）だった。

問二の自粛については、当然というべきか、圧倒的多数派が批判的であった。もっとも天皇の病気に際して自粛は当然とする傾向が強い者も、阪大一人（一・七％）、神外大二人（三・三％）存在していた。すでに引用した二人の分を除けば、他の一人は、「日本の象徴が不幸におあたりになっている時に、日本国民である私達がお祭り騒ぎをするのはつつしむべきだという考えから『自粛』がおこなわれたんでしょうが、その他にも世間の目を気にしていたと思う」（神外大・女・S四四年生まれ）。かなり無理に読み込んで、少しでも自粛について肯定的な態度を示したものを探しても、「ある程度の自粛はしょうがないにしても、少しやりすぎだった」（神外大・女・S四四年生まれ）、「静かで結構じゃありませんか。毎日が七日や八日のようであればいい。街はおちついて歩けるし、TV、ラジオは静かだし……」（阪大・女・S四二年生まれ）、あるいは「もっと見ていて面白い自粛をしてほしかった」（阪大・男・一九六七年生まれ）など、阪大九人（一五・三％）、神外大一一人（一八・〇％）が存在しているだけであった。

問三の昭和天皇の死に際しての印象も、過半数は、「突然ポックリと死んでしまった訳じゃなかったので、それほどおどろかなかった」(神外大・女・S四四年生まれ)という感じのもの。ただし、病状悪化の時と比べれば、「ショック」や「心の動揺」を感じたと答えた者の数はふえている(阪大一二人=二〇・三%、神外大二三人=三七・七%)。なかでも、「実際の権力は何も持たない一人の日本人と客観的に見ていたつもりだが、なぜかふるえがきた。尊敬していたわけでも身近に感じていたわけでもないが、不思議な厳かな感情をもった。もっとも、その後の報道をみているうちにあきてきた」(阪大・男・一九六九年生まれ)などは、この日の気分をうまく伝えているのではないか。ただし、この「ショック」や「動揺」が、〈天皇の死〉への悲しみに由来するとする者の数は少ない。むしろ「悲しいとか、気の毒というよりは驚きの方が強かった。治らないままの状態で生き延びると侍医団など周囲の人々に迷惑がかかるだけなので、一種の安心のような気持ちもあった。裕仁天皇は嫌いではなかったが、いつかはくることだからしかたがないと思った」(神外大・女・一九六九年生まれ)や、「とうとう亡くなられたと思った。天皇の側から見た昭和時代というか天皇の一生を考えるとすごいと思ったし、ほろりとする所があった。が、自分と天皇とか、自分と昭和とかについてはほとんど感慨はなかった」(阪大・女・S四三年生まれ)というようなものが多い。「自分とは直接的なつながりのない天皇の死」というものをそれなりに客観的に見たうえで、何らかの感慨を抱くというのがパターンになっているようだ。

実際、回答者の多数派は、事態に呑み込まれず、一歩距離をおいて、この〈天皇の死〉を「傍観」ないし「観察」しようという傾向が目立つ。たとえば、何らかのかたちで「今後どうなるかに関心をもった」者の数は、阪大で二三人（三九・〇％）、神外大で二九人（四七・五％）もいた。

また、〈天皇の死〉に際しての感想として面白いと思ったのは、「イヴェント感覚」とでも呼ぶべきものだ。たとえば、「はじめて知ったときが午前一〇時ごろだったので、死んでからだいぶたっていたことがわかったとき、自分はこのイヴェントにのりそこなったな、と思い、それ以後、厳粛に傍観するしかない、と思った。実際、自分とはまったく無関係に、しかし身近な人とはかなり大きな関係をもって物事がすすんでいくように見えて、あっけにとられていた」（阪大・男・一九六七年生まれ）、また、すでに引用した「『とうとう死んだか』という感じがした。悲しみは感じなかった。何か大きなイヴェントを体験しているようだった。『天皇が死んだ』といわれるより、『昭和が終わった』といわれる方が事の重大さがよくわかる気がした」（神外大・女・一九七〇年生まれ）などは典型的な例だろう。

ここで述べられている、「天皇の死よりも昭和が終わったことのほうがショック」という感想も、今回のアンケートでの目立った特徴のひとつだ。阪大で一六人（二七・一％）が、神外大で二一人（三四・四％）が、何らかのかたちで「昭和の終焉」に言及している。特に、女子学生を中心に、「年下の世代から、一代前の古い世代として扱われるかと思うとイヤになる」という類いの感想が多かったのも面白かった。

問四のテレビの視聴時間は、阪大で平均四・九時間、神外大で五・三時間とほぼ同様の結果が出た。最長の者は、それぞれ、二〇時間（阪大一人、神外大三人）だった。視聴時間と他の回答の問には、それほど強い相関は見られなかった。

問五の天皇の戦争責任の問題をめぐって、「戦争責任はない」と断言した者の数は、阪大三人（五・一％）、神外大四人（六・六％）の計七人。また、「開戦を許可したのは天皇だ、けれど皆が賛成するなか一人権力も余りない天皇が反対するのは難しいと聞いた。終戦を決意したのも天皇だ。これは確かによい決断である。天皇は平和主義者と聞いた。下からもち上げられたのだろうが、それでも国民は天皇の名において死んだから複雑だろうと思う。天皇に責任があると思えば、終戦時に天皇を処刑するなりしておけばよかったのを、しなかったということは責任はないということか」（神外大・女・S四三年生まれ）など、さまざまに斟酌した上で、「戦争責任なし」と判定した者は、阪大で四人、神外大で六人いた。ちなみに、マス・メディアが積極的に流したいわゆる「聖断」神話についてプラス・イメージをもって言及した者が、阪大ではゼロ、神外大で四人（六・六％）と少なかったのが印象的だった。

逆に、はっきり「戦争責任がある」と書いた者は、阪大二七人（四五・八％）、神外大では一七人（二七・九％）の総計四四人いた。「軍部にあやつられていたとはいえ戦争責任はある」とする者は、阪大一〇人（一六・九％）、神外大一〇人（一六・四％）、また、「天皇の戦争責任を認めた上で、ただし彼一人にだけ戦争責任があるわけではない」とする回答をした者が、阪大一二人（二〇・三％）、神外大一八人（二九・五％）であり、その他の理由をつけて「戦争責任あり」とした神外大の四人を加えて、結局、「何らかのかたちで戦争責任はある」とする者の数は、合計九八人で八割を越えた。

問六の新天皇イメージは、「先代にくらべてカリスマ性がなく、影が薄い感じがする」（阪大・女・S四三年生まれ）など、「かげが薄い、たよりない」という声（阪大一六人＝二七・一％、神外大一〇人＝一六・四％）や、「一人のおじさん」のように「平凡、カリスマ性がない、普通のおじさん」という回答（阪大九人＝一五・二％、神外大一〇人＝一六・四％）が目立つ。こうしたイメージゆえか、それなりに「好感をもっている」という者が阪大二一人（三五・六％）、神外大三二人（五二・五％）とおおむね多数派を占めているのが注目される。といっても「見た目は優しそうな人である。たぶん国民に信頼されそうな気がする。だがもし戦争になっても、この人のために死ぬ気には到底ならない」（神外大・男・S四四年生まれ）、「話し方が情けないのが嫌いだけれど、温和な感じがするのでなかなかよいと思う。〝身近な皇室〟になるだろうと言われているが、国民の象徴なのだから身近で当然だと思う。私には天皇や皇室に対して何の感情もないし、とりたてて言いたいことはないけれど、がんばってほしいという気もする」（神外大・男・S四四年生まれ）など、戦前型の天皇制への批判や天皇制そのものに対する冷めた感覚は、ここでもかなり根強い。また、この問への回答のなかで、かなりはっきり「天皇制の廃止」を主張した者も、阪大で五人（八・五％）いた。

全体的に見て、〈天皇の死〉に際してマス・メディアが報じた「心からの悲しみ」や「平和主義者」という昭和天皇像に対して、若い世代の反応は比較的冷静で冷めたものであったといえる。よくもわるくも「傍観者」・「観察者」としての視点が強いのだ。逆に、過去・現在にわたる天皇制そのものの是非をめぐって、批判的であれ肯定的であれ、はっきりした態度を示した回答が少なかったのもその特徴だ。

五、…………天皇イメージの連続性と非連続性

しかし、こうした傾向は、何も関西の学生たちに限らない。むしろ、〈天皇の死〉から一連の代替わり儀式にいたるまで、「しらけた」雰囲気や天皇制そのものへの無関心は全国的な傾向だったといえるのではないか。

たとえば、中島三千男は、『天皇代替わりと国民』（青木書店）において、マスコミの過剰報道や自粛ムードの広がりへの批判を強調しつつ、その一方で、〈天皇の死〉に対して「国民」が「意外に冷静」な態度で臨んでいたと述べている。同時に、その原因について、「（九月の事態に続く『二度目の体験』としての）慣れあるいはマヒ」、「マスコミの対応に免疫ができていたこと」、「（死の前の平癒祈願などの緊張感と比べて）人の死が現実になったときの、とくに突然の死ではなくある意味で予測される中で死去した場合の、あのどうしようもない『よそよそしさ』」といった観点から要領よくまとめている。確かに、この天皇制をめぐる「しらけた」ムードを生み出した原因のひとつに、昭和天皇自身の闘病期間の長さという問題があったことは間違いないところだ。一一一日という長すぎた闘病は、当初の緊張感を薄れさ

せ、「慣れあるいはマヒ」「免疫」を生み出した。

だが、この中島の視点からだけでは、その後の一連の代替わりのなかで示された「しらけた」ムードの継続は説明できないのではないか。天皇の死に立ち会い、また学生たちの〈天皇の死〉に対する反応を読み解くなかで僕自身が抱いた印象からいっても、この過程であらわにされたのは、たんなる「慣れやマヒ」ではない。むしろ、天皇制をめぐる社会的意味づけにおけるある種の地殻変動というようなものだったのではないか。

この変化はいったいいかなるものであったのだろうか。少なくとも、その構成要素のひとつに、天皇制をめぐる利害関心や理念の衰退ということがあるのではないか、と僕は思う。利害関心という面でも、理念という側面においても、今回、「天皇」をめぐる政治は、結局、十分に発動されなかったのではないだろうか。

「そんなことはない。それではマスコミはなぜあれほどの天皇キャンペーンをはり、街は自粛の雰囲気であふれたのか」という反論が聞こえてきそうだ。〈天皇の死〉を前後して、日本社会が天皇漬けになった。これは事実だ。そして、マス・メディアの天皇賛美の動きに棹さし、天皇制の強化をもくろんだ勢力が存在していたことも明らかだ。しかし、ここで実際に発動された天皇をめぐる政治は、利害の領域においても、また理念の領域においても、きわめて「防衛的」なものでしかなかったことも、今となっては明らかなことだ。

〈天皇の死〉を利用して、名誉や地位などの観念的利益や物質的・経済的利益を増大させようという積極的な利益政治——それは、近代日本において二度あった代替わりにおいては、はるかに露骨に展開されたはずだ――は、今回影をひそめた。「自粛」において見られたように、発動された利害政治は、せいぜいのところ、「突出しないこと」「目立たないこと」という、他人の顔をうかがいながら、横並びを目指す消極的な利害防衛の政治だけだったのではないか。乱暴を承知でいえば、経済資本のレベルでも、またP・ブルデューのいう社会資本・文化資本の領域においても、「天皇」は、積極的投資の対象としては以前ほどの魅力をもちえなかったのではないか（もちろん、「だから天皇制はもう無害になった」というつもりはない。相対的に「無害」だった天皇制が、明治以後、いかに「有害」な存在として変貌したかを考えれば、そんなことはいえるはずもない）。

同様のことが理念のレベルにおいてもいえるのではあるまいか。

〈天皇の死〉を前後して、昭和天皇をめぐって投げ掛けられた言説の多くは、「平和主義者」「科学者」としての天皇というものであった。「終戦の聖断」の神話もしばしば声高に語られてきた。だが、この議論、つまり昭和天皇を傷つけまいとするあまり、彼の戦争責任を隠蔽してしまおうという、マス・メディアや天皇賛美派の言説には、すでにあらかじめ根本的な矛盾が存在していた。理念としての戦前型天皇制の権威への思いを無傷にしたまま、それを戦後の「平和主義」的天皇像と強引にむすびつけ、天皇を無答責の存在として主張しようとするマス・メディアや保守派の議論は、ほとんどアクロバットといってよいほどのものだった。そして、こうした議論の立て方そのものが、結局、戦前・戦中の天皇像と戦後の天皇像の非連続性を、逆説的にあらわにしてしまう結果を生んだのではなかったか。

おそらく、保守派＝積極的に天皇を擁護する勢力にとってとるべき選択は、理念としての戦前型天皇像をそのまま戦後にもちこむ道、すなわち、「あの戦争」が天皇の指揮のもとに戦われた戦争であったことを公然と認める道（「昭和天皇の戦争責任は当然ある」と言い切ったのは日本愛国党の故赤尾敏くらいなものだった）をとるか、それとも、戦後の断絶（天皇の名の下で戦われた戦争の敗北）を認めた上で、新しくしかも強力な天皇制のヴィジョンを積極的に提示する道か、のふたつしか存在しなかったのではないか。ところが、マス・メディアや天皇擁護派の多くは、このふたつの天皇制の姿をあいまいにしたまま、天皇＝平和主義者の名の下に戦前と戦後を連続させるという欺瞞の道を選んだのだ。

たとえば「天皇があの戦争の最高責任者である。しかし、その戦争に日本は勝利できなかった。敗北の責任はわれわれ日本国民にある」という視点から天皇制擁護を議論することはできたはずだ。しかしこうしたロジックで天皇を擁護する論陣をはることができた勢力は、行動右翼においてもほとんど存在しなかった（事実、そのもっとも過激な表現形態であるはずの「殉死」という選択をした者は、組織された右派政治勢力のなかから出ることはなかった）。また、現在から未来に向かって天皇制を意味づけることのできた保守的論客もほとんどいなかった。戦後の断絶を踏まえた上での天皇をめぐる新たな理念もまた、はっきりしたかたちで提示されることはなかったのだ。

この時期、天皇賛美派のなかで、いったいだれが、理念としての天皇制について、人びとの心を強く把握してやまないような発言をしえただろうか。昭和天皇の死の前後、僕は、かなりの数の書籍、新聞や雑誌に掲載された文章を読み続けていた。また、テレビを中心とする放送メディアにもそれなりの注意を払い続けてきたつもりだ。しかし、これらのメディアに登場してきた天皇賛美派の議論からは、多少とも説得力をもって天皇制に積極的な意味づけを行ないえたものはほとんどなかった。

天皇の死前後、天皇賛美の文脈のなかでは、利害政治もまた理念に立脚した政治的発言も、すべて後ろ向きにしか発動されることはなかった。未来へ向かっての新たな投資の対象としての天皇像、新たな理念をもった天皇像はほとんどその姿を見せることはなかったのだ。

六、……………〈気分の政治〉の時代

とはいっても、天皇の死前後に書かれた文章の中で、ドキッとさせられた文章がなかったわけではない。『週刊文春』に掲載された林真理子「あの方が好きだった」(『昭和思い出し笑い』文藝春秋社に再録)などはそのひとつだ。

自分が、右がかったりする素地はなく、自分の同世代と同様、皇室にはまったく興味を持たない大人になるはずだった、と書いた上で、林は、こう続ける。

ところがどういうわけか、私は長ずるに従い、天皇陛下が大好きになってしまったの

である。

敬愛するとか、お慕い申し上げるという気持ちではなく、それはまさしく「好き」なのである。あの方が動物園に出かけられたり、植物を手にとったりなさる表情が私は好きだった。子どもが珍しいものを手にした時と全く同じように、つっと背を伸ばし、唇をやや開かれる。

これほど純粋に好奇心をあらわに出す人を私は他に知らない。すべてに全力をつくされるのだ。


天皇が「無私」であること。それが「おとぎ話」であることはわかっていながら、それに心がひかれる、と語る林は、次に、こう書く。


陛下が戦後の復旧のため、全国を巡幸なさったことがある。このフイルムを見るたびに、私は泣きたくなるのだ。炭鉱で、農村で、陛下はいつもにこやかで、ひたむきだった。その方のまわりに、今では考えられないほど近い距離に、多くの人々がいる。彼らは陛下万歳を叫び、そして涙するのだ。

この時代、庶民たちもひたむきで純粋に私には見える。「お互いに大変でしたね」と手をとらんばかりに近づいていく。

これがおとぎ話でなくてなんだろうか。こんなにしっかりと人が寄りそうことが、メルヘンでなくて何だろう。今日、私のおとぎ話の主人公が遠くへ消えてしまった。

もちろん、僕は、林のこの議論そのものには強い批判をもっている。しかし、この文章が、ある（「政治的」といってもいい）力をもっていることを認めるのにやぶさかではない。おそらく、〈天皇の死〉をめぐる一連の事態のなかで、僕たちが注目しなければならなかった新しい政治的出来事があるとすれば、それは、理念や利害からやってきたのではない。「損か得か」や「正義か不正義か」「善か悪か」というレベルを越えた、むしろ「好き／嫌い」「快／不快」といった〈気分〉をともなって、それはやってきた。そういう思いが、当時も、そして現在も、僕には強いのだ。〈天皇の死〉を前後して発動されたのは、かつてのような利害関心や理念に基づく政治ではない。もし、それが「政治」であるとすれば、「気分の政治」「感覚の政治」とでもいったらいいような「政治」だったのではないか。林真理子のこの文章は、少なくとも気分・感覚の問題としての天皇問題を、天皇賛美派の側からかなりうまく表現している。そして、それだけ人の心をつかむ力をもっている（そう彼女が自覚していることは明らかだ）と思う。しかし、幸か不幸か、天皇を賛美する人びとにおいても、また、天皇制を批判する人びとのなかからも、この「気分の政治」にヘゲモニーを発揮しうるような「感覚」をもった勢力はほとんど存在しなかった。

七、……………〈からっぽ〉からの出発

〈天皇の死〉であらわにされたのは、かつて「政治」の対象であったはずの「天皇」が、少なくとも、社会意識のレベルでは、理念や利害を越えて「好き」か「嫌い」か（自粛にからめていえば「かわいそう」か「かわいそうでない」か）という気分の問題になってしまっていたということではなかったか。にもかかわらず、保守的論者やマスコミは、「戦争責任なし」という首尾一貫性を欠いた、善悪の政治で人びとの心を水路つけようとした。このズレが、あれほどさまざまなメディアが動員されて天皇賛美が訴えられたにもかかわらず、〈天皇の死〉前後、結果として、「しらけた」「冷めた」雰囲気が醸成されることになった根底にあったのではないか。そしておそらく、〈善／悪〉から、〈好き／嫌い〉、さらには〈快／不快〉へと向かう戦後社会における判断の基準における地殻変動を生み出したのは、よくもあしくも「豊かな社会」の「成果」（右であれ左であれ、「理念」に重きをおく者にとっては「毒」といってもいいのかもしれない）であったことは、ここでいうまでもないことだと思う。

〈天皇の死〉は、その意味で、戦後の、そして、現在の僕たちがどのような社会に生きていたのかを、かなりはっきりと見せつけてくれたイヴェントであった。それは、「しらけ」ムードを越えて、その底流に存在していた感覚を、僕たちの前にあからさまに示すことになった。

〈天皇の死〉を前後して発表された文章のなかで、もうひとつ僕の印象に強く残ったものに、雑誌『ＳＡＰＩＯ』に掲載された橋本治「もう『怖いもの』がなにもない」（『８９』マドラ出版に再録）がある。橋本の視線は、この「豊かな社会」日本に生きる僕たちの「現在」を、かなり鋭くえぐって見せてくれる。

橋本は、こう述べる。天皇に関しては怖いといわれていた右翼も、今や少しも怖くなくなっている。なぜなら、戦後四〇年の安易さにどっぷりつかりこむことで、右翼もまた「行動パターンを裏付ける根本部分」つまり天皇崇拝者としてのノウハウをすっかり喪失してしまっているからだ。「まあ、実際、今の時代にマジに右翼をやるのはシンドイと思うよ。今から皇室の歴史を勉強しなおそうって、図書館で皇室関係の文献なんか調べてみたって、いろんな学説があったりして頭混乱しちゃう。しかも神秘性っていうか、超現実的なもの、シュールなものって、こういう時代だから、どこを探しても出てこない。リアリティを持ちえない」。だから、もう権威を示す方法なんて「なんにもない。／機動隊や自衛隊、指揮権発動。技術的にはあるかもしれないけど、大義名分とそれを振り回せる権威がない」。もし、わずかばかりでも「権威を保証する合意」が残っていたとすれば、それが「昭和天皇」だったのではないか。そう指摘したあとで、橋本はこう続ける。

ところが、昭和天皇が亡くなっちゃった。
これ、お父さんの権威を成り立たせていたおじいちゃんが死んだようなものじゃない。

このおじいさん、実質的にはなんにもやっていなかったんだろうけど、お父さんは「おじいさんがいる」という前提に立って初めて何かが出来る人のタイプだったわけ。

で、それがなくなったら実は中身はからっぽで、なにもないことが暴かれちゃったわけ。

昭和天皇の死とその後の代替わりの事態のなかで、僕たちが知ってしまったのは、この国が、実はひどくからっぽの社会であったということではなかったか。そのからっぽさを、「空虚な中心」による幻想によって無理やり支えてきた近代日本の枠組は、この〈天皇の死〉騒ぎのなかですっかり崩れ去った。新天皇がもつ奇妙な軽さも、そうした透明なからっぽさを「象徴」しているといえるだろう。しかも、そうした気分は、日本に住む民衆の間にじんわりと広がりつつあるように思う。リクルート事件から消費税へ、バブル経済の崩壊から湾岸戦争へと至る過程で、この理念なき社会がみせた醜態ぶりは、この空虚さをいっそうあらわにしてくれた。

そして、今、確実にいえることは、このからっぽの状況から、「ポスト昭和」の時代に向かって僕たちは出発しなければならないということだ。

〔『記録・天皇の死』筑摩書房、一九九二年三月〕

附記

一九八九年の昭和天皇死去の日を描いた論集に寄稿したものである。タイトルでもある「空っぽからの出発」は、当時のぼくの「偽らざる思い」だった。戦後社会の「空っぽ」状況を、これから埋めていこうという意思をこめた「再出発」の宣言のつもりだったのである。特に、戦後民主主義や（アジアへの）戦争責任問題、アメリカ合衆国との関係などを問い直し、「戦後の空白（空っぽさ）」をもう一度問い直す作業を社会全体で推し進める必要があると考えたのだ。

実際、一九九〇年代には、慰安婦問題での河野談話（宮澤内閣）、細川内閣での戦争責任談話の試み、さらに「自社さ」村山政権での談話など、日本政府からもいくつかの動きが生まれたのも、ある意味で「昭和の総括」作業だったのだろう。

しかし、こうした「ポスト昭和」の時代の新たな動きは、歴史修正主義の登場によって押しつぶされていった。「南京事件」や「慰安婦問題」が無かったかのような（あるいは「軽視」してもいいようなできごとだったという）声は、今や無視できないほどの広がりを見せている。こうした人々の声が、彼ら彼女らの主観的思いを超えて、むしろ日本社会のイメージを大きく損ない、結果的にアジアを含む国際社会の（彼ら彼女らのいう）「反日」状況を拡大しているとさえいえる。

しかし、こうした歴史修正主義に「腰の据わった」理念があるかといえば、とてもそうとはいえない。まさに、「空っぽさ」を隠蔽するための強引な決めつけだけが目立っているように見える。ポスト昭和の「空っぽ」状況を、「空元気」で穴埋めすることで、むしろ社会の空洞化を推し進めてきたかのようなこの三〇年弱の時期を、もう一度、「あの時代」から振り返って見る必要があると思う。

憲法と世論

はじめに

「それは奇妙な光景であった。日本の天皇と皇后が、上方に巨大な日の丸を配した黄と白の花の祭壇の前に頭を垂れて、五〇年前の太平洋戦争の死者をたたえた。／その光景を見る者は、不可解な気持ちにとらわれたことであろう。天皇にたたえられた死者が、日の丸のもとに横たわる。ところが、その日の丸というのは、日本の軍国主義者が崇め、その結果、日本の大陸侵略と何百万人ものアジア人の死をもたらしたというしろものである。／ここに、平和の象徴が同時に戦争の象徴であるという、日本の終戦記念日につきまとう矛盾がある。というのは、その矛盾にうんざりしている日本人自身が知っているように、日の丸は、多くの日本人が日本の象徴たることを今なお拒み続けているものの、実質、国旗とされてきた。日の丸は、単純でごく簡素なデザインであるが、それが多くの人に、日本の軍国主義的な過去と太平洋戦争での侵略的な振る舞いを想起させている」
(『マニラ・クロニクル』一九九五年八月十七日「社説」、根津清・姜英之・陸培春・クリエンクライ・ラワンクル編『アジアの新聞で読む五〇年目の八月一五日』ダイヤモンド社、一九九五年所収)

戦後五〇年の現在、日本における憲法をめぐる議論が大きな様変わりをみせようとしている。一九五〇年代から八〇年代まで、この戦後憲法をめぐる議論には、周知のように、いくつかのきまり文句が介在していた。軍事力強化を中心課題としてきた改憲派は、この憲法がアメリカの押し付けだと主張してきたし、護憲派は、この憲法を平和主義の原則に則ったすぐれたものである、と言い続けてきた。その流れが、一九九〇年代に入って以後、大きく変化しようとしているのである。この憲法イメージの変貌の背景にあるものは何か。また、この憲法イメージの変容は歴史的にどう位置づけられるのか。さらに、この流れは、どこへ向かおうというのか。未来の憲法体制のあり方を決定するようなこうした現在の憲法イメージの変化を、戦後五〇年の時間の流れのなかで探るというのが、本論の目的である。

それにしても、この憲法は、護憲派が一貫して主張してきたように「平和主義」のたまものなのだろうか。以前、東アジアの若者にこの憲法を読んでもらい感想を聞いたという記事を、ある雑誌で見かけた。そのアジアの若者は日本国憲法を読んで、こう感想を述べたという。「日本の憲法ってこんなに古くさいものだったのか」と。その理由の第一は、冒頭から「君主」についての規定があったためである。近代的な民主国家だと思っていた国が、実はものすごく前近代的な憲法を保持しているということにビックリしたというわけだ。きわめて当然の感想だと思う。しかし、日本において、このごくあたりまえの感覚をめぐる議論が、戦後の憲法論議においてなされたことはほとんどなかったのも事実なのだ。

天皇制の問題でいえば、改憲派による「押し付け」論には強い疑問を感じる。なぜ日本の右翼勢力（といっても、本格的な理念をもった民族派の右翼は日本にはほとんど存在しないのだが）は、この日本国憲法の改正を主張し、逆に、どうして戦後左翼・戦後革新勢力は、この憲法の保持を絶対的な基盤においてきたのか、という疑問である。考えてみれば話は逆ではないか。この日本国憲法のおかげで、そのままでは廃止されかねなかった天皇制は存続することになったのだ。本来の「天皇制主義者」にとっては、敗け戦にもかかわらず天皇制を残すことに成功した現憲法こそ、歴史的にみれば「壮挙」だったのではないか。逆に、戦後左翼・戦後革新にとっては、この憲法のために、戦後日本は天皇制国家として戦前との連続性が保証されたと批判的に考えるのが筋ではなかったのか。

同じように、いわゆる「東京裁判史観」論争といわれるものも、不思議といえば不思議なのだ。ぼくには、「東京裁判史観」なるものが、どれほど実体として存在しているかはよくわからない。むしろ、それは保守派の人々が勝手に妄想した「史観」なのではないかと思っている。しかし、いわゆる「東京裁判史観」なるものがあるとすれば、それには、ぼくも反対である。実態は帝国主義間戦争であったにもかかわらず「戦勝国による敗戦国を裁く裁判」であったこともその理由のひとつだ。同じ帝国主義国としてのアメリカ合衆国中心にではなく、旧植民地諸国や侵略された諸国の民衆ないし、それを代表しうる勢力や個人こそが、この戦争の裁きの主体であるべきだったと思うからだ（同様に、一九四五年八月のソ連軍による不当な宣戦布告もまた責められるべきだと思う）。しかし、実際は、アメリカ合衆国を主体とする東京裁判では、あくまでアメリカ政府の国際的な判断にしたがって、判決が下された。そこでは、侵略戦争の責任を問うどころか、東条をはじめとする「戦犯」を処刑することで、むしろ天皇制の保持を確保し、戦前からの保守勢力の温存を許した。その意味で、こうした主張をしていた人たち（その多くは旧国体護持派であろう）にとっては、当時はなりふりかまわぬかたちでその判決は支持せざるをえないものだったと思わざるをえない。

考えてみれば不思議なことだ。日米安保条約を「錦の御旗」とする「対米従属派」以外の何者でもないような戦後の保守派、あるいは「右翼」勢力は、なぜ「アメリカの押し付け憲法廃止」などと矛盾したことを語るようになったのだろうか（先日、散歩をしていたら右翼の宣伝車が駐車していた。中を覗いたら、星条旗グッズであふれていたのでちょっとビックリしたものだ）。おまけに、この「押し付け」論が、なぜそれなりの「有効性」や「説得力」をもって語られてきたのかという疑問もある。そもそもこの「押し付け」とは、誰の誰に対する「押し付け」なのか。憲法制定における民衆の参加不在をもって「押し付け」ということなら、こうした主張をする人の多くがノスタルジーを感じていると思われる明治憲法は、欽定憲法だったではないか。また、アメリカ合衆国の「押し付け」というなら、現在の自衛隊の誕生も、冷戦構造への対応のためにアメリカ合衆国の「押し付け」によってなされたものであり、

「押し付け」反対派は、これにも反対するというのが筋ではないか。保守派の憲法論議には、一見説得力をもっていそうで、その実きわめてご都合主義的な、憲法およびその制定過程の解釈がつねにまとわりついているのである。しかも、改憲が語られるとき、その本音（それも、一方でひどい思い上がり的な排外主義的ショービニズムに裏付けされながら、他方で、何の理念もなく状況に流されつつアメリカの顔をうかがうという、機会主義的でご都合主義的な「判断」のもとで形成された本音なのだが）はつねに隠されたままなのだ。

事実、戦後社会において、憲法九条でもっとも「利益」を得てきたのは、他ならぬ政府与党と大企業だった。天皇制というアジアの民衆にとって憎悪の対象であり続けた制度を残しつつ、しかも、戦争責任をあいまいにしたままで、アジアとの経済的・政治的な関係の修復を可能にさせてくれたのは、他でもない憲法の九条（戦争の放棄）による「担保」があったからこそであろう。そして、そのことを暗黙のうちに理解していたからこそ、戦後の保守本流は、曲がりなりにも憲法保持のポーズをとり続けることを強いられてきたのである。

他方、戦後左翼・戦後革新はなぜ憲法改正を言わなくなったのだろうか。戦後間もない時代の日本共産党の「日本人民共和国憲法案」や、理想案として天皇条項の廃止さえ語っていた一九四九年の公法研究会の憲法改正案などをはじめ、いくつかのラディカルな憲法構想がありながら、それはいつの間にか消えてしまった。「憲法を守れ」の声が、戦後左翼主流派のトーンとなったのである。確かに、戦後の歴史のさまざまな「逆コース」へのもくろみやそれへの対抗が、こうした構図を作り出したのだ、ということはできる。しかし、同時に、現在の護憲派の対応には、ある種のドグマ的でフェティシズム的な固執のみが目立つというのも事実なのだ。おまけに、護憲・平和主義といいながら、現実の政治過程において、これをどう「生かす」のかといった当然なされるべき議論が欠けているという、しばしば語られる「疑問」もそれほど的がはずれているとは思えない。言ってみれば、きわめて保守的・防衛的でしかも教条的なのだ。

というより、政治的にファジーな憲法体制の構図というこの不思議さが、戦後日本の中軸にあったと考えた方がいいのかもしれない。つまり、根本的な問いかけから目をそらしながら、現実のかけひきに追われ、ポーズの上で「改憲」や「護憲」を語るだけで、原則に立ち返って憲法体制を、さらには戦後の政治プロセスを見つめることをサボタージュしてきたのがこれまでの憲法論議だったのではなかったか。

ここであらかじめぼく自身の立場について明らかにしておこう。ぼくの考えは単純なものだ。ぼくは少なくとも個人的には日本国憲法および憲法体制に対しては何の思い入れもない。むしろ「政治的なもの心」がついた中高生時代以後は一貫してそれを嫌悪してきた方だ。ただし、改憲の動きについても同様に、というより現行憲法への違和感の表明以上に、はっきりと反対の意志はもち続けてきたし、そのことを表立って表明してきたということもつけ加えておかねばならない。というのも、五五年体制の成立以後のあらゆる憲法改正の議論が、文字どおり反動的であって、何の新鮮味も理念的な裏付けもない「戦前回帰」あるいは「民衆の権利の制限」「軍事大国化」「天皇制強化」派のヘゲモニーのもとにあったからである。

とはいっても、こうした反動派の側に、どこまで改憲について腰のすわった心構えがあったかといえば、疑問がないではない。

逆に、戦後左翼・戦後革新勢力は、こうした反動派のヘゲモニーを前に、ある種のおびえをもっていたと思う。もし改憲を語れば、それが敵を利する（反動体制を結果する）であろうというきわめて弱気な前提があったのだ。そしておそらく、こうした戦後左翼・戦後革新勢力の予想は、それなりの根拠をもってもいただろう。しかし、だからといって、「護憲」のかけ声のもとで、憲法をめぐって積極的でラディカルな議論をすることを避けてきたことは批判されなければならないと思う。

保守派が軍事大国化と天皇制強化を軸に改憲を極において脅しをかければ、戦後左翼は、護憲を錦の旗としてそれに対抗するという図式のなかで、実際は、憲法および憲法体制そのものをめぐる根本的な論議は、一九五〇年代後半以後ほぼ一貫してサボタージュされてきたといってもいいだろう。

こうした憲法をめぐる、戦後左翼・護憲派と、改憲と軍事大国化をにおわせながら一歩踏み出しきれないできた保守派との問で形成された、戦後憲法体制とはいったい何だったのだろう。また、この戦後憲法体制は、いつ、いかなるかたちで形成され、また固定化されてきたのだろう。この疑問が、このアンソロジーの編集にあたっての、戦後生まれであるぼくなりの出発点だ。

とはいっても、こうした戦後の憲法イメージの歴史的変貌についての議論は、専門の憲法学者・政治学者の書いたものから、さまざまな政党や政治勢力のパンフレットを含めて、ほとんど読み切れないほど多数存在している。また・憲法学や政治学については門外漢であるぼくにできることも限られている。そこで、本巻においては、この憲法論議の変遷を概観しつつ、憲法をめぐるマスメディアの論調とこれと微妙にズレつつ対応してきた世論との絡みに焦点を絞って議論をまとめてみようと思う。法理論の枠組みや現実の政治過程の歴史的プロセスとは別に、世論やマスメディアという観点から憲法論議を考察するという作業は、憲法を市民生活の側から見つめ直すためにあるヒントを与えてくれるものと思うからだ。

戦後五〇年の憲法をめぐる論議の流れのなかで、日本に居住する人々の憲法観は、どのような変貌をたどったのか、また、マスメディアは、その変貌に対して、どのような役割を果たしたのか、また、果たしえなかったのか。その変遷をたどることは、おそらく、今生まれつつある、戦後第四波ともいわれる改憲論の動きを見定め、そこで、ぼくたちが何を批判し、何を提起するかという課題とも密接にかかわる問題だろうと思う。

一、……………戦後史のなかの日本国憲法──欠落したアジアの視点

一切の反動勢力を『永久に』除去し、民主主義を確立するという……義務は、あえて連合軍より課されるまでもなく、日本国民自身が自分に対して課さねばならぬ使命であ

るが、いまそれが外部から降服の条件として課されたということは、降服が国民運動の圧力のもとに行われえなかったということの不可避的な結果であるが、しかし、何にも増して不幸だったことは、この二大条件（注：反動勢力の除去と民主主義の確立というポツダム宣言の条項）の遂行もまた、降服を担当したと同じ反動軍関係者の勢力にゆだねられたということである。／このように、敗戦より新日本再建の過程にいたるまで、常に日本国民が受動的であったということは、日本国民がもはや活力を失った老いぼれた民族となってしまったことを意味するのであろうか？　私はこの点に疑問をいだき、非常な心淋しさを感じたのである」

（淡徳三郎『三つの敗戦』時事通信社、一九四八年）

まず、最初に、戦後五〇年のなかでの日本国憲法のたどった道筋を概観し、その上で、戦後憲法が根本的に見落としてきたいくつかの問題について考えてみたいと思う。

小山常実の『戦後教育と「日本国憲法」』は、戦後憲法解釈史を社会科教科書の憲法イメージと重ね合わせつつ、戦後の憲法観の変貌を詳細に描いたものである。小山は、その最終章「憲法解釈学と中学校社会科教科書」で、戦後憲法解釈を、その源流たる美濃部・佐々木という二つの流れをおさえた上で、美濃部の流れの上に、国民主権の確立と、天皇君主論の否定という新たな要素を組み入れた宮沢俊義の「八月革命」説の優位が成立していく経過と、それが、六〇年代、七〇年代、八〇年代と、次第に揺らいでくる様子を簡便にまとめている。と同時に、こうした憲法解釈の変貌と微妙にズレつつ対応して変化する中学校社会科教科書の憲法観の変遷をコンパクトに描いてみせている。教科書という文化装置の変貌を、憲法論史と重ねあわせることで、戦後の憲法をめぐる国家統合のスタイルの変遷について、もう一度じっくりと考えてみたいと思う。

杉村昌昭は「合わせ鏡としての翻訳文化」で、日本国憲法の条文を、日本の翻訳文化という問題とからめて鋭く分析している。日本国憲法の英文と日本文とを照応させながら、戦後日本社会のかかえこんできた市民的主体の未成熟の原因を探ろうとしている杉村の議論から得られるところは少なくないはずだ。なかでも英文に存在しているPeopleという語を、主要に「国民」と訳した日本語憲法の問題への指摘は重要だろう。杉村が述べるように、ぼくも個人的にはこの「国民」という言葉がどうしても好きになれない。「国民」という国民国家への所属を出発点にするか、それとも「人民」という、国家の枠を越えた人間主体を措定するかで、現在の日本国憲法のあり方は、大きく変化したはずだ。

それればかりではない。この「国民」という語の採用は、そのまま現行憲法のはらむひとつの重要な課題と結びついている。後にふれるように、戦後日本の憲法体制は、その出発点から、アジアを視野に入れることができなかった。というより、アジアを視野に含むことを徹底して避けようとしてきたといった方がいいのかもしれない。結果として、ここでいう「国民」（日本人）の多くが、狭いナショナルな範囲からしかものごとを発想できないという仕組みを生み出すことになったのは、この「国民」概念の定立と大きなかかわりをもっていたと思う。アジアおよびアジア人を視野に入れさせまいと、さまざまなかたちでGHQと交渉し続けた当時の政府保守派の狙いの背景には、根強い排外主義とともに旧植民地の人々への恐怖、さらには、(アジアを視野にふくめば、天皇にまで至りかねない)戦争責任の隠蔽といった問題が控えていたのだろう。

また、ここで杉村が明らかにしていることとも重なることだが、戦後日本国憲法は、出発点から、ある意味で、占領国であるアメリカ合衆国と、戦前からの反動的あるいは保守的な勢力との力関係のなかでの合作だったということも確認しておく必要があるだろう。その意味で、保守派勢力が、「日本国憲法は押し付けだった」というのは、その一面のみを語ったことにしかならない。むしろ、当時の占領軍の相対的には「リベラル」な憲法草案を、これらの保守的勢力は、先にふれたように、できるだけ戦前との連続性を担保させるかたちで「修正」を加えようとしてきた。「押し付け」をいうなら、この「修正」に対してもまた、憲法論議は自覚的でなければならないだろう。その保守的「修正」は、「押し付け」以上に、日本の戦後の展開を規定し続けてきた。ところがこのことは、あまり注目されない。

その意味で、戦後日本国憲法体制は、イタリアの思想家アントニオ・グラムシの概念である「受動的革命」を用いて後房雄が指摘したように、民衆の手によって勝ち取られたものではなく、まさに上から与えられたものにすぎなかった。つまり、戦後体制の成立は、市民革命の要素をもたず、市民的主体性の確立が未成熟なままに達成されたプロセスであったということである。

これもまたすでにふれたことだが、当時の政府首脳が、何よりも望んだのは、天皇制=国体の護持だったことは何度でもくりかえしておきたい。この天皇制の存続こそが、保守派にとっての最大の課題だったことは、日本国憲法の成立を論じたさまざまな文献から直ちに読み取れることだ。

そもそも、「押し付け」論の中心テーマとしての二章（九条）の平和主義条項がどのようなかたちで生まれたのかについてもさまざまな議論がある。

なかでも、一九四六年一月の幣原・マッカーサー対談で、幣原首相の側からの提案にその起源をおくという論者はけっこう存在している。このプロセスの詳細については、当時幣原首相の側近であった平野三郎のきわめて興味深い記録が明らかにされている。平野は、そこでこう論じている。「（憲法制定をめぐる論議が）かくも不明瞭な不思議なものであるかということだが、それは天皇制と戦争放棄が密接にからみ合っていたからである。私は断言してはばからないが、天皇制を存続させるためには戦争放棄という切札を使う外なかったのであって、幣原首相がマ元帥と取引の形で自己の平和理念を実現したものである」と。

戦時下から戦後にかけて、中国、イギリス、オーストラリアさらにはアメリカ合衆国などにおいて、戦争と天皇制の不可分の関係という問題関心から、戦後処理問題における天皇制の廃止という議論が広く存在していた事実は、すでによく知られたところである。最終的に治安維持機構としての天皇制度の存続をGHQが判断したにしても、こうした天皇制廃止議論の沈静のために、その引き換え条件が模索されたことは想像にかたくない。「この情勢の中で、天皇の人間化と戦争放棄を同時に提案することを幣原首相が考えた」というのが、平野の指摘である。

しかし、戦後の憲法論議における憲法制定過程についての議論には、この第一章と第二章のいわば相互補完的ともいえる関係への視点が十分に示されてきたとはいえないのではないか。というより全面的改憲派も護憲派もともに、この相補的関係を意識的・無意識的に無視することから、憲法論議を展開しているという印象を抱かざるをえない。

もちろん、戦争放棄と天皇制の利用という案は、幣原の発案というよりマッカーサーの側の戦略が先行していたという見方もなりたつだろう。憲法改正論議を通して、日本人は政治的成長を達成しうるのではないか、と説くカレル・ウォルフレンも、一九九一年に書かれた論文「なぜ日本人は憲法九条を改正しないのか」のなかで、次のように論じている。

マッカーサー元帥が、これ（九条）を提案するにあたって、この条項が歴史的にどれほど重要な結果を生むかについてじゅうぶんに考慮したという証拠はない。第九条は彼が天皇をその地位に残しておきたいと望んだために作ったもので、天皇をその地位に残すことで日本を管理しやすくなる、と考えたのである。日本が再び脅威となることを恐れるワシントンの一部グループをなだめるための交換条件――戦争放棄の憲法はこうした不安を鎮静化するために特に必要とされたのである。

このような観点、つまり一章と二章との対応関係が、戦後の憲法論議でほとんど見落とされた理由は、すでにふれたように、アジアへの視点の欠落ということだっただろう。それは、改憲派と同様、護憲派においてもあてはまることだ。アジアからの視線が意識化されていれば、当然、戦争責任問題と憲法の戦争放棄条項の問に、象徴天皇制がはさまっていることが意識化されたはずだ。ところが、戦後の憲法論議は、姜尚中が「アジアからみた改憲論」で指摘するように、護憲派も改憲派もともに「日本」という「ナショナル」な範囲の内部でのみ戦わされた。日本国憲法の成立ともっとも深くかかわっていたはずのアジアという国際的な視野へと憲法論議が広げられることがなかったのだ。アジア不在の憲法論議のこのような戦後の展開は、戦後五〇年を前後して、いくつもの「(あの戦争は)侵略戦争ではなかった」だの「アジア解放の戦いだった」などの、おそるべき居直り発言を閣僚たちが行う、現在の日本の状況が、如実に示していることだろうと思う。

しかし、八〇年代以後、少しずつではあるが、憲法論議に、アジアが視点に入ってきたといえるだろう。それは、いわゆるこれまでの護憲派の限界を自覚しつつ新たな護憲運動を目指そうというわゆる「新護憲」の流ればかりではない。自衛力の憲法再規定と海外派兵を推進しようとする改憲派の流れにも、アジアの視線が意識化されつつあるように思われる。そこには、アジアを今後の新たな市場として重視しようという視点が当然介在しているのだろう。そのひとつの例が、読売新聞社の憲法問題調査会のリポート『憲法を考える』である。ここでは、象徴天皇制や戦争放棄条項の成立の過程に関連して「GHQは『これは天皇擁護のためであり、日本民衆の意識に合致したものだ』と説明した」とはっきりと書かれている。いささか深読みになるかもしれないが、ここには、それなりにアジアからの視線が意識されていると思われる。その証拠にこのリポートを受けて発表された読売新聞社の憲法改正第一次案では、自衛軍の保持とひきかえに、「国民主権」が第一条におかれ、象徴天皇制は、後ろへと「格下げ」されているのである。そこには、憲法第二章（九条）を変えるためには、アジアへの戦争責任の問題を含んで、第一章（天皇制）を背景におしやらざるをえないという、歴史的な力関係が、それなりに自覚されているのだろうと思う（もっとも、保守派からのさまざまな巻き返しがあったためか、同社の憲法改正案の最終案では天皇条項がトップに返り咲いている）。

ぼくたちは、日本国憲法を語るとき、ややもすれば、その背景にある歴史的な文脈を見失いがちだ。しかし、日本国憲法は、よくもあしくも、アジア太平洋一五年戦争の生み出した歴史的産物なのだ。憲法を語ることは、その点で、あの戦争の総括を迫ることと密接に重なりあっているはずだ。しかし、戦後の憲法論議は、多くの場合、こうした歴史への視線を見失ってきた。そのことこそが、憲法論議が、護憲派にしても改憲派にしても、「ナショナル」な領域のなかでのみ語られ続けてきたことの背景にもなっている。しかし、これからの時代において、こうした歴史性を欠如した「ナショナル」な憲法論議が許されるはずもない。今後の憲法論議において、アジアを視野に含んだ戦争責任の問題、日本国憲法の成立と戦後の憲法体制をめぐる歴史的総括は、護憲派にとっても、また改憲派にとっても、どうしても避けえない課題として、重くのしかかってくることは明らかなことだからだ。

実をいえば、日本の再軍備はごく小規模に既に着手されているのである。朝鮮動乱勃発後間もなく、マックアーサー元帥によって七万五千人からなる国家警察予備隊が組織された。この予備隊は、朝鮮に派遣された米占領軍四ヶ師団に代わるべきものである。ところで予備隊の創設に当たり、これに志願した日本国民の数は、二〇万人に上った。これをもって見ても、これ位の兵力はたちどころに集まることは確かであろう。／その外日本には退役将校で戦闘経験を有する者が、数千人いる。総司令部の幕僚第二局ウィロビー少将の手許には、それら旧将校の閲歴、現住所を記載した最新の綴込みが備えてある。おそらくかれらを招集するには数日を要しないであろう。／これに加えて日本には第二次大戦の復員軍人五〇〇万人があり、なお終戦後徴兵適齢期に達した者数百万人がある。日本の全人口は八四〇〇万人であるが、この中にはアジアにおける最優秀の熟練兵が含まれているわけである。

（『USニュース・アンド・ワールドリポート』一九五〇年一二月一五日、川村俊夫編『ドキュメント憲法の戦後史』大月書店、一九八二年所収）

二、……………改憲か護憲か―憲法をめぐる世論の変貌

さて、戦後五〇年の憲法論議のポイントをごくごくあらっぽく、またいささか編者の個人

的な関心から概観した後で、あらためて戦後史における憲法と世論について見ていこう。

戦後の日本社会において、華々しいかたちで最初に改憲が論じられたのが、一九五〇年代中期であることは周知の事実である。冷戦構造の始まりと朝鮮戦争の勃発、レッドパージと警察予備隊の設置などに続き、自由党、改進党の憲法改正論の提案や、自主憲法制定を綱領とする自由民主党の発足、特に、初代総裁である鳩山一郎総理大臣の「自衛軍創設、憲法改正」表明を頂点に、憲法改正の議論が、政界全体を覆ったのである。また、その一方で、護憲連合の発足や一九五五年総選挙での改憲反対派の三分の一以上の議席の確保といった護憲勢力の登場もこの時期を特徴づけるものであっただろう。

ここで論じられた改憲のテーマは、まず第一に天皇制の強化、次いで再軍備であり、続いて、家族制度の復活、内閣の権限の強化や府県知事の任命制を始めとする統治機構の再編、基本的人権の抑制などであった。鵜飼信成は、こうした復古的ともいえる改憲の議論の特色を次のようにまとめている。「第一に国民よりも国会に強い地位を認め、第二に、国会よりも内閣に強い地位を認め、第三に、内閣よりも天皇に高い地位を認めるということにある」と。

この時期の改憲の軸が、基本的には戦前の大日本国憲法への復帰を狙ったものであることは言うまでもない。そして、その中軸に天皇制の復活へのかなり強いこだわりがあることも明らかである。

護憲勢力もまた、この一九五〇年代にその姿を見せ始める。松下圭一の「憲法擁護運動の理論と課題」は、一九五〇〜六〇年代の護憲運動の可能性をめぐる問題群を手際よくまとめてくれている。「下からの革命」によらず成立した新憲法の担い手が、八・一五以後も旧来の支配層であったという矛盾が、「体制反対派による体制憲法の擁護」といったねじれた戦後体制を生み出したこと。保守派は第一章に国体の永続を見、革新派は第二章に平和と民主主義の憲法的保証をみたことにより、「新憲法の内部に体制ナショナリズムと革新ナショナリズムの指向の分裂」が生じたという指摘。護憲派の課題として、革新的改憲ではなく、世論の動向をにらんだ、最初から形骸化したかたちでしか定着していない憲法の実体化と、具体的な戦略の必要性が強調されるべきだ、といった松下の主張は、戦後憲法体制を分析し、新しい護憲の流れを構想するとき、いまなお多くの有効性をもっているだろう。

それでは、この時期、政治の領域における議論に対応し、マスメディアや世論の動向は、どのように展開していたのだろうか。特に、この第一章と第二章の相補的な関係への視点に軸をおいて、その変容を見てみたい。

ここで、戦後日本の主要な世論調査にあらわれた憲法意識の変貌について見ていただこう。表Ⅰで示されたのは、憲法・天皇制・再軍備・自衛隊などについての世論調査の結果を、ごくごく単純化して示したものである。

政治の領域における戦前型の天皇制の復権の動きと比べれば、天皇制のあり方の問題についての戦後日本の世論の基本的方向は、表Ⅰ‐2にみられるように、かなり早い段階から現在に至るまで、「政治の圏外での存続」「象徴としての存続」が多数派を占めている。その傾向は、時代を経るに従って強くなり、七〇年代以後、「象徴」派は七割から八割台になって

表Ⅰ　憲法をめぐる戦後世論の動向

表Ⅰ—１憲法

憲法の評価

	総理府広報室（以下「広報室」）					朝日新聞（以下「朝日」）			読売新聞（以下「読売」）	
調査年	'65	'66	'67	'68	'72	'80	'86	'90	'81	'86
よい憲法だ	41%	32%	35%	37%	34%	55%	58%	61%	69%	82%
よくない憲法だ	6%	6%	5%	5%	5%	27%	20%	24%	11%	7%
その他、DK	53%	62%	60%	58%	61%	18%	22%	15%	20%	11%

憲法改正について

	広報室		朝日					読売			
調査年	'56	'57	'56	'57	'62	'83	'86	'81	'86	'91	'93
改正賛成	29%	24%	30%	27%	27%	26%	29%	28%	23%	33%	50%
改正反対	26%	24%	25%	31%	38%	47%	41%	44%	57%	51%	33%
その他、DK	45%	52%	45%	42%	35%	27%	30%	28%	20%	17%	16%

戦争放棄について

	広報室		朝日		
調査年	'66	'67	'52	'53	'78
肯定	84%	84%	27%	36%	82%
反対	3%	4%	16%	15%	7%
その他、DK	13%	12%	57%	49%	11%

再軍備のための改憲論

	朝日									読売				
調査年	'52	'53	'55	'57	'62	'69	'78	'83	'90	'52	'53	'54	'70	'81
改憲賛成	31%	31%	37%	32%	26%	19%	15%	12%	13%	47%	41%	38%	16%	14%
改憲反対	32%	42%	37%	52%	61%	71%	71%	78%	81%	39%	38%	30%	50%	71%
その他、DK	37%	27%	21%	16%	13%	10%	14%	10%	6%	14%	21%	32%	34%	15%

憲法９条の改憲

	読売
調査年	'91（10月）
本格的な軍隊をもつために改憲	3%
憲法違反ではないが自衛隊を明記するため改憲	32%
自衛隊は合憲だから改憲の必要ない	29%
自衛隊は憲法違反だから縮小する	15%
自衛隊は憲法違反だから順次廃止へ	7%
その他、DK	14%

安定している。

もうひとつの課題としての再軍備問題については、天皇制問題と比べれば世論の展開は、ややジグザグしている。

表I・1で見られたように、再軍備のための改憲について、五〇年代初期においては賛成・反対がほぼ拮抗状態（朝日新聞社（以下『朝日』）の調査では反対派が、読売新聞社（以下『読売』）では賛成派が優位）にあった。これが、全体としてやや反対派の増加を見た後に、五〇年代中期の改憲論の盛り上がりの中で改憲派が増大するが、五〇年代後半にいたって反対派の優位が確立し、それ以後、反対派の優位が安定していくことになる。しかし、改憲を含まないかたちで

表I—2天皇制

1946年世論調査研究所の調査

天皇制　支持（91%）
　現状の天皇制支持 16%
　政治の圏外で道義的存在として 45%
　政権を議会とともに共有 28%
不支持（9%）

天皇制のあり方

	広報室		朝日					読売		
調査年	'56	'65	'78	'82	'83	'86	'89	'81	'86	'89
天皇の権限強化	23%	21%	6%	5%	5%	4%	4%	6%	4%	7%
象徴	48%	52%	82%	84%	83%	84%	83%	72%	73%	73%
天皇制廃止	3%	2%	8%	7%	8%	9%	10%	14%	6%	5%
その他、DK	26%	24%	4%	4%	4%	3%	3%	8%	17%	16%

天皇に対する国民感情

	広報室			朝日		読売		
調査年	'61	'62	'63	'83	'86	'86	'89	'90
尊敬の念	24%	24%	24%	31%	33%	26%	16%	15%
親しみを感じる	40%	41%	38%	22%	22%	35%	53%	50%
何も感じない	30%	30%	33%	41%	40%	33%	25%	27%
反感をもつ	—	—	—	3%	2%	3%	1%	2%
その他、DK	6%	5%	5%	3%	3%	3%	5%	7%

表Ⅰ－３自衛隊と再軍備

自衛隊発足以前の再軍備論

読売 1951 年

国防軍再建	賛成	47%
	反対	24%
	その他、DK	29%

	朝日		
調査年	'52	'53	'54
軍隊は必要	32%	41%	37%
条件つきで必要	24%	16%	15%
必要なし	26%	23%	30%
その他、DK	18%	20%	18%

自衛隊は違憲か合憲か

	朝日	
調査年	'69	'81
違憲	17%	17%
合憲	40%	47%
その他、DK	43%	36%

自衛隊の存否

	広報室											
調査年	'56	'59	'63	'65	'67	'69	'72	'75	'77	'78	'81	'84
あった方がよい	58%	65%	76%	82%	77%	75%	73%	79%	83%	86%	82%	83%
ない方がよい	19%	11%	6%	5%	6%	10%	12%	8%	7%	5%	8%	7%
その他、DK	23%	24%	18%	13%	17%	15%	15%	13%	10%	9%	10%	10%

自衛隊は増強すべきか

	広報室												
調査年	'60	'61	'62	'63	'65	'69	'72	'76	'79	'81	'84	'88	'91
増強論	19%	17%	16%	15%	19%	22%	11%	17%	22%	22%	13%	10%	8%
現状維持	49%	51%	54%	57%	50%	44%	51%	54%	54%	52%	61%	64%	62%
縮小論	15%	15%	14%	13%	8%	11%	18%	10%	6%	10%	12%	13%	20%
その他、DK	17%	17%	16%	15%	23%	23%	20%	19%	18%	16%	14%	14%	10%

	朝日						読売		
調査年	'77	'78	'80	'81	'83	'84	'81	'84	'88
増強論	23%	18%	25%	22%	10%	11%	17%	11%	8%
現状維持	54%	61%	58%	61%	60%	61%	57%	55%	67%
縮小・廃止論	15%	16%	11%	11%	24%	21%	17%	26%	20%
その他、DK	8%	5%	6%	6%	6%	7%	9%	8%	5%

の再軍備については、表Ⅰ-3に見られるように、五〇年代前半における世論の多数派はあきらかに再軍備賛成であったことも興味深い事実である。この傾向は、自衛隊創設後も、「改憲には反対だが自衛隊はあった方がいい。ただし、自衛隊の増強は望まない」というかたちでほぼ一貫して維持されることになる。

マスメディアにおける憲法の一章、二章問題の扱いは、政治の領域における改憲・天皇制強化・再軍備論とそれに対応した世論の動きの双方と密接にかかわりながら変遷をたどっている。そのことは、五〇年代における憲法論議とマスメディア、特に新聞との関係を論じた高橋徹・荒瀬豊の論文（「憲法問題とマスメディア」『思想』第三八四・三八七・三八八号）などによって明らかであろう。

高橋・荒瀬によれば、天皇制の問題については、戦後まもない段階での日刊主要三紙の論調はかなりはっきりした相違を示していた。『朝日』は、日本という国の戦争責任については多く言及しつつも天皇制の問題にはふれない、という線を守ったのに対し、毎日新聞社（以下『毎日』）は、ファナティックなまでに天皇との情緒的一体感を示し、さらに『読売』は、もっとも鋭く天皇制の批判を展開するといった具合である。しかし、『読売』は、一九四六年六月の第二次読売争議などによるGHQの介入により、天皇擁護論に転換し、また、『毎日』も、熱烈な天皇擁護の論調を弱め、一九四七年にはいると、三紙ともに、天皇制をめぐる原則的な論議は放棄するとともに、象徴天皇制の支持という点で共同歩調をとることになる。こうしたマスメディアにおける象徴天皇制の支持は、先に見た世論の動向を見据えた

表Ｉ－４湾岸戦争と国際貢献

平和維持のための自衛隊の海外派遣

	広報室
調査年	'91
賛成	21%
どちらかといえば賛成	25%
どちらかといえば反対	19%
反対	19%
一概にいえない	11%
DK	6%

国連の平和維持活動への自衛隊の海外派兵の準備

	読売	
調査年	'88	'90
国連の平和維持活動には派遣がのぞましい	23%	—
一切海外へ出ない方がのぞましい	63%	40%
国連の要請があれば自衛隊を派遣		23%
国連の要請があれば医師など非武装の自衛隊派遣		29%
DK	15%	9%

湾岸戦争をきっかけに人的な国際貢献の必要性を問う

	読売
調査年	'91（10月）
積極的に	28%
ある程度はやむをえない	55%
必要ない	11%
その他、DK	6%

湾岸戦争への日本政府の対応

	朝日
調査年	'91（2月）
評価する	31%
評価しない	55%
その他、DK	14%

（西平重喜『世論調査による同時代史』および『世論調査年鑑』などから作成）

上のことであることは容易に想像がつくことである。それは、政治の領域において、議論が、この象徴天皇制を逸脱しようとしたときのマスメディアの動向からも理解しうるだろう。一九五一年の天野文相の天皇神格化発言に対して、主要三紙はただちに反論を掲載しているのである。逆に、翌年の皇太子の立太子式に対しては、マスメディアは、一種の皇室ブームともいうべきものの生成に成功している。こうして、新聞を軸にしたマスメディアは、世論の動向と相互に影響を与え合いつつ、象徴天皇制を支持する一方で、天皇家に対する「親愛の情」ともいうべきものを醸成するという、現在に至るまで基本的に継続されているスタイルが完成するのである。

再軍備問題についてのマスメディアの動向は、この問題をめぐる世論の変容と同様複雑なプロセスをたどる。一九五〇年代初頭の憲法をめぐる新聞論調は、『朝日』はやや護憲的な消極論に立ち、『読売』・『毎日』はより積極的という違いはありつつも、主要三紙とも、おおむね再軍備へ向けての改憲を否定するものではなかった。冷戦構造の登場、朝鮮戦争の勃発、サンフランシスコ条約による独立の達成など、国際的な情勢の変化と憲法九条との「矛盾」が、マスメディアにおいても、こうした主張を生み出すことになったと思われる。

しかし、この改憲を否定しないという新聞論調は、一九五〇年代中期以後、次第に影をひそめていく。こうした傾向は、マスメディアばかりか、憲法改正を公然と掲げたはずの保守政党の側にも見られたという。それは、「政党にとっては票が、新聞にとっては購読者の数が（憲法改正という）態度明示によって失われると予測されたからにほかならない」（高橋・

荒瀬)。

こうして、一九五〇年代後半には、世論の離反をおそれたマスメディアの論調は、護憲という立場をかなり鮮明にし始める。たとえば、新生自由民主党」の改憲論議が表面化していた一九五六年の憲法記念日における各社社説は、「新憲法は、死んでいるのではなく、……国民の間に脈々と生きている」(『朝日』)、「感情的な憲法論争をやめよう」(『毎日』)、「新憲法をマッカーサー憲法とか、押し付けられた憲法と称する人々が、憲法改正の発議権をとった場合、果して社会の良識に合致する成果が得られるかどうか怪しい」(『読売』)と、おおむね、護憲の立場を鮮明にしている。

このような世論における憲法意識の変容を追うと、一九五〇年代が、戦後日本の憲法イメージを確定させた時期であることがおぼろげながら見えてくる。また、この時期は、日本の政治シーンにおいて、世論調査の意義が浮上してきた時期でもある。この時期、マスメディアばかりか政治勢力もまた、世論の反応を恐れるとともに、世論の操作を意識的に強めようとし始めるのだ。逆にいえば、それだけ世論の政治への視線が強まったということでもあるだろう。

なかでも、南博「『世論』の政治的効用——憲法改訂宣伝活動の批判」は、日本で、大衆社会状況が語られ始めた一九五〇年代の世論と政治のかかわりを分析したものとして、画期的なもののひとつだろう。ぼくにはリベラルで闊達とした社会心理学者というイメージが強い南が、ここではいささかマルクス主義的な教条を背負っているのも時代を感じさせて興味深いところだ。しかし、なによりも面白いのは、改憲を狙う当時の自民党政府が、世論の憲法意識に注目し、それに介入しようとする動きがあったことが指摘され、この動きへの警戒が語られている点にある。とりわけ、世論調査そのものが、民衆の意識にバイアスを与え、それを水路付ける武器として使用されているという主張は、現在でも十分に適用可能な視点だろう（実際、新聞社の憲法をめぐる世論調査を見ていくと、『朝日』はどちらかというと護憲的な方向に、『読売』は改憲的な方向に、といった具合に回答を誘導するような設問が、一九九〇年前後に特に目立つようになっている。回答者の側も心得たもので、世論調査の主体の政治的傾向に配慮しているように思われる。ここであげた戦後の世論調査の流れを追うと、『朝日』の世論調査の結果は護憲的・革新寄りになることが多く、『読売』の調査は、『朝日』と比べると、やや改憲的・保守的になることがおわかりになるだろう）。

しかし、それをどう評価するかは別として、カッコつきの「世論」によって支持されることで、「護憲」「平和主義」「象徴天皇制」「自衛隊の現状維持」といった戦後の憲法体制は、一九五〇年代後半に一応確立される。この傾向は、安保闘争といった激動を通じても、それほど変化することはなく、むしろ、強まったとさえいえるだろう。そして、この流れは、一九九〇年前後の、新たな憲法イメージの登場まで、基本的には維持され続けることになるのである。

三、……………高度経済成長から生活保守主義へ

『朝日』『読売』の社説のなかの「憲法」イメージ

……吉里吉里国民は、はァ、正義ど秩序ば基調ど為る国際平和ば誠実に希求す、国権の発動たる戦争ど、武力さ依っかがった威嚇又ァ武力の行使は、はァ、国家紛争ば解決する手段とすては、永久にこれば放棄すっと。この目的ば達すったため、陸海空軍、その他の戦力は、はァ、保持しない。国の交戦権は、はァ認めねえ。……美しいのう。子守歌の様に優しいのう。まるでお天道様だ、公明正大で、よう。そすてがらに、まんつまんつ雄々しいのう。力強い言葉だのう。皆の衆も知っての通り、俺達、吉里吉里人は、この条項ば日本国憲法から盗んだだっちゃ。この条項さ、惚れで惚れで、惚れぬいで、そんでそっくり掻っ払って来たんだっちゃ。吉里吉里国の独立の理由、これははア、とてもの事に一口では言われねえ。独立の理由は千できかねえ、万でもきかねえ、億ほども、夜の空の星コの数ほどもあっこった。だども、その星コの数ほども有る理由の内で、キラキラて、一番星より明るく輝ぐなァ、この九条す。んだっべ、皆の衆？　俺達が日本国民だった頃、つまり昨日まで、日本政府のお偉方ァ、何か言うど、この九条ば継子扱いすて居だったもんだ。やれ、現状に適わん、やれ、アメリカから占領軍から押し付けられた憲法だ、やれ、ソ連が侵略進攻してきたらどうするんだ。……第九条はやいの

やいの苛められで居だったっけ」

（井上ひさし『吉里吉里人』より。なお原文には吉里吉里語によるルビがついている）

一九六〇年代に入って以後の憲法改正論議は、以上述べてきたマスメディアの動向や世論の動きをにらみつつ展開された。たとえば、一九五七年に実質的な活動を開始した政府憲法調査会における議論においても、また、自民党における改憲論議においても、そのトーンは、五〇年代半ばまでの論議とは大きく変化した。きわめてはっきりしていることは、天皇元首化という、五〇年代改憲論議の最大のテーマが、後退したということである。また、その一方でよりクローズアップされることになった九条改憲をめぐっても、ナショナリズムを強調する流れが沈静化し、国連協力のための警察軍参加という名目が浮上してきたのもこの六〇年代初期の特徴であろう。

しかし、憲法改正反対のマスメディアの論調や世論の動向、その一方での経済の急速な発展、日本をめぐる国際関係の「安定」状況の継続、さらには護憲を掲げた革新政党の伸長などにより、改憲をめぐる議論は急激にその色が冷めていく。護憲論と改憲論の「冷戦構造」とでもいったような事態が生じたのである。

こうして、高度経済成長とそれに続くオイルショック、さらにいわゆる「低成長」時代と続く七〇年代を通じて、憲法改正をめぐる議論は、それほど目立ったかたちで行われることはなかった。

この憲法改正をめぐる冷戦状況のなかで、一九五〇年代後半以後の憲法論議といえば、さまざまなかたちで提起された憲法裁判をめぐる諸問題が中心であった。樋口陽一他編の『憲法判例を読みなおす』(日本評論社)などを読むと、この時期以後、恵庭事件や長沼訴訟といった自衛隊関連の事件や訴訟、猿仏事件や一連の公安条例などをめぐる表現の自由裁判、津地鎮祭や自衛官合祀訴訟、日曜参観問題など信教の自由・政教分離をめぐる議論、朝日訴訟を出発点とする生存権や環境権をめぐる裁判、君が代訴訟や日の丸焼き捨て事件など天皇制の問題を鋭く問う裁判などなど、多様な領域で、憲法そのものが問い返されてきたことがわかる。

なかでも、ぼくにとって個人的に印象深い裁判事件のひとつに、東大ポポロ事件がある。一九五二年二月、東京大学の教室内で行われた大学公認の学生団体「ポポロ座」が、松川事件を材料にした演劇を上演中、私服の警察官が数名まぎれこんでいるのを学生が発見。三名の警察官が学生によって拘束され、警察手帳などを取り上げられた。この間、学生が警察官に暴行を加えたということで、後に暴行の容疑で学生が逮捕・起訴されたものである。この裁判は、「警官の本件における大学立ち入りは職務権限を越えている」と、一審、二審とも無罪の判決が出された。しかし、一九六三年、最高裁は、「(今回の警官の立ち入りは)大学の学問の自由と自治をおかすものではない」と、破棄・差し戻しの判決を下したのである。その後の差し戻し審では、一審・二審とも学生の暴力行為を有罪と判断し、一九七三年、最高裁でも上告棄却で有罪判決が確定した。

小田切秀雄の「大学の自治と学生・警官」は、このポポロ事件の最高裁判決に際し、反対運動を展開する学生を心配する親たちにむけて、この学生の活動を擁護する目的で書かれたものである。

他にも憲法の表現の自由条項をめぐる裁判論争は、いくつか存在している。なかでも人々の注目をひいたものに、伊藤整の『チャタレー夫人の恋人』の翻訳の発禁事件、大島渚の映画『愛のコリーダ』事件などの一連の「わいせつ」関連の裁判がある。澁澤龍彦の「サドは無罪か」は、マルキ・ド・サド原作の『悪徳の栄え』の翻訳出版をめぐる押収事件の裁判について述べたものである。

ここで澁澤は、「憲法」について一言も発言していない。むしろ、憲法や法そのものをあざ笑っているようにみえる。公判への遅刻などは、そのひとつの表現だろう。この澁澤の文章を読むと、六〇年代から七〇年にかけての、ぼく、およびぼくの周辺にいた人々の憲法や法に対する思いとどこかでつながっている気分、つまり、なんだかノスタルジックな気持ちを抱いてしまう。おそらくは、こうした憲法・憲法体制に対する斜に構えた態度は、一部の反体制派・体制離脱派（およびそれをきどる人々）にとっては珍しいものではなかったと思う（そして、今でも、どこかでそうした気分がぼくには残っている）。逆に、このことは、この時代、憲法・憲法体制が、主要な政治課題として、ぼくたちの前に登場していなかったということを反映してもいるのだろう。

しかし、こうした憲法論議の「冷戦構造」も、一九七〇年代後半ごろから少しばかりきな臭い状況が生まれ始めてくる。特に、一九七八年以後の有事立法論議は、その火付け役となった。この動きは、後に憲法改正論議や、さらには国家秘密法などをめぐる議論の進行、それに対応する一部の突出した「草の根改憲運動」といった新しい改憲論の動きを生み出した。戦後の憲法論争を、その歴史的・社会的な背景を見つめつつ詳細に論じた大著『日本国憲法「改正」史』のなかで、渡辺治は、この八〇年前後の改憲派の新しい動きをコンパクトにまとめている。

渡辺によれば、一九五〇年代中期、六〇年代前半の動きに続く、改憲論議の「第三のうねり」とも呼べるこの時期の憲法論議は、次のような新しい点をもっていたという。つまり、第一に、江藤淳、清水幾太郎らの論客による「タブーの打破」論の登場であった。この動きは、「憲法タブーの打破」や「自由な論議」などの主張を通し、改憲派の側から憲法論議の「冷戦構造」を壊すための主導権発揮としておさえることができるだろう。また、第二に、「日本を守る国民会議」などを軸にした「下から」の改憲の大衆運動の登場も、この時期の特徴であった。この流れは、八〇年代の「スパイ防止法」制定運動や九〇年代の「英霊の讃美決議」運動などに受け継がれていく。

同時に、イデオロギー的にも、改憲派の動きは、新しい要素を生み出しつつあった。これまでの反動的・復古的な改憲論は影を薄め、平和主義（現状の平和の維持）、民主主義、基本的人権の擁護など、憲法の基本理念の維持を口実にした改憲論（渡辺のいう「護憲的改憲論」）の登場である。

この「憲法タブーの打破論」や、「護憲的改憲論」の動きは、八〇年代を通じて、直接的には大きな影響力をもったとはいいがたい。日本に住む多くの人々は、こうした改憲論の動きに、比較的クールに対応したからである。そのことは、この時期の世論調査の回答をみてみればよくわかることだろう。しかし、その動きは、ボディーブロウのように深いところできいており、この流れが、九〇年代前後の新たな改憲論のベースを作り出すことになる。

五〇年代後半から八〇年代後半にいたる時期を通じて、改憲論議に批判的であるとともにクールに対応するという傾向は、マスメディアにおいても同様であった。ここで、具体的に、七〇年代末から九一年にかけての日本のマスメディアの論調を調べるために、二大日刊新聞紙、『朝日』と『読売』の社説を追ってみようと思う。表Ⅱで示したのは、毎年五月三日の憲法記念日における両紙の社説を要約したものである。

五〇年代後半以後の『朝日』・『読売』の社説を読むと、『朝日』は平和主義を強調し、『読売』は、憲法制定記念の政府の式典の不在を批判し、改憲に反対するという主張が目につく。また、『朝日』が理念的な側面を強調するのに対して、『読売』の方は、「憲法を日常生活のなかに生かそう」という主張や人権問題への言及が多いのが特色であった。そうした傾向は、この表に示された一九七八年以後の両紙の社説においても、はっきりうかがえる。『朝日』は平和の強調を、また『読売』は人権問題により多く言及しているのである。ただし、両紙ともに、八〇年代を通じて改憲反対という点においては、共通していることは明らかであろう。

表Ⅱ　5月3日『朝日新聞』・『読売新聞』社説（1978年〜91年）

	『朝日新聞』	『読売新聞』
1978	「憲法と最高裁判決の限界」 （名古屋中郵判決をうけて公労協スト中止）	「国際社会の中での憲法の理念」 国家エゴに振り回された人権／なくしたい外国人差別 （在韓被爆者保障などから外国人の処遇問題を人権問題として議論）
1979	「右旋回のなかの憲法」（他に「非核3原則を考える」） （自衛隊容認の世論／改憲反対の世論の共存。九条改正反対の世論は、右傾化への歯止め）	「うごめく明治憲法的発想」 （平和、人権、国民主権の否定につながる風潮への批判）
1980	「『平和のこま』をどう回すか」（他に、「調子を合わせすぎた大平訪米」） （平和憲法の実質がむしばまれていく危険性。平和憲法を守るため、軍事力以外の安全保障・平和維持の努力の必要性）	「憲法をめぐる三つの課題」（他に「米の友人としてなすべきこと」） （憲法「もらいもの」議論の不毛性、国際人権規約・言論・表現の自由の大切さ）
1981	「『憲法記念日』の重み」 現行憲法に挑戦する自民党／護憲勢力は平和に自信を／あの手この手の実質改憲／憲法の中身を充実しよう （自民党の改憲論議批判、平和憲法は人類の理想を先取りしたもの）	「問われる憲法の『平和』と『自由』」（他に「35万人体制への筋道に疑問」） （自民党の改憲論議への批判、憲法9条は悲惨な戦争の反省から選択した道）
1982	「政治を語ろう、今こそ」 「憲法は日々の政治」だ／憲法理念と現実の直視／不断の監視が政治を正す （国民主権、基本的人権、平和主義の憲法の基本的原理を日常生活から問い返そう、1票の重み、防衛力増強がもたらす危険性、不動の理想を掲げる憲法の価値の自覚が必要）	「改めて司法の責務を考える」（他に「海洋法採択は時代のすう勢」） （議員定数の不均衡と司法の責務の重大性）

1983	1984	1985	1986
「日本人の『優しさ』とは何か」狭い内輪の愛情でないか／アジア観を見直そう／新しい自画像と古い体質／好かれる日本を次代へ（敗戦後の日本のアジアとの関係のもち方を、憲法記念日に考える）	「歴史の反省と地球的視野」新憲法の苦難の道／軍事化せぬための歯止め／通商国家の平和的役割／国際社会への貢献示せ（朝鮮戦争とワシントンの判断による平和憲法の苦難の道の開始、憲法9条は日本を戦前に戻さないための歯止め、「戦争に巻き込まれたくない」と呪文を唱えるのではなく、むしろ平和的な面から積極的に外へうって出るべきだ）	「『会社人間』における憲法論」勤勉性を実らせたもの／平和がもたらす経済成長／試練のなかで考えたいこと／人間としての幅を広げよう（憲法の平和主義と基本的人権の保障が戦後の繁栄を作り出した、軍事負担が少ないことへの各国からの非難のおそれ、「日本の繁栄は平和を大事にしたからだ」と胸を張って言おう、個性をもった生き生きした人間になろう）	「女性と長寿と憲法と」「平等」は危険だった／14条支える25条／ヘトヘトの「お嫁さん」／美しく老いるために（新憲法と女性の参政権、機会の平等と結果としての平等、不平等を埋め合わせるための「社会権」、14条と25条の肉づけを）
「憲法を読もう」（他に「労働者国家ポーランドの悲喜劇」）（ゴールデンウィークに憲法を読もう、隣人訴訟のもつ意味、基本的人権という理念の血肉化を）	「節度が支える『表現の自由』」（他に「米の合算課税廃止への第一歩」）（民主主義の国民への定着、有害図書規制論議、表現の自由の保証と行き過ぎへの規制のバランスをどうしたらいいか）	「『法の下の平等』を軽くみるな」（他に「21世紀めざした余暇社会」）（1票の格差問題、サラリーマン税金訴訟、不平等の存在への立法府の責任を問う）	「身近な憲法問題を見つめよう」（他に「臨調路線と財政運営の弾力化」）（40年目の憲法がはらむさまざまなテーマ、しかしそれ以外にも身近なテーマがある。チェルノブイリの事故と出版言論の自由の問題、予防接種の事故と損失補償の制度、無制限の権利主張はいけないが、身近な権利の問題を見つめ直そう）

1987	1988	1989	1990
「日米に重い『行動』の約束」「決断を迫られる竹下氏」	「国際化時代の日本国憲法」二つの「常識」の間で／必要な長期的視点／思想の競争で勝てるか／真の友人をもとう（いまの憲法にかえてよかったという感慨、表現の自由の大切さ、9条の意義。経済大国に見合う役割を果たしていないという声の存在、一部主要国のこうした声に従うのか、それとも憲法の先見性を信じそれが国際的に是認されるところまで努力をするのか。国際協力の積極的推進と憲法体制の思想の力の証明を。国際的に友人のいない国日本。他国の信頼をいかに生み出すか）	「繁栄のなかの主権在民を問う」恒産あれども恒心なし／カネたたき虫が鳴く／『ワイマール』の教訓／まず投票所へ行こう（カネ万能主義の社会的ひろがりへの批判、リクルート事件、政治家のおごりと憲法の理念、政治を自分たちの手にとりもどそう）	「平和憲法と国際秩序づくり」軍事以外で世界に貢献／民意が支えた平和志向／一国だけの繁栄でなく／現実的意味もつ国際協調（米ソ協調の時代、海部首相の「軍事大国にならない」という宣言、戦後果した平和憲法の役割の大きさ、軍事面ではな
「日米合意の試練と新しい挑戦」	「互いに認め合う人権の大切さ」（他に「産業技術の強化に必要なこと」）（基本的人権の重要さ、プライバシーの大切さ、憲法の基本的人権規定を生かすために不断の努力を）	「政治に問われる憲法の初心」国民の常識こそが政治の原点／議会政治否定の野党の責任／国際社会へ名誉ある貢献を（憲法を守るという新天皇の「お言葉」、国民意識に根付いた憲法、国会の麻痺状態、政治資金、選挙制度の大胆な改革の必要性、政権交代の可能性がない状態には野党の責任も大きい、世界第2位の経済大国として経済協力はもちろん政治面でも貢献の必要がある）	「憲法が求める世界への貢献」国際社会の一員としての理念／貢献にかかせない国内改革／政治改革も国際的視野で／世界に責任を負う大国意識を（貧しいながらも国際社会の一員としての役割を引き受けようという宣言であった憲法前文、経済大国になった今その理

	1991
く経済面への集中を保証した平和憲法、平和国家の基本姿勢を壊すまいとする国民の意志、節度を欠いた経済繁栄志向への批判の声、変わる国連の役割、現行憲法の理想が今世界の潮流のなかで新しい意味をもとうとしている。）	「平和憲法と国際的貢献」 転換期の厳しい試練／基本理念の発信を／先行ランナーの覚悟／安定と平和の正念場 （日本が平和憲法のもとで身につけた頼りなさこそ謙虚さとして評価されるべきだという司馬遼太郎の言葉。湾岸戦争で問われたのは軍事的貢献がなされていないということではなく、平和主義のもとでの貢献がなされなかった点だ。言い訳としてしか憲法理念を使ってこなかったことの反省と平和憲法の理念のもとでの国際貢献、「平和主義だからこそ軍事面以外では他国に倍する貢献をしなければならない」、平和主義批判にたじろがないだけの国際貢献の実績を）
念を現実化する条件が生まれている。まだまだ国際的水準からみてとぼしい人的貢献、日本は国際経済の破壊者という声も、憲法制定当時の小国意識のまま、改革にともなう痛みやきしみを先送りしていては国際社会の信頼は得られない）	「国際貢献に多面的な憲法論議を」 憲法の理念を実践する時／内閣の責任で軌道を正せ／国民の憲法感覚に変化の兆し （「自国のことのみに専念して他国を無視してはならない」という憲法前文の重みが増そうとしている。冷戦構造を前提とした旧思考では激変する国際環境に対応できない。一国安泰主義は許されない。むしろ憲法の理念がやっと実践できる段階に入った。国連機能が蘇った。掃海艇派遣への世論の賛意。タブーを廃して多面的角度からの憲法論議を）

四、……………憲法論議の忘れもの

ついでに言いますと、憲法の第一一条には、『国民はすべての基本的な人権の享有を妨げられない。この憲法が国民に保障する基本的人権は、侵すことの出来ない永久の権利として、現在及び将来の国民に与えられる』とあります。主語は国民ですが、この国民は、前日、旧植民地出身者を『外国人』として追い出した上での国民ということになります。これは偶然のことではなく、頭のいい人が何十回も会議をやって出してきたものです。しかも、第一四条では、『すべての国民は、法の下に平等であって、人種、信条、性別、社会的身分又は門地により、政治的、経済的、社会的関係において差別されない』となっていますが、この『門地』という言葉は、マッカーサー憲法草案には『国籍起源』（民族的出自）（National Origin）とありました。『国籍』によって差別してはいけないというのを、『門地』に直し、そのことによって朝鮮人や台湾人などの旧植民地人を徹底して排除したのです。このように日本国憲法では、基本的人権は内なる日本人のみ保障する構造になっているのです」

（尹健次「共同幻想としての日本・日本人・日本国憲法」いいだもも他編『憲法読本』社会評論社、一九九三年所収）

すでに繰り返し論じてきたように、第二次大戦後の世界戦略をにらみつつ、日本の一定の民主化を目指すアメリカ合衆国と、これと微妙に対抗しつつ屈服する、生き延びた保守勢力の「合作」として、日本国憲法は完成された。アメリカは戦後の冷戦構造のなかで、ときに自ら「押し付けた」戦争放棄条項さえも実質的に改編しようとしてきたし、日本の政府を担う保守勢力は、隙あらばと復古的・反動的な改憲をねらい続けてきた。また、護憲派は、このふたつの勢力に対抗すべく、結果的にやみくもな「平和憲法」の維持を主張することを強いられてきた。この三すくみともいえる状況こそ、戦後の憲法論議を、狭い改憲と護憲の対立のなかに押し込み、結果として、人々の目から、戦後日本社会をめぐる憲法そのもののもつ意味についての議論を疎外してきたといってもいいだろう。

実際、戦後の日本社会における憲法・憲法体制は、改憲派のいうほど多くの瑕疵をもっているわけではないが、逆に、護憲派が主張するようには「完璧」ではないことも明らかだ。ところが、護憲派は、この強いられた状況のなかで、憲法そのものをめぐる論議を回避し、無理やりに憲法を「完璧」で「理想的」なものとして押し出さざるをえなくなってしまった。その意味で、護憲派にとって「憲法論議」は、実質上「タブー」とでもいえるような事態が生じた。一方、「護憲」という「気分」は、一九五〇年代以後の「世論」の支えるところであり、改憲派もまた、「改憲」を言い出すことがためらわれるような状況も生じた。これが、先述したような、憲法論議のなかでの「冷戦状況」を作り出したのである。

しかし、戦後左翼＝戦後革新勢力にとって、憲法は、多くの問題をもっていることもまた事実なのである。すでに繰り返し述べてきたように、戦争の総括が憲法そのものにきちんと反映していない。特にアジアへの侵略戦争そのものの歴史的な総括が、憲法からは少しも感じられない。さらに、その結果でもあるのだが、天皇制をめぐる規定が第一章にあること、などなど、ちょっと思いつくだけでも、多くの矛盾をかかえたままなのだ。また、環境権やプライバシー保護、地方自治の問題など、現在では重要な意味をもつ領域に関する目配りも弱い。

ここで、戦後の憲法論議の「冷戦状況」のなかで、ぼくたちが忘れてきた、あるいは忘れさせられてきた憲法をめぐる問題点を、もう一度整理しておく必要があるのではないか。

なかでも旧植民地の人々をはじめとする外国人の権利の問題は大きな欠落部分としてある。冒頭の尹健次の文章にも書かれているように、日本国憲法の成立過程において、日本政府は、「外国人は法のもとで平等な扱いをうける」というマッカーサーの草案を拒否し、外国人の権利保障の問題をネグレクトした。そして、そのことが、現在なお存続している在日外国人に対するさまざまな差別や社会的排除に決定的な影響力を与えていることも事実なのだ。田中宏の『在日外国人』は、具体的な事例をあげながら、この問題の背景をわかりやすく示してくれるだろう。

このことに関連して先日『京都新聞』を読んでいたら、かなり衝撃的なニュースが目に入った。「旧植民地出身者の参政権剥奪／背景に天皇制維持／水野京大助教授経過示す資料発見」（一九九五年一一月八日付朝刊・一面）と見出しのついた記事である。水野直樹助教授が国立国会図書館で発見したのは、議会制度調査委員会の清瀬一郎が、政府・議会関係者にあてた意見書「内地在住の台湾人と朝鮮人の選挙権、被選挙権について」である。ここには、「日本に居住する二〇〇万人の朝鮮人が選挙権をもてば、一〇人は当選し、天皇制に対する攻撃が強まる」とはっきり書かれているという。資料によれば、この文書に、議員の多くが賛意を示し、また、官僚も受け入れを表明しているという。一九四五年一二月に成立した衆議院選挙法に、旧植民地の人々の参政権を剥奪するために設けられた「戸籍条項」の成立過程は、これまでブラックボックスとされてきたという。今回その背後に、天皇制を守護しようという政府首脳の動きが働いていたことが明らかになったというわけだ。水野助教授は、この動きを次のようにまとめている。「台湾人、朝鮮人を臣民と呼んで戦争に駆り立てた日本政府が、戦後は治安の対象としてしか見ていなかったことがわかる。戸籍条項は後の国籍条項となり、現在の差別的な構造を支えている」と。

憲法条項における外国人排除の背後においても、こうした選挙法と同様、「国体＝天皇制護持のため」という発想があったことは疑いえないだろう。おそらく、そこには、旧植民地の人々の怒りが、国体＝天皇制を解体する方向を生み出すことへの、侵略した側・植民地統治をした側の恐怖心とでもいえるようなものが介在していたのだろうと思う。

それにしても、戦後の護憲運動は、この在日外国人の権利保障の問題にどれだけ自覚的だっただろうか。そう考えると、ここにも、護憲運動におけるアジアの視点の喪失が見出せることがよくわかる。

憲法第一四条には「すべて国民は、法のもとに平等であって、人種、信条、性別、社会的身分または門地により、政治的、経済的又は社会的関係において差別されない」と書かれている。しかし、外国人の排除のみならず、日本社会には、部落差別、アイヌへの差別など、多くの差別が存続している。また、女性差別も大きな課題として、今なおぼくたちの前にある。

女性差別と憲法については、憲法制定時、一四条のみならず、婚姻における男女平等をうたった二四条の制定をめぐるベアーテ・シロタ・ゴードンの活躍（たとえば、『一九四五年のクリスマス』柏書房や、コメンタール五巻の『性と家族』にも収められているインタビュー「私はこうして女性の権利条項を起草した」など）はよく知られている。だが、日本の戦後において法のレベルでの女性差別は解消されているのだろうか。そうでないことは、一九八六年の女性差別撤廃条約批准前後に、国籍法や民法の改正を日本政府が迫られたことが、逆に証明していることだろう。しかも、明らかに父権制的な戸籍法を始め、現在なお、多くの女性差別が、法のレベルにおいても存続している。福島瑞穂の「戸籍を考える」は、戦後憲法体制のなかに存続してきた女性差別の構図を、戸籍という観点から明らかにしてみせる。「性別による差別の禁止」や「両性の合意に基づく婚姻」を定めた現行憲法は、現在、これと矛盾する家父長制的なイエ制度に基づく戸籍法と「共存」しているのである。

憲法と性差別ということでいえば、これもつい先日新聞などで報道されたことだが、一八〇日という女性に対してのみ設定された民法の再婚禁止期間は「法のもとの平等」に反するとした裁判で、最高裁は、「父性の推定の重複を避けるため」のもので憲法違反ではないという判決を下したという（一九九五年一二月五日）。これなどは、どう見ても違憲だろうと思う。現在進行中の民法改正作業では、この期間は一〇〇日に短縮されることにはなっているし（でも、どうして、男性同様制限なしにするか、逆に、男性にも一〇〇日の禁止期間をおくといった「法のもとの平等」が実現できないのだろうか）、結婚年齢の制限も、男女ともに一八歳に統一される方向にはあるのだが……。

それにしても、シロタの起草した日本国憲法の原案に書かれていた「非嫡出子は法的に差別を受けず」とか「女性はどのような職業にもつく権利がある」とか「男性と同じ賃金を受ける権利がある」といった条項が入っていたら、戦後の日本の状況も、かなり変わっていたのではないかと思われる。

もっとも、「法の下の平等」という条項は、彼女の努力もあって、実際に書き込まれてはいるのだ。だから、問題なのは、この解釈が、自衛隊の問題と同様、「解釈改憲」で運用されているという点だ、ということも可能だろう。この意味で、さまざまな差別の問題は、憲法の欠落というより、憲法の不実行あるいは、未実行にかかわることなのかもしれない。日本国憲法は、多くの見落とされた課題を残してはいるが、同時に、「日本国憲法は、いまだ日本社会で実現されたことがない」のも事実だからだ。

ダグラス・ラミスも「ラディカルな日本国憲法」で、こう述べている。「憲法は公認されたとはいえ、完全に実施されたことは一度もない」と。

ラミスによれば、新憲法は、本来、「国民」による天皇制政府からの権力奪取として位置づけられるべきだ（というより、ラミスによれば英文の憲法はそう読める）ということになる（この指摘は、宮沢俊義の「八月革命」説をちょっと連想させる）。まさに、革命がそこでは実行されたはずだったのだ。

しかし、アメリカ占領軍を「同盟軍」とし、革命の主体として行動すべきだった「日本国民」は、この権力奪取をわがものにものにすることができなかったとラミスは指摘する。

「要するに、憲法は日本に民主的政府を樹立しなかった。……その実現は今後に残されている」のである。

おそらく、憲法のもつ権力奪取としての意味をきちんと把握しきれなかったということが、「憲法」のもつヴィヴィッドな部分、憲法のもつ良質な部分を、ぼく（たち）が、いまだにうまくつかみ切れないできたことの背景にはあるのだろうと思う。そして、このことは、戦後憲法論議の、ひとつの重要な忘れ物であることもまた事実といえるだろう。

五、……………憲法意識の変容

私たちは生まれたときから憲法九条がありました。そして生まれたときから自衛隊もありました。この明らかに矛盾した二つの存在を抱えた国、そんな日本に私たちは生まれたのです。／……憲法九条を世界に広める。そのためには、どうしたらよいのでしょうか。憲法前文の恒久平和実現のため、九条の非武装化・不戦の考えを世界に広めるために、私たち日本人に何ができるのでしょうか。／それにはまず日本を九条化すること。つまり日本で憲法九条の理念を実現することです。／日本は「大国」です。経済的には世界の総生産の一〇％をこの小さな国が占め、軍事的には最新鋭の武器をもち、軍事費も世界で三番目に多いといわれています。／このように憲法九条の理想とかけ離れてしまった日本で、非武装・不戦の理念を実現すること、それが九条世界化！　の第一歩であり大きな一歩であると考えます。次の時代世界に大きな影響力をもつ日本を変えることによって世界をも大きく変えることができるのです。つまり九条世界化！　の世界とは、私たちにとっては日本であり、ここが世界なのです。／だから今、私たちははじめて憲法と正面から向き合いその理念（前文・九条）を再評価し、見直す（一条、外国人・少数者の人権など）ときなのです。私たち一人ひとりが憲法に再署名することで、新たな誓いをたてるのです。私たちがこれからどう生きていくのか、どんな世界を望んでいるのか。世界に向けて誓い直すのです」

（「憲法九条世界化！　東京学生ステーション」発足の案内より）

そして今、一九九〇年代に入って、憲法をめぐる新たな論議が準備されようとしている。一九五〇年代の鳩山内閣時代における改憲論、政府憲法調査会の答申が出された一九六〇年代前半期、一九八〇年代のいわゆる「草の根改憲運動」の時代に続く、戦後四度目の改憲論の時代ともいわれている今回の論議には、「新しい傾向」とでも言えるような現象が、かなりはっきりした形でその姿を見せ始めている。これまで憲法論議の中心的な視点としてあった、いわゆる「押し付け論」とともに、無条件「護憲論」もまた政治のシーンから「後退」を開始しているようにさえ見える。その一方で、新たな「改憲論」、新たな「護憲論」とでもいえるような傾向が登場しようとしているのである。

新たな「改憲論」の基本的テーマは奇妙に聞こえるかもしれないが、「護憲＝平和主義」である。この視点はすでに八〇年代の「草の根改憲運動」のなかに見られたものである。しかし、それは、いかにも衣の下に鎧が隠されている「平和主義」の印象が強いものであった。九〇年代の「護憲的改憲論」は、こうした戦後憲法の「平和主義」の意義を比較的率直に認めた上で、九条を軸に、他の条文も含めた憲法改正を提起するというスタイルが、より鮮明に打ち出されているという印象が作り出されている。

また、これまで護憲の立場に立つことが多かった市民運動の側からも、日本国憲法の歴史的制約についての議論が起こりはじめている。特に、これまでふれてきた外国人の人権の問題やアジアとの関係、天皇制の問題などをめぐって、いくつかの市民運動の側から提起されている現行憲法への批判を押さえた上で、当面、憲法のもつ積極的な部分を実現させていくという護憲論である。とりあえず、こうした動きを、「改憲的護憲論」とでも呼んでおこう。ぼくも、基本的にはこの立場をとりたいと思う。こうした「改憲的護憲」の動きのなかには、伊藤成彦のようにはっきり「九条擁護、一章改正」といった人さえ登場している（『サンサーラ』一九九二年五月号）。

保守派の改憲論とは異なるスタンスからの「改憲」論議には、市民運動からのものばかりでなく、山口二郎をはじめとする政治学者・法学者の側からのものも登場している。いわゆる「創憲論」である。政治の文脈が大きく変わった現在、民主主義の再生のために、憲法改正の論議を「国民的」規模で進めようという議論である。この議論の前提には、最近のＰＫ

〇参加などでみられるなしくずし的な解釈改憲への危惧とともに、現在の「国民の多数」が「復古的改憲」を支持するような状況にはない、という判断がある。批判も多いが、この立場から、いわゆる従来の護憲論を越えて、憲法と自衛隊問題の矛盾を、平和主義の理念の側から克服しようという「平和基本法」の構想も生まれようとしている（『世界』一九九三年四月号、古関彰一・鈴木祐司・高橋進・高柳先男・前田哲男・山口定・山口二郎・和田春樹「『平和基本法』をつくろう」）。

こうした従来の「改憲」「護憲」の枠を越えた、護憲的改憲論や改憲的護憲論さらには創憲論の登場には、その背景に、憲法をめぐる日本社会における意識の変容が控えているように思う。事実、一九九三年三月に行われた日本世論調査会の意識調査によれば、「憲法の改正に積極的に論議すべき」が一八・二％、「論議することは意義があり、その結果改正することがあってもよい」が五四％、「論議することは構わないが改正の必要はない」（一六・八％）、「改正すべきでなく論議の必要はない」（四・四％）と、「改正してもよい」派（とはいっても いささか誘導ぎみの質問項目には納得がいかないが）が、七割を越えており、「論議をすべきだ」派については九割以上になっている。また憲法改正のポイントについての回答は、「内閣・議会制度」（五五・一％）、「憲法九条と自衛隊」（五二％）、「国際貢献」（三七％）、「地方自治・地方分権」（二三・八％）、「天皇制」（九・五％）の順であるという。他の関連質問の回答を見ると、国際的平和維持活動への参加については、「武力を行使しない範囲で自衛隊を参加させる」（五四・六％）「自衛隊が参加しない別のかたちで非軍事的貢献をする」

（二九・六％）といった非軍事的貢献論が、「必要なら憲法九条を改正しても自衛隊を全面的に参加させる」（九・三％）を上回っている。また、「国民投票の導入」に賛成が七七・三％、「首相公選制」賛成が七八％を示すなど、ここ数年の間に憲法をめぐる社会意識の変容が生じようとしていることは明らかなように思われる。

こうしたドラスティックとも思われる憲法意識の変容は、一九八九年の昭和天皇の死、同年あらわになった「冷戦体制」の崩壊、さらには湾岸戦争＝PKO法成立といわゆる「国際貢献論」の高まりなどの結果生み出されたものであるといえるだろう。また、この世論調査の結果からみれば、少なくとも社会意識の面では、「復古的改憲」派よりもむしろ「創憲」派の方が、優勢であるかに見える。この「世論」を、ホンモノと見るか、それとも、いまだに反動派優勢と読むかによって、積極的護憲派や改憲的護憲派、創憲論派の憲法論議における戦略も変わってこざるをえないだろう。

このような世論の変化をめぐって、マスメディアの果たした役割は大きいといわなければならない。特に、『読売』を軸として展開された「憲法論議」の拡大、総合安保をめざす「憲法改正」論の動きは、それに対抗する『朝日』の対応とあいまって、世論に大きな影響を発揮してきた。

表Ⅱでとりあげた、両紙の社説を追いながら、この変化を見てみよう。

『読売』の憲法記念日社説が、日本の経済大国化にみあう政治的国際貢献の主張を開始したのは一九八九年のことである。また、国際情勢の変化や国際貢献の実現のために憲法を再考しようという議論が、冷戦構造の崩壊やいわゆる湾岸危機・湾岸戦争を経た、一九九二年から登場している。

一方、『朝日』の社説には、実は、一九八〇年代中期に、すでにアジアへの視点や歴史意識、国際化のなかの憲法というテーマが登場していた。しかし、『朝日』の主張は、国際的観点においても、基本的に、戦後護憲派風の平和主義が保持されてきたことは明らかだ。こうした『朝日』の国際的な視野にたった平和憲法の発展というテーマは、九〇年代に入っても一貫している。

八〇年代末以後はっきりと表面化したこうした『朝日』・『読売』の憲法記念日社説の相違は、九二年五月三日社説において、きわだったかたちで表明されるに至っている。

『朝日』は、戦後平和主義が果たした積極的役割を検証することもなく、日本の政治力、外交力の欠如も棚に上げてそこからの脱出、軍事面を含めた国際貢献で発言力を得ようというような考えは間違いだと論じ、憲法を現実の世界で生かしていく主体的な努力の必要性を説く。さらに、国民の大多数は、憲法九条を守るとともに、自衛隊の現状を肯定する方向にあるとした上で、国連の機能強化への本格的な取り組みや、人口問題、貧困、地球環境問題への日本の技術と経済力での最大限の貢献をするなかで、非軍事的貢献の実績を積み重ねていくことを訴えている。

これに対して、『読売』は、経済大国になった日本は、世界の平和と安定のために何をなすべきかを考え、やるべきことは自ら進んでやらなければならない責任を負っているとし、日本自身も含めて世界の情勢が一変した以上、また、憲法がそうした変化を想定して制定されたものでない以上、これまでの憲法論議を洗い直す必要があると主張する。その上で、武力で平和を破壊しようとするものに対しては、武力で対処しなければならないこともある。ところが改憲論というだけで議論を回避するのはおかしい、文民統制がしっかりしていれば、日本が再び軍事大国化することはないと、積極的な改憲論を説いている。

『読売』のこうした論調は、一九九三年、四年においてもあまり変化していない。九三年の『読売』社説は「憲法論議も新時代を迎えた」と題し、「護憲の平和の時代は終わった」「憲法制定当時は予想していなかった新しい事態」に備えるために、「勇気と英知をもって行動するときだ」と語り、九四年には、「クールに憲法を語ろう」と、「憲法の基本は今後も守ろう」、しかし、「解釈の混乱を終わらせよう」と「改憲」提案を継続している。

『朝日』は、九三年には、「憲法論争に何が欠けているか」と題し、最近の改憲論議は「国民意識への洞察」が欠けており、「軍事貢献に道を開くような改憲は、多数の国民の支持を得られない」「めざせ、憲法九条の世界化」とした社説を、また、九四年には、「共に四七歳。憲法と憲法君」というタイトルで、憲法発効の日に生まれた「憲法」さんと、憲法の歴史を重ね合わせている。ところが、現在国際ビジネスマンとして活躍中の当の憲法さんは、「九条と軍備についての論議」は、「党派性ばかりが目につき、憲法への思い入れといったものから、次第に疎遠」になり、名前もKenpoをKenに変えてしまったというエピソードで、憲法の風化を指摘してはいる。が、結論は、やはり、「一部から時代遅れというような視線を浴びている」憲法だが、その「精神の根幹である人間の尊厳は古びるようなものではない」ということになる。

『読売』の威勢のよさに比べて、『朝日』はいささか歯切れが悪い。おまけに、『読売』の強固な主張と世論の変化に、『朝日』の側が、いささか「現実主義」に移行しつつある、という印象さえある。その意味で、一九九五年の両紙の五月三日社説は、『読売』の「建設的安保論議へ転換の時」に対し、『朝日』は「非軍事こそ共生の道」と題して、「国際協力法による援助の充実」「平和支援隊でのＰＫＯ参加」「九条は改憲せず」「自衛隊を国土防衛隊へ」「冷戦型から地域安保重視へ」「国連健全化の先頭に」と、これまでにない具体的な「対案」を提起している。

こうした憲法論議、あるいは憲法論の変貌は、いわゆる論壇や一般の書籍においても広がりつつある。橋爪大三郎の文章を収録した『僕の憲法草案』が出版されたのは、一九九三年である。橋爪は、「改憲派を勢いづけるなどと言わずに、この際きちっと論争した方がいいんじゃないか」というのが、この文章の出発点にはあるという。他の書き手も、影山民夫、鈴木邦男、伊藤成彦、呉智英といった、左右・縦横の論客をそろえている。面白いのは、新右翼の鈴木が、一章と九条はそのままにして、国際貢献、人権、環境権などをもりこんだ憲法を作る」といっているかと思うと、幸福の科学信者の影山民夫が、「憲法二〇条の宗教自由及び国の宗教活動の禁止にこだわりたい」などと語っている点だ。議論は、必ずしもかみ合ってはいないが、憲法を自分の立場から論ずるというスタンスにおいては、読み物としては面白い。個人的には、橋爪の言っていることにはたくさん異論があるが、憲法論議を、あらかじめ設定されたイデオロギー的な構えをもって語るのではなく、できるだけクールな視点から開かれたかたちで行おうという提案には、個人的には好感がもてる。また、『三〇代が読んだわだつみ』などで、世代感覚を保持しながら戦中・戦後を考えるという作業を続けてきた堀切和雅の『結論を急がない人のための日本国憲法』（築地書館）なども、こうした脱イデオロギー的なスタンスからの憲法論といえるだろう。

確かに、こうした草の根憲法論議が、強権的・保守的改憲論の水先案内人になるという危惧はぼくももたないではない。しかし、多くの人々が、すでに自分なりの立場から、憲法論議の「冷戦構造」を壊し始めているとき、従来の「護憲」の立場から、この「冷戦構造」を維持しようとすれば、そちらの方こそ、「護憲的改憲」に足をすくわれる道になるのではないだろうか、とも思う。

このような、新たな憲法論議、あるいは新たな憲法イメージが登場した契機となったのは、冷戦崩壊とともに、何よりも、湾岸戦争をめぐる状況の変化だっただろう。表Iで示した世論調査の変化をみても、このことはただちに理解しうることだろうと思う。

いとうせいこうの「オレは〝平和憲法右翼〟になってやる」は、この時期の「新人類」派や「ポスト・モダン」派たちが示した、意外ともいえる「憲法擁護」の発言のひとつである。他のところでも、たとえば「私はなぜ平和憲法を選び直したか」と題したエッセイ（『全文掲載』新潮文庫所収）で、いとうは、「我々が、そのようにして参戦した／させられてしまった今回の戦争は、世界それ自体の無根拠性を露呈するものであった」とした上で、「そして、ついに馬鹿馬鹿しくも当たり前なことに気づいた。どこにも決定的な正しさなどありはしない。したがって、無根拠の中からある立場を選ぶより他ないのだ、と。もちろん、どれを選ぶにせよ、それは必ず間違いだ。つまり、永遠不変の真実などない。……その認識のもとに、私は絶対平和を選んだ」と書いている。

平和憲法を擁護するためには、それまで嫌いだった（たぶん今も嫌いな）「日の丸」をさえ掲げるという、いとうのこれらの文章をどう読むか。多くの従来の「護憲派」は、このいとうの立場を理解しないだろう。しかし、無根拠な時代状況を前提としつつ、あえて、絶対平和を取るという、いとうのメッセージの発し方は（それが受け手の反応をある程度意識したレトリックであるという点においても）、おそらくは、多くの「護憲派」の言葉よりも、三〇代以後の若い世代の意識と響きあうことは間違いないところだと思う。その意味で、読者が、このいとうのような文章をどう読むか、どう読んだか、ということから出発した論議も、今後は必要になってくるだろう。

その意味で今井弘道『〈市民的政治文化〉の時代へ』は、いささか理念的で理想的すぎるという問題を感じるにしても、新しい「護憲」の立場から、その表現の仕方も含めて新しいメッセージを提起しようとしたものであることは明らかだと思う。

問題なのは、憲法という枠組みの解釈や再解釈だけではない。時代のある種の閉塞状況を突破する「新たな政治と社会のビジョン」をどう追求するか、その過程で、憲法を歴史的・

政治的にどう位置づけ直すか、それこそが、今、現在の重要な課題だと思うからだ。

おわりに

以上、憲法改正論議をめぐる戦後の展開を、世論の動向、マスメディアの論調の変化などを軸に、いささか性急にではあるが概観してみた。戦後、保守政党内部において一貫して存続してきた、天皇制強化、再軍備、家族制度復活や基本的人権の抑制、政府機能の強化といった復古的改憲論は、時代とともに、その力を次第に弱めようとしてきていると思われる。また、世論とマスメディアの動きは、基本的に、こうした復古的改憲論に対しては、五〇年代後期以後、つねに批判的な対応を示してきた。さらに、いわゆる「護憲派」は、こうした世論やマスメディアの動向を背景に、復古的改憲反対というスタイルを維持してきた。

しかし、すでに繰り返し論じたように、九〇年代に入って以後、こうした従来の憲法をめぐる論議に、大きな変化の兆しが見え始めている。その変化は、保守政党、世論、マスメディアの一部においては、かなりはっきりした形で出現しようとしている。そこには、(その判断が正しいか否かはともかく)「復古的な改憲論の終焉」ともいえるような、共通の判断が控えているようにも見える。また、強く護憲の立場をとってきたマスメディアや政治勢力においても、ゆるやかな形をとってではあるが、同様の変化が、生じようとしている。

冷戦構造の崩壊を始めとする国際的・国内的な環境の変化や、それにともなう社会意識の変容が、こうした憲法論議の変化の背景にあることは言うをまたない。その意味で、「改憲」・「護憲」どちらの立場からであろうとも、現在、この戦後憲法をめぐる議論が、国際的・国内的な広がりと深まりもったかたちで徹底的に論じ合われることは、きわめて重要なことであると考えられる。

ただし、その場合、憲法をめぐる議論が、長期的展望なき一時しのぎの発想や、国際的な「世間体」意識とでもいえるようなレベルで論じられるなら、結果として大きな禍根を残すことになるだろう。国際的・国内的な視野に立った、過去・現在・未来を貫く強烈な歴史意識の存在抜きに、この憲法論議が成功するとは思えないからである。

〔伊藤公雄編『憲法と世論――コメンタール戦後50年　第8巻』社会評論社、一九九六年一月〕

附記

「戦後五十年」を契機に編まれた『コンメンタール戦後50年』の最終巻『憲法と世論』の解説論文。現在では「常識」の部類に入るが、戦後憲法の第一章（天皇制）と第二章（戦争放棄の第九条）とが一種の「バーター」であったというこの論文での指摘は、当時は、まだ、ほとんど注目されていなかったと思う。

また、憲法記念日の「朝日新聞」と「読売新聞」の社説比較という方法は、戦後日本の二大紙分析という点でも面白い試みだったと思う。この社説比較は、現在では、産経新聞をはじめ、あちこちでなされるようになっている。この「社説比較」の「走り」である中公新書ラクレ『読売VS朝日』(二〇〇一年)が、ぼくのこの編著書への言及のないまま出版直後になぜか自宅に送られてきた。献本されたということは、たぶん、参照してもらったということだろうと思っている。

第3部

ポピュラー・カルチャーのなかの「戦後」

（メタ）複製技術時代の／とDIY文化

はじめに

関東生まれのぼくが、はるかに遠い京都大学に入学したのには理由がある。一九七〇年前後、全国的に関西ブームともいえるようなものがあったからだ。特に、京都はカウンター・カルチャーの中心地だった。京大人文研や当時の教養部の教員たちによる「面白学問」のイメージも、堅苦しそうな関東＝東京文化と比べて、ぼくにははるかに魅力的に映っていた。京都に憧れたのはぼくだけではない。多くの若い世代が京都を目指していた時代だった。

なぜ若者が京都を目指したのか。その背景には、やはり六〇年代、七〇年代の時代状況があると思う。ひとつの理由に、旅行ブームやポップスなどのなかで浮上した京都ブームもあったと思う。ただ、それだけではなかった。学生運動の広がりや若者の反乱も含めて、国際的なカウンター・カルチャーの広がりのなかで、当時の京都が、ある種の独自性を持っていたということもあったと思う。

当時は、国際的にも一種の「京都ブーム」があった。あの時代、京都にいくつも存在したロック喫茶などには、よく「不良外人」とでもいえるような長髪や髭を生やした白人の若者がたむろしていた（いわゆるＺＥＮブームもあったのだろう）。とにかく、「あの時代」の京都は、今よりもはるかに面白い街だった。

以前、大学のゼミで学生と院生たちといっしょに「らくたび文庫」から『京の学生文化を歩く』という本を出版した。六〇年代、七〇年代の京都の学生文化・若者文化を紹介するというものである。この小さな本のなかでもちょっとふれているのだが、当時の京都は独特の若者文化が花開いていた。

西部講堂も、当時は日本の若者文化の象徴だった。木村英輝さんたちが中心となって始めた毎週開催のロックライブ「MOJO-West」なども有名だった。テンプターズ解散後のショーケンこと萩原健一とタイガースからソロになったジュリーこと沢田研二のユニットPYGSのコンサートがあったのも、この西部講堂だった。

西部講堂とぼくとのかかわりというと、一九七二年の幻野祭のことが思い出される。この幻野祭は、前年の三里塚（三里塚闘争と連携したミニ・ウッドストックとでもいえるような反抗のフェスティバル）での開催に続いて京都でも開かれている。西部講堂と京大の農学部グランドを舞台にした「お祭り」で、ぼくもこの七二年の京都の幻野祭にはスタッフとして加わった。京都版の幻野祭は、その年の五月のテルアビブ事件で亡くなった二人の京大生と、その直前に水死したもう一人を加えた三人の死者の追悼ということが軸で、当時の京大の最大の教室だった法経一番教室で追悼の政治集会も行われた。

ぼくも、九州から四国にかけて、ビラを持ってひと月半ほど宣伝活動をした。配布するビラも尽きた最後の段階では、当時建設予定地だった伊方現地で、数週間ほど反原発建設の運動のお手伝いもした。京都に帰ってからは、あちこちの喫茶店回りをはじめ、宣伝活動を継続した。

政治集会と西部講堂での催し物に続いて、八月一六日の夜には、京大の農学部グランドでかなり大がかりな野外ロックコンサートが開かれた。頭脳警察（ここ数年の間に、メンバーの一人パンタさんとは何度かお話をする機会があった）とかも含めて、かなり著名なロックバンドが次々に登場した。

今でも京都中心に活躍している豊田勇三さんの歌のなかに、この夜、彼が大文字の送り火を背景に歌ったときの経験を歌ったものがある。ロックで盛り上がっていたときに、大文字の送り火の着火にあわせて、豊田さんのスローバラード風の歌が入ったのである。それまで、線香の匂いに満ちた（たぶん、大麻の臭い消しだったのだろうと思う）空間のなかで踊り回っていた観客が、この突然の雰囲気の変化に怒り出したのだ。豊田さんが、燃え上がる大文字の送り火を背中に、ギター一本で歌っている舞台に向かって、モノが投げられ、罵倒する観客の大声が広がった。舞台の上の妙な静けさと周囲の怒号のなかで農学部グランドが「盛り上がった」シーンは、今でも思い起こすことがある。

興味深いのは、こうした京都の若者文化の多くは、ほとんどすべて「自前」で行われていたということだ。本章のタイトルにＤＩＹ (do-it-yourself) と書いたのは、この「自前」の若者文化ということについて論じてみたかったからだ。もちろん「ＤＩＹ文化」は、この時期の東京にも存在していた。ただ、おそらく京都の方が、この点でははるかに際立っていたという印象がある。

ＤＩＹは一般には「日曜大工」的な意味で使われてきた言葉だ。自分で自分のものを作る、自分で使うものを作るということで、ＤＩＹというわけである。しかしこの言葉は、六〇年代、七〇年代のカウンター・カルチャーを総括する議論のなかで用いられてもいる。七〇年代、少なくとも後半ぐらいにはしばしばポピュラー文化を研究する議論のなかで登場していた。

七〇年代後半の大学院生の頃にポピュラー・ミュージックの研究会を何人かでやっていたことがある。そのときに英語の論文で読んだＤＩＹの話をしたら「それは日曜大工の話だろう」とあざ笑われたことがある。けれども、このポピュラー音楽について書かれた論文におけるＤＩＹは、六〇年代から七〇年代のカウンター・カルチャーのなかにある、自分たちで手作りをする、ある種の文化創造について述べたものだったのだ。

たとえば、今でも思い出のフォーク＆ロックのような番組で、フォーク・クルセダーズはよくとりあげられる。よく知られているように彼らも京都発だ。それ以外にも、フォークやロックのグループ等々の動きがあり、東京とは違う形で関西のカウンター・カルチャーは発展した。なかでも、東京と比べて圧倒的にローカルかつ自前かつ手作りで発展したという点は強調してもいいと思う。

実は、欧米のポピュラー・カルチャー研究のなかで、このＤＩＹについての論文を最近よく見かけるようになっている。たとえば、「ジン（Zines）」（ファンジンなどのジンですが）研究の本のなかで、「ＤＩＹの倫理（Ethics of DIY）」という論文では、ＤＩＹをこう定義している。

「既成のものの消費をやめて、自前の文化を作り出すこと」と。

六〇年代、七〇年代の世界中のカウンター・カルチャーはＤＩＹ的な要素をどこかで含んでいた。日本でももちろんこうした動きがあったし、なかでも京都の若者文化のなかに、ある種自前の、手作りの文化が目立って存在していたのは事実だろうと思う。七〇年代初頭に京都べ平連の人たちを中心にまさに手作りで建設された（二〇一六年に焼失してしまった）「ほんやら洞」やら、ぼくら世代にとっては懐かしい一乗寺の京一会館などもその事例になるだろう。この京一会館の上映プログラムは、京都の大学の映画部の人たちがかなり自主的に作成していた。ときには監督や出演者を呼んできて、上映とあわせて講演会なども行われていた。面白いのは、こうした動きが学生運動とも連動したりしていたという点だ。カウンター・カルチャーと若者の政治文化の「幸せな結婚」（？）とでもいえる空気が、一九七〇年代を貫いて京都には存続していたということだろう。

なかでも、西部講堂は、関西のカウンター・カルチャーの「聖地」的なイメージさえあった。七〇年代の当初は、屋根に「70→∞（無限）」というマークが描いてあった。それが「オリオンの三ツ星」になったのが、さきほどふれた七二年の幻野祭のときのことだった。暑い夏に屋根に登ってみんなで描いた記憶がある（「日本赤軍」と名乗った京大出身の三人が、訓練中に「オリオンの三つ星になる」と言っているというのを聞きつけて、三つの黄色い星と雲を描いた。現在は、赤い三つ星に変わっている）。

西部講堂というと、大駱駝艦の上演や浅川マキのコンサート、山下洋輔トリオの演奏会など、思い出すと色々あった。個人的なかかわりだけでも、村八分の伝説のライブや永遠のロックンローラー（？）内田裕也さんのコンサート、倒産した大映の映画の上映会なども思い出す。

くりかえすが、七〇年前後の日本社会には、自前の、あるいは手作りの文化というものが広がりつつあったのだ。特に、京都という場所は、学生の人口密度が高く（現在でも人口の約一割が学生である）、さまざまなネットワークが作りやすいこともあったのだろうと思う。いずれにしても、京都は、自前のポピュラー・カルチャー形成という点で、ある種のメッカとして位置づけられていた。

それならなぜあの時代、自前の手作り文化ができたのか。たとえばフォーク・クルセダーズは自分たちでレコードを自主制作で作るわけだが、その背景には、エレキギターの登場や、ギターが手に入りやすくなったなども含めて、新しい技術の大衆的普及があった。つまり、新しい文化を自分たちで自前で作るだけのインフラが、六〇年代から七〇年代に整備されつつあったのだ。

DIYの文化について、少し長めのスパンで歴史的に振り返ることも重要なのではないかと思う。こうした動きが開始されるのは、もう少し前の時代、一九三〇年代前後のことだったと考えられるからだ。

ここで、当時の二人の思想家、ベンヤミンと中井正一についてふれてみたい。つまり、ベンヤミンの「複製技術時代」と中井正一の「委員会の論理」の二つである。ぼくは、これらの作品は、一九七〇年前後に広がった大衆的なDIY文化を、ある意味で予言したものではないかと思っている。

一、…………ベンヤミンと中井正一

ベンヤミンと中井はだいたい同時代の人である。いろいろな解釈があると思うが、ベンヤミンの「複製技術時代」と中井の「委員会の論理」を読むと、重なる部分がかなりある。二人とも、全体主義体制を目前にしながら文化を研究対象として取り組んだ。二人が共通して見ようとしたものは何か。たとえば、中井の「委員会の論理」を再読してみるといろいろ興味深いことが見えてくる。たとえば、中井はマーシャル・マクルーハンの「グーテンベルクの銀河系」に先立つこと三〇年か四〇年ぐらい前の段階で、語る文化から読む文化への大きな転換が人間の感覚を変えているという指摘をしている。メディア論という観点からもきわめて先駆的な人だったと今さらながら思う。

ベンヤミンもまた同じように複製技術の登場が時代の画期を生み出しているといっている。中井がマクルーハンに先立って三〇年も四〇年も前の段階で知覚や感覚の変容を議論したように、ベンヤミンもまた、技術の新しい展開のなかでの人間の感覚や知覚の変容を強調しているのだ。ぼくの読み方だと、こうした感覚の変容と複製技術の登場によって、ベンヤミンも中井も、ある種の自前の集団的な文化創造の可能性に注目していると思う。

ベンヤミンは、複製技術時代の時代において古い芸術が終わり始めていると語っている。そこには、一部の特権的なエリートだけが制作して享受する芸術は終わり始めているという含意があるはずだ。同じように中井の視点にも、（「芸術」といわずに、より広く「文化」といった方がいいかもしれないが）、古い文化の終焉と、芸術や文化の新しい創造と受容の形態についての見通しがあったように思う。しかも、大衆による集団的な新たな文化創造と享受という視点が、政治的な意味をもって語られている点も共通している。

それはまさに今問題にしようとしているＤＩＹ文化とも深いかかわりがある。つまり、複製技術の時代、新たな文化の受容者として、また、単なる受容者としてだけではなく、文化や芸術の創造者として、大衆が主体的に関わる条件が生まれたと二人は考えていたからだ。

複製技術の登場によって、技術的にも、あるいは我々の感覚、あるいは政治的な側面においても、それが可能になったという視点が、両者ともによくよく読むと含まれている。

ベンヤミンの議論は「アウラ」の消失で有名である。これは、一回性の消失、つまりかつて存在していたオリジナルな芸術が持っているものが複製技術の登場によって失われたとしばしば解釈されることがある。実際、彼の「アウラ」の消失の議論をめぐって、本物のオリジナルなハイカルチャーとしての芸術が複製技術の登場によって失われたというふうな読み方をする人が結構いるのも事実だ。しかし、ベンヤミンをよく読むとそんな単純なことは言っていない。

「複製技術時代の芸術作品において滅びていくものは作品のアウラである」という文言がある。確かに、これは特権性を持った一回的なオリジナルな作品性が滅びていくのを嘆くかのように読み取ることも可能だ。しかし、あとの方を読んでいくと、むしろ、複製技術の登場によって大衆が自分たちの文化の受容や創造の枠を広げていく環境が整った、と読めるとぼくは思う。おそらくその方がアウラの消滅を嘆くという議論よりは、真っ当なベンヤミン読みなのではないかと思われる。

中井もベンヤミンも示唆していることだが、商品化された芸術文化が大衆文化のなかに入ってくることに対する否定的な抵抗感情みたいなものが、彼らの議論には共通して含まれている。中井もベンヤミンも、新しい知覚や感覚というものの登場と、文化あるいは芸術を集団的、コミュニケーション的に創造することが可能になった社会を展望しているし、彼らの視線の背景には、来たるべきデモクラシーの基礎としての、カッコ付きの「大衆」の文化受容と文化の共有や再創造の可能性についての視線があったと思う。

ただ残念ながら、ご存知のように二人とも全体主義の前に、囚われの身になったり、自殺をしてしまったりするわけで、彼らが夢見た文化創造におけるデモクラシー、文化の受容や創造におけるデモクラシーは、残念ながらこの時代には実現しなかった。

三〇年代に夢見られた新たな複製技術の登場による文化におけるデモクラシーへの試みは全体主義の前についえた。それが、再び、可能性をもって登場したのが、七〇年前後に世界的におこったカウンター・カルチャーだったのではないかとぼくは思っている。この時代、自前の集合的な文化創造と享受の実現が、新たに登場したということができるのではないかと考えるからだ。背景には、新たな「技術（複製技術も含む）」の登場があった。

DIYという視点は、さきほどいったように一般的な概念としては日曜大工的な、自分のことを自分でやるというような意味合いで使われることが多い言葉である。この言葉を、自前の、手作りの文化創造という言葉として、もう一度再評価してもいいのではないかと思う。

日本のポピュラー・カルチャー研究のなかでDIYの視点というのは、ぼくの見る限りではあまり強くはないように思う。ただし、後述するように、最近このDIYという言葉が使われ始めている。その意味で、DIYという視点もふまえつつ、いわゆるメタ複製技術自体における集団的な文化創造というような問題と、もう一度我々は直面し始めているのではないかというふうに思うのである。

ではなぜ、七〇年前後から二一世紀にかけて、ある種の「空白の時代」が存在したのだろうか。つまり、六〇〜七〇年代に、一時的ではあれ、ある種の複製技術のベースのもとでD

IY型の、商品文化から距離をとった大衆的な文化受容や文化創造がそれなりに達成されたのに、なぜ、それが七〇年代に終わりを告げたのかということを考えなければいけないと思う。

誰でも考えるように七〇年代の日本社会は消費社会の成熟の真っ只中にあった。この時期、消費文化の優位が成立することになる。とくに日本の社会は文化消費の徹底が、他の諸国以上になされたのではないかと思われる。

二、……………消費社会とポピュラー・カルチャー

個人的な「経験」のレベルの語りになるかもしれないが、七〇年代になると、若者と女性をターゲットにした文化消費が、日本には他の国以上に広がったことは明らかだと思う。なぜ日本では他の国のように学生運動が継続しなかったのか。あるいはフェミニズムが発達しなかったのか。これは、大きな問題であり続けている。どちらが原因でどちらが結果なのかわからないが、異議申し立ての動きの沈潜化の背景には、七〇年代の文化消費の広がりという問題がかなり絡んでいると思う。つまり、一九七〇年代の日本社会には、社会に対する若者の反抗、あるいは自分たちのおかれた現状の性別構造を批判する動きよりも、もっと身近で快適な生活が作り出されていたのではないかということだ。簡単にいえば、文化消費の構造の爛熟ということである。

もちろん、他にもいろんな要因があるので簡単にはまとめることはできないだろう。しかし、七〇年代日本のライフスタイル消費というか、若者や女性をターゲットにした消費文化が、社会批判の声を吸収してしまったということは、ある程度いえるのではないかと思う。たとえば、今、欧米では日本の少女文化がすごく注目を受けている。その背景を探ると、七〇年代に目が向くことになる。実際、一九七〇年代後半になると、日本では急激に少女マンガ雑誌の数が増えてくる。女性雑誌も七〇年代前半に『an・an』『non-no』の時代からどんどん広がっていく。この時期以後、爛熟した日本の若者文化・(少女を含む)女性文化が、一九九〇年代以後、国際的な消費の対象として浮上してくるのだ。こうしたことの背景に、一九七〇年代以後の日本の若者文化・(少女)女性文化の「成熟」が控えていたはずだ。

九〇年代から日本はいわゆるクールジャパンのブームで、日本のポピュラー・カルチャーが国際的に受容されていく現象があった。くり返しになるが、その基礎はやはり七〇年代にあったと思う。戦前から日本の子ども文化は、かなり充実していた。それは戦後も継続し、七〇年代の徹底した文化消費の構造として爛熟していった。お金をかけてしかも社会全体で繰り広げられた消費文化・大衆文化の爛熟が、一九九〇年代以後、クールジャパンとして国際的に受容されたのである。

文化消費の徹底は、七〇年代前後に生まれた自前の文化の受容や創造や共有という動きを破壊していく。たとえば、吉田拓郎は商業主義を拒否して「テレビになんか出ない」といっていた。しかし、七〇年代後半になると、どんどんテレビに露出してくる。元中核派の活動家だった糸井重里は「おいしい生活。」というコピーで売り出してくる。六〇年代、七〇年代に生まれた新しい自前の文化が、商品になり、消費文化として成熟していくという動きが、七〇年代の日本には他の国以上に目立ったといえるのではないか。

八〇年代になると、ガス抜きとしてパロディ文化が登場したりもする。これも一種のＤＩＹの名残ではあると思う。しかし、結局は、大きな枠としての消費の仕組みの中に回収されていく。

いずれにしても、日本の若者、あるいは女性の消費文化の爛熟ということが、六〇年代、七〇年代のＤＩＹ型の文化の動きを収奪し、回収する形で成立したということはいえるだろうと思う。もっとも、ぼくは、こうしたＤＩＹ型文化の動きの終焉をただ嘆いて批判しようと思っているわけではない。というのも、資本の力はきわめて強力で、あらゆるものを利益へと変えていく力をもっていると思うからだ。面白いことをやって、しかもお金がもうかるというなら、ごく少数の人々を除けば、たいていの人はそっちの方に向かうだろうと思う。いずれにしても、一九七〇年代から八〇年代を経て九〇年代に向かう日本社会は、サブカルチャーと今では呼ばれているものが、どこの国よりも「産業」として爛熟したのは間違いないだろう。

三、……………「文化」の再定義と文化研究

こうした変化のなかで、アカデミズムの分野でも、ポピュラー・カルチャーを研究するという流れが生まれてくる。欧米の議論を見ていると一九七〇年前後に、ハイカルチャーVSマスカルチャーないしポピュラー・カルチャー論争が生まれたことがよくわかる。簡単にいえばカルチャーにポピュラー・カルチャーを含めるかどうかという議論である。こうした文化の再定義とでもいえる動きが、研究者の間で広がるのだ。

この時期、文化の再定義のなかで、一九三〇年代のベンヤミンや中井正一をはじめ、左翼的な文化研究の見直しが開始されていく。ぼくは、若いときにアントニオ・グラムシの文化論を研究テーマにしていた。グラムシや日本の戸坂潤等々の思想家たちは言うまでもなくマルクス主義者である。彼らは、かなり早い段階でポピュラー・カルチャーをある種の政治的な分析の重要なファクターとして取り入れる動きをしていたのだ。それが、一九七〇年代から八〇年代にかけてリバイバルしてくるのである。

一九三〇年代の左翼側からの文化運動という点でも京都は大きな意味をもった場所だ。周知のように、左派ないしリベラルな文化人たちが、民衆との繋がりを求めた思想文化活動を、この時期、展開したところだったからだ。雑誌「世界文化」や、「土曜日」という隔週発行

新聞などはその代表例だろう。

斉藤雷太郎さんという大部屋俳優さんがいた。ご存命のときに何度かお話を聞いたことがある。有名な週刊新聞「土曜日」は、最初は彼が始めた「スタヂオ通信」に源流があったといわれている。「土曜日」が始まって以後も、斎藤さんは自転車でこの週刊新聞を、京都中の喫茶店や本屋のあちこちに配って読んでもらうという作業を続ける。まさにこれも自前の文化創出と享受の形だ。しかも、そこには印刷技術の大衆側からの活用という技術的基盤が存在していたわけだ。自前の文化による全体主義に対する抵抗とデモクラシーの希求みたいなことが、運動として、文化人だけでなく、カッコ付きの「庶民」といっていい斎藤さんたちが作り上げていったのだ。

実は、日本のポピュラー・カルチャー研究は、欧米と比べて、より早い段階でしかも大きな広がりをもって展開していたのではないかと、ぼくは考えている。背景には「土曜日」(それ自体はフランスの人民戦線の機関誌的機能を果たした「金曜日」に源流があるわけだが)のような動きがあった。

欧米社会でポピュラー・カルチャー研究がそれなりに本格化していくのはすでに述べたように七〇年代以降だ。しかし、戦後日本では、ポピュラー・カルチャー研究が、すでにいわゆる「庶民」層を巻き込んで展開されていた。たとえば『思想の科学』のグループは、その一つの代表例といっていいだろう。いわゆる庶民知識人というか、まさにベンヤミンや中井たちが夢見たエリートではない書き手を含めた人たちが、ポピュラー文化に対する鋭い眼差しを向けるような動きが、戦後、どの国よりも早い段階で展開されていたのである。

こうした日本の民衆の主体形成と大衆文化のかかわりというテーマも、ポピュラー・カルチャー研究の学説史のなかで、きちんと押さえておく必要のある部分だと個人的には強く感じている。

だから、一九九〇年代半ばにカルチュラル・スタディーズが鳴りもの入りで日本社会に入ってきたとき、ぼくはあまり驚かなかった。

「戦後まもない頃から、もう日本ではおなじようなことを、知識人だけでなくいわゆるノンエリートの人々を含んでやっていたじゃないか」という認識があったからだ（ちなみに、ぼく自身はグラムシ研究のなかで八〇年前後にすでにカルチュラル・スタディーズの動きに注目していた。というか「同じようなことをイギリスでもやっているな」と考えていたし、一九九〇年代前半に「これからは日本でも、この左翼的な文化の研究がきっとブームになるぞ」といったことを雑誌に書いたりもした）。

現在のカルチュラル・スタディーズの人文学における覇権は、日本はそれほどまだ目立ってはいない。しかし、アメリカ合衆国では九〇年代ぐらいからきわめて強力に拡大していった。人文学におけるヘゲモニーを確立してしまったといってもいいくらいだ。だから人文学の古いアカデミシャンたちは、一九九〇年代には、ポピュラー・カルチャー研究の広がりに対する大変強い警戒感を抱くようになっていた。それは、カルチャーの重要な一部としてのポピュラー・カルチャーが、研究や教育の対象として、九〇年代ぐらいから急激に国際的に広がっていったということの裏返しの事態だっただろうと思う。

しかし、日本では、このポピュラー・カルチャー研究をどうやって「学知」のなかに位置づけるかという作業は、「おもしろいからやろうじゃないか」という段階でまだ留まってるような気がしている。ぼくはもう少しはっきりした形でポピュラー・カルチャー研究をアカデミズム、特に人文学のなかに位置づけていくということが必要なのではないかと考え続けてきた。

人文学とは何なのか、それはどんな役割を僕たちの生活に果たしているのかといった問いかけをすれば、基本的には「人間の生を豊かにする」ための知的作業の場ということなのだろうと思う。例えば『源氏物語』の一説がすごい感動を呼ぶのは、金儲けに繋がるわけではない。我々の心に感動を与えたり、気持ちを豊かにするからだ。人文学は、そのための道具をぼくたちに与え、文化を読み解くための視点や方法を提供してくれる「学」だと思う。そう考えたら、「エヴァンゲリオン」の分析のなかで、ぼくたちは思いもよらない発見ができるというのも、人文学の新たなスタイルであっていいと思う。そういう知の喜びは、いわゆるハイカルチャーでなくとも、つまり、ポピュラー・カルチャーでも十分に与えてくれるのだ。今、ハイカルチャーとして考えられているもののほとんどは、かつてはポピュラー・カルチャーだったということもつけ加えておきたいと思う。その意味で、いわゆるハイカルチャーとポピュラー・カルチャーとの棲み分けも視野に入れながら、人文学のなかでの、ポピュラー・カルチャー研究が何を我々にもたらすのかということの真面目な議論も含めて考えていく必要があるのではないかと思っている。

四、……………（メタ）複製技術時代とポピュラー・カルチャー

ポピュラー・カルチャー研究と同時に、冒頭でふれたポピュラー・カルチャーそのものが我々の生活あるいは生というものに実は深く関わってきていることは、ベンヤミンや中井が考えたように、もしかしたら政治的・社会的な課題とも通低しているのではないかと思う。実際、ぼくらは、六〇年代、七〇年代に文化創造（文化創造という言葉は今や口幅ったいが）とでも言える作業を自前でまた集団的に実行していた。例えば、ビラ（いまではフライヤーと言った方がわかりやすいかもしれないが）を作るときにはガリ版印刷をしていた。蝋紙に鉄筆で書いて、それを謄写版にかけて刷るというものである。ぼくはわりとこれが得意だった。三〇分で原稿から一、〇〇〇枚のビラが刷り上がるまでやれるぐらいの技術を持っていた。ガリ版印刷に続いて、会議資料を青焼きコピーを使って印刷する方法もあった（これは数年で消えてしまったけれど）。やがて、オフセット印刷でビラを作るようになった。こうして、新しい技術を使った自前の文化創造や伝達手段を活用していたともいえる。七〇年代にぼくらがいろんな文化活動や政治活動をするときに新しい武器の一つとしてあったのがシルクスクリーンの登場などだ。今思い出すと、京都のあちこちで、たとえば九条山で印刷した

り、今の京都造形芸術大学の前身である藤川学園でシルクスクリーンを使ってポスターを印刷したことを思い出す。

このような手作り型の複製技術の活用のなかで、自前のさまざまな活動が展開されていったのだ。七〇年代も後半になると、さらに高度な複製技術が登場する。しかし、そこには（文化創造と提供をめぐってより高度な手段を）「持つ者」と「持たざる者」の格差も生じた。なぜ六〇年代、七〇年代の自前の文化が商品化された文化に収奪されていったかといえば、より高度な複製技術を持っている人たちがヘゲモニーを握ってしまったからだ。

もっというと、お金をかければそれだけすぐれた作品＝商品になるということでもある。高度な技術を所有できる者と所有できない者の格差のなかで、ＤＩＹ型文化の創造と受容の消滅、文化をめぐる新たなヘゲモニーの形成が生まれたのだろうとも思う。

しかし、九〇年代以降になると、デジタル技術の普及で、技術を所有する者の格差というのが揺らぎ始めている。最近出された、遠藤薫さんの『メタ複製技術時代の文化と政治』（勁草書房、二〇〇九）という本がある。遠藤さんはデジタル技術をメタ複製技術へとだいたいパラフレーズして論じている。

こうしたデジタル技術の登場は、もう一度新しいＤＩＹ型の文化創造と受容の可能性を生み出しつつあるのではないか、というのが、ぼくの今後の文化状況をめぐる見通しでもある。技術に対するアクセスの容易さが創造と受容の関係の広がりも含めて、さまざまなものを生み出しつつある。そんなことは、誰でもわかっていることだろうと思う。しかし、このことをＤＩＹ論に見られたような、文化創造の共同性や自律性と重ねて、歴史的かつ政治的な視座から論じたものは、まだまだ少ないように思う。

社会学の議論では最近、「個人化」という議論が広がっている。それは単なる個人主義ではなく、（かつて存在していた共有された判断基準の喪失のなかで）「一人一人がみずからの生活歴を自分で創作し、上演し、補修していくようなプロセス」（ベック）であり、ギデンスらのいう、自ら周囲をモニタリングしつつ、自分の位置をつねに再確認・再確定していくような「再帰的」な個人のあり方でもある。こうした議論のなかで、個人主義的審美主義、個人化した生活審美主義という言い方も生まれつつある。ある種の私的な芸術家というか、生活そのものを自分なりの美学でコントロールするという生活スタイルが生まれつつあるという指摘である。

オタクも、こうした生活審美主義の流れの表明なのかもしれないと思う。オタクをめぐる議論は、今や国際的にもきわめて盛んだ。もともと否定的なイメージだった「オタク」が、今やポジティブな用語になっている。フランスに一五年ほど前に行ったときに、「オタク」というマンガ雑誌がキオスクで売られているのを見て、びっくりしたことがある。こんな時、日本で登場したオタクというのは、一種の生活審美主義者なのかもしれないと思う。

「〝萌え〟が文化創造だ」と授業でしゃべったことがある。「先生、何か勘違いしてるんじゃないですか」というのが学生の反応だった。勘違いの部分もあったのかもしれないが、「萌え」というのは、ある与えられた素材（商品化されたものだが）を媒介にしながら、自分なりの想像＝創造を付け加えて自前の文化の再創造をしていくという作業でもあると思う。しかもそれを自分たちで消費していくプロセスが内在している。そこには生活審美的な生活スタイルというものが明らかに入っていると思う。いわゆる二次創作や三次創作と言われる、「模倣」を媒介にした「創造」と「享受」という問題は、まさに（メタ）複製技術時代の産物なのだろうと思う。

コミケットの同人誌におけるカルチャーなどにおいては、既存の与えられたものを媒介にしながらそれを再創造して再流用していくなかで、さらにそれを自分たちで消費していくというプロセスが介在している。それを善悪の物差しで測っていいのかどうかということも含めて、技術の活用を通じて、自前の美学みたいなものが可能になった時代に私たちは生きているということなのだ。

ベック等もいうように、文化の大量生産・消費から、ニッチ化した文化の生産と受容、（つまり）個人化した審美主義の社会に移行しているのだろうと思う。オタクカルチャーはまさにその先駆けだったのかもしれない。

そこにはデジタル複製技術の介在が欠かせないものになっている。興味深いのは、そういう隙間的な形での文化生産が、デジタル複製技術を通じて世界的な消費の対象になるようなアイロニーも発生することだ。

こうした事態の出現は、ベンヤミンや中井正一の夢想したような、商品化を超えた共同性に開かれた自前の創造的文化といった視点からみれば、手放しでは喜べないことなのかもしれない。ぼくたちは、彼らよりもはるかに複雑な時代に生きているし、この状況に対してきっちりした方向づけをすることが難しい状況にあるからでもある。実際、デジタル複製技術を媒介させた新しいＤＩＹ型の集団的創造と受容が可能かどうかは難しい問題だと思う。

たとえば、ソーシャルネットワークサービスによって新たな集団や共同性が形成できるのかどうか。その場合、集団や共同性とはそもそも何なのか。集団意識はそういうデジタルを媒介にした形で本当に作れるのか。こうした問題も考えなければいけない課題としてある。いずれにしても、今のデジタル複製技術のなかで、中井やベンヤミンが考えたような文化の受容や共有や創造はどうやったら可能なのか、それは新しいデモクラシーみたいなものと繋がる回路はあるのかといったことは、今だからこそ、考えてもいい課題なのではないかと思っている。

おわりに

デジタル複製技術の時代というのは、模倣が以前と比べてはるかにたやすくなった時代でもある。我々大学教師が困っているのは、レポートや卒業論文までがコピペで出されてくるという時代にどうやって対応したらいいかということだ。ただ、文化の模倣や流用は前近代社会では当たり前のものだったのだ。

シェークスピアの作品は当然のことながら大陸のさまざまな物語をそのままパクっている。

『デカメロン』と『カンタベリー物語』の類縁性を考えてみたら、いくらでも出てくる。「新しい作品を作るのは常に盗作である」という言い方さえ、ある評論家はしているほどだ。少なくとも前近代社会においては、模倣したり流用したりするということは、当たり前な文化創造の手法だった。

しかし近代社会になると、オリジナリティの強調と保護が問題になる。それは、当然のことながら商品としての文化という問題と連動していると思う。

そういうなかで、複製技術の大衆化とアクセス可能性の拡大のなかで、新たな模倣の議論がこれから始まることになる（コモン論もこの流れの上にあるだろう）。

文化の商品化は、七〇年代以降に爛熟してきた。しかもグローバリゼーションのなかでさらに広がっていく。海賊版の問題というのは、文化の商品化のなかでのパクリというか模倣というか流用ということになる。しかし、他方で個人的集団的な文化受容や文化の共有や自前の文化の再創造のための模倣や流用を、我々が文化の見方のなかでどうやって位置づけていくかということは、きちんと議論する必要があると思う。大げさかもしれないが、この問題は、もしかしたら文化の個人所有、あるいは商品化という近代資本制の枠の揺らぎと絡む可能性さえあるような気さえしている。

附記

二〇〇九年に開催された京都精華大学ポピュラー・カルチャー研究会の基調講演に手をいれた文章である。一九七〇年前後のカウンターカルチャーを、「下からの」「自前の」「集団的」文化創造＝享受の動きとして、ベンヤミンや中井正一などを引用しながら考察した。

この「下から」の「自前の」（DIY）「集団的」な文化創造と享受という視点は、現在進めている一九七〇年代以後のヨーロッパの若者の自由空間論、特にイタリアの社会センター研究などにもつながっている。

コミュニケーション技術の発展を、七〇年代の文化の商業化・消費化を超えた、新たな「自前の」文化創造＝享受へと展開していく作業は、貧困や格差の深まりのなかで今後、ますます重要になっていくと考えている。

戦後・社会意識の変貌

一、……………「七〇年」問題

「戦後日本社会を大衆文化や社会意識という観点から眺める」というのが、ここで僕に与えられたテーマである。そして、戦後日本人の意識を考察しようとするとき、どうしても避けて通れない大きな問題が控えていると、僕は考えている。つまり、「一九七〇年を前後して、大きな変化が存在していた」という、およそ戦後について語るときに、誰でもが言及せざるをえない問題について、いまさらながら語らざるをえないということだ。なぜ、いまさら「七〇年」問題（正確には六〇年代末から七〇年代初頭に生起した変化ということだが、ここでは、とりあえず「七〇年」問題と呼ぶことにする）なのか、といえば、それには深い理由がある。

現在の日本の政治的・社会的保守化（というより、私的利益にのみ敏感で、基本的には現状肯定と傍観者的な態度に貫かれた政治不在の社会状態）の背後に、いわゆる「戦後左翼」や「進歩派勢力」の政治的後退という問題があるのは明らかだ。しかも、こうした「進歩派」勢力の限界を「戦後民主主義批判」としてラディカルに論難することで登場した「新左翼」に与した勢力もまた、現在、政治的にも理論的にも（社会的勢力としても文化的影響力においても）「戦後左翼」以上の目を覆うばかりの政治的退廃と凋落のなかにある。この退潮の始まりが、この七〇年代にあったという、これもまた「常識」に属する問題に、ここで、ちょっとこだわってみたいと思うのだ。というのも、この七〇年代という分岐点において、いわゆる新左翼も含んだ「戦後左翼」は、「時代認識」において、大きな失敗をしたと思うからだ。「失敗」というのは誤りかもしれない。むしろ、「何もしなかった」と言った方がいいのかもしれないからだ。簡単に言えば、七〇年代、批判勢力としての「戦後左翼」や「新左翼」がなしえたのは、この時代の変化を、六〇年代までの占いパラダイムから解釈することでしかなかった。「何か根本的な変化のようなものが存在している」「このままではダメだ」という認識は誰もが抱いていたのに、こうした危機意識は、それが深ければ深いほど、「おなじみの物言い」が横行し、時には、まるで先祖がえりするかのように古い教条が蘇ってきさえした。

こうしたことの背景には、理念的な継続性・一貫性にこだわり続けることでその正当性を確保してきたという日本の「戦後左翼」の特異性（近代主義的な「主体性」論に端を発したあの性向）があったのだろう。しかし、「一貫していることに価値がある」、「集団的な等質性をもった組織が近代組織だ」という構え方は、そのこと自体が根本的な問い返しを要求されていたまさにそのとき、新しい事態に対応できなかったばかりか、古くからの「一貫した」

「伝統的」な視点からの切り返ししか許さなかった。

もっとも、こうした流れの変化を把握しようとする勢力がまったくなかったわけではない。特に、時代への感覚ということで既成左翼と自己を区別していたはずの新左翼の潮流には、「七〇年」を画期とする変化の波を鋭く見抜いた人々が多数存在していたことも事実である。しかしながら、六〇年代末から七〇年代初頭を、「新左翼」の理論家・活動家として走り抜けた鋭い感性をもった人々の多くは、時代の変化を見極めながら、それに気付かぬ「戦後左翼」ばかりか「すべてをある一元的な原理で統制する二〇世紀の左翼総体」への批判を売り物にする一方で、時代の変化を批判的な視点から検証するというようなやっかいな作業を放棄し、「時代と戯れる」「おいしい生活」の道を選択したのである。

二、……………吉本隆明と埴谷雄高の時代把握のズレ

「戦後左翼」のなかでもっともラディカルな翼を担った人々の間での時代把握のズレを象徴的に示したものとして、たとえば、八〇年代半ばにおこなわれた吉本隆明氏と埴谷雄高氏との論争がある。文学者の反核声明問題などとともに、この二人の論者の間の認識のズレは、時代をどう把握するか、という点できわめて対照的なものとなった。特に、『アンアン』にコム・デ・ギャルソンを着て登場した吉本氏に対して、埴谷氏が「アメリカの世界戦略のア

ジアにおける強力な支柱であるわが国の『ぶったくり高度資本主義』のためにつくしている あなたのCM画像を眺めたタイの青年は、あなたを指して『アメリカの悪魔の仲間』と躊躇 なくいうに違いありません」と批判をくわえたとき、両者の間の認識のズレは、話題が風俗 的なものであるがゆえに、一層人々の興味をひくことになった。

「戦後左翼」としての理念レベルでの思想的一貫性にこだわる埴谷氏と比較すれば、『革命』の主要な課題は、すでに先進資本主義体制下の世界史的な『現在』と『未来』のあり方の問題に移った」(『海燕』)とする吉本氏は、明らかに、七〇年を前後する時代の「断絶」に意識的だったといえる。しかし、「戦後左翼」のなかでは希なほどに、この「断絶」を語る「勇気」を示しながらも、吉本氏もまた、時代との「おりあい」をうまくつけることに失敗したのではなかったか。つまり、彼独特の幻想の「大衆」イメージに媒介されることで、結局のところ「現状肯定」の大きな流れに乗り、その一方で、時代の感覚の変容に十分ついていけないがゆえに、彼の依拠する「一般大衆」そのものにも裏切られていくのだ。その意味で、この論争は、「戦後左翼」と時代の変容とのズレを、いわば二重に象徴していたといってもいいだろう。

それは、この論争を、『朝日ジャーナル』(一九八五年七月一九日号)で次のようにまとめてみせたビートたけしの視点が鋭く明らかにしている。

「初めてギャルソンを着てアガっちゃってる吉本さんのところにツッコミの埴谷さん

が近寄って、「アンタ、二万五千円のパンツはいてるんだって」といって、いきなり吉本さんのベルトに手をかけ、下着のパンツを見ようとする。「キミ、キミ、違うよ。パンツってこのズボンのことだよ」「エッ、二万五千円なのに替えズボンがついてないじゃない。すごいな。でも、二万九千円のシャツはこれだろ」と、震える手で下着のシャツを見ようとする。「しょうがないね、爺っちゃんは、モーロクしちゃって」と吉本さん。その横でOLがBIGIかなんかの服をニコニコ顔で買おうとしている。それを見た埴谷さんが、「ダメだよ。そんなブッタクリ商品を買っちゃ、下級労働者よ」というと、「ジジイ、うるさい。向こうへ行け！」と女のコに怒鳴られる。シュンとなる埴谷さんにかわって吉本さんが、「キミ、キミ、芸術性においてはコム・デ・ギャルソンの身体像のほうが……」といいかけると、女のコが「ダサイ着方しちゃって、何わけのわからないことといってるの、このイモ!!」という。吉本さん、シュンとなって、ジャンジャン。

実際、古い硬直した観念からの「ものいい」と距離をとりつつ、時代の変容と直接対峙しそれを解剖しようとする吉本氏の作業もまた、ビートたけしが言うところの「女のコ」たちの心に届くことはなかった。しかし、そのことは、吉本氏自身が、かなり自覚的に把握しているところでもある。たとえば、「言葉がどうしても透らないで、はねかえされてしまう領域」をつねにともなう、「現在」という「巨きな作者」との格闘の書として企だてられたと思われる『マスイメージ論』の「あとがき」で、彼自身こう述べている。「この本はほんとは深刻で難しく、暗い本だが、明るい軽い本として、読まれなければ本としては、その分未熟で駄目だと思う。別の言い方ですれば、取り扱われている主題が、それにふさわしい文体や様式を、まだ発見していないことを意味しているからだ」と。そして、吉本氏も、また彼の忠実なエピゴーネンたちも、ある自足した領域で空転するだけで、「現在」の提示において、それを写しだすための「それにふさわしい文体や様式」を見いだしているとはとうてい思えないのも事実なのだ。

三、…………社会意識の「成熟」の認識

「戦後左翼」に比べて、「保守的勢力」は、こうした時代の変化に、それなりに乗ることができた。変化の波を批判的に理論化することはサボタージュしつつも、保守的勢力特有の「あるがまま」式のある種の「無政府性」や「現実主義」は、現状肯定のロジックとともに、七〇年を前後する変化を、過去からの「一貫性」の神話と断絶したところから把握することを成功させたのではないか。と同時に、そこにはつねに、国際比較を通じた相対化をへた上で、過去・現在の日本の文化や社会への強烈な「再評価」、新しいナショナリズムとでもいえるロジックが同伴していたことは強調しておく必要がある。

たとえば、山崎正和氏の『柔らかい個人主義の誕生』や村上泰氏の『新中間大衆の時代』などは、ダニエル・ベルのポスト産業社会論、アルビン・トフラーの第三の波論などとともに、こうした保守派の現状肯定のロジックに、理論的な支柱を与えることになった。

内面的な自己の一貫性に裏付けられつつ、能動的・合理的・功利的に目的を達成しようとする硬質の「冷めた」個人主義に対して、消費社会の外的刺激に対する受動性を示しつつも、同時に一定の能動性をもって柔軟に対応しうる人間類型、「冷めながら酔った自我意識」、それが山崎氏の「柔らかい個人主義」の含意である。こうした人間類型が多数派を占める社会においては、近代社会（特に西欧近代）が示すような内的一貫性へのこだわりや、目的達成へ向かう功利主義・合理主義的生活スタイルとは異なった生活態度が顕在化する。つまり、結果をいかに効率的に達成するかという生産中心主義の生活スタイルから、結果よりも過程を重視するような「芸術」指向的生活スタイルが主軸を形成するようになる、というのである。そして、西欧型近代化を十分に通過することのなかった日本社会は、むしろこうした柔らかい個人主義の成熟という点で、先行した社会である、という。

また、村上氏は、七〇年代に顕著になった「保革対立」型政治の退潮を、イデオロギーの終焉という時代相と結びつけながら、「保身性」とともに一定の「批判性」を合わせ持った「新中間大衆」の登場という議論展開によってあざやかに説明してみせた。村上氏が指摘しているように、戦後日本の民衆文化、社会意識は、七〇年代を境にかなりの「成熟」（?）をとげたことは明らかだ。六〇年代を通じて急激に上昇した高校進学率や大学進学率の変化だけで、日本人の「総インテリ化」を説くつもりはもちろんない。しかし、それが意識的・無意識的にある水路付けられた方向性やイデオロギー的偏向をもっていたとしても、マスメディアの異常なまでの発達は、日本に住み生きる民衆に対して、たいていの政治的問題に、それなりの「判断」を下すことを可能にしたのも事実なのだ。それも、かなりはっきりした「自前の判断」とでもいうべきものを。

ここで「成熟」にカッコをつけたのは、それが、とても「成熟」とは言い切れない程度の「成熟」でしかない、ということもまた強調したかったためだ。それは、もちろんアントニオ・グラムシが、来るべき社会において想定したような民衆の「総インテリ化」状況（もちろん、僕はそれを理想化するつもりもないが）とはほど遠いものでしかない。しかも、その「成熟」は、村上氏が指摘しているように「批判性」よりも「保身性」に傾いたものであり、健全な「批判精神」をともなったものとはいえないことも事実なのだ。しかし、それにしても、それなりの「自前の」感覚をともなった「政治判断」を自分達が所有しているのだという思いが、社会的に拡大したということは、おさえておく必要があったはずだ。

ところが、つねに一貫した視点をもって「上から」の「啓蒙」を展開してきた「戦後左翼」は、民衆意識における、受動性のうちに秘められた能動性や「成熟」を見ようとはしなかった。そして、相変わらずの、「愚かな大衆」を「教えさと」すような特権的なものいいの仕方は、「戦後左翼」の孤立化を拡大するだけの結果になった。しかも、こうした孤立化から脱却するためにしばしば選択された、「わかりやすい語りかけ」のポーズは、逆に、その「おもねった」語りかけの背後に透けて見える「民衆蔑視」の視線ゆえに、静かな反発を生み出しただけだった。

もちろん、ここで言いたいことは、そうした「思い」が拡大している時代に、人々にいかに語りかけるかという戦術の問題ではない。ここで発生した社会意識における質的な変化の問題について論じてみたいのだ。

四、……………『太陽の季節』と『されどわれらが日々』

実際、大衆文化や風俗の領域において、この「七〇年」が、大きな画期であったことは明らかだ。しかし、この「七〇年」をめぐる変化の全貌を、根本的にえぐり出すような作業は、現在の僕にはいささか荷が重すぎる。とはいっても、ぼんやりした枠組のようなものは提示できるとは思う。もちろん、それは、七〇年を経るなかで生じた膨大な変化の波においては、ごくわずかなモザイクの一片でしかない。

図1で示されたのは、月刊アクロス編集室編『大いなる迷走』において「昭和五世代と雑誌メディアの関係」と題して掲載されたものである。雑誌の創刊とともに、それぞれの時代に若者によく読まれた小説が、時代別に配置されている。生年にもとづいて設定された五つの世代は、それぞれ「アプレゲール世代」「太陽族世代」「団魂世代」「モラトリアム世代」

図１　昭和５世代と雑誌メディアの関係

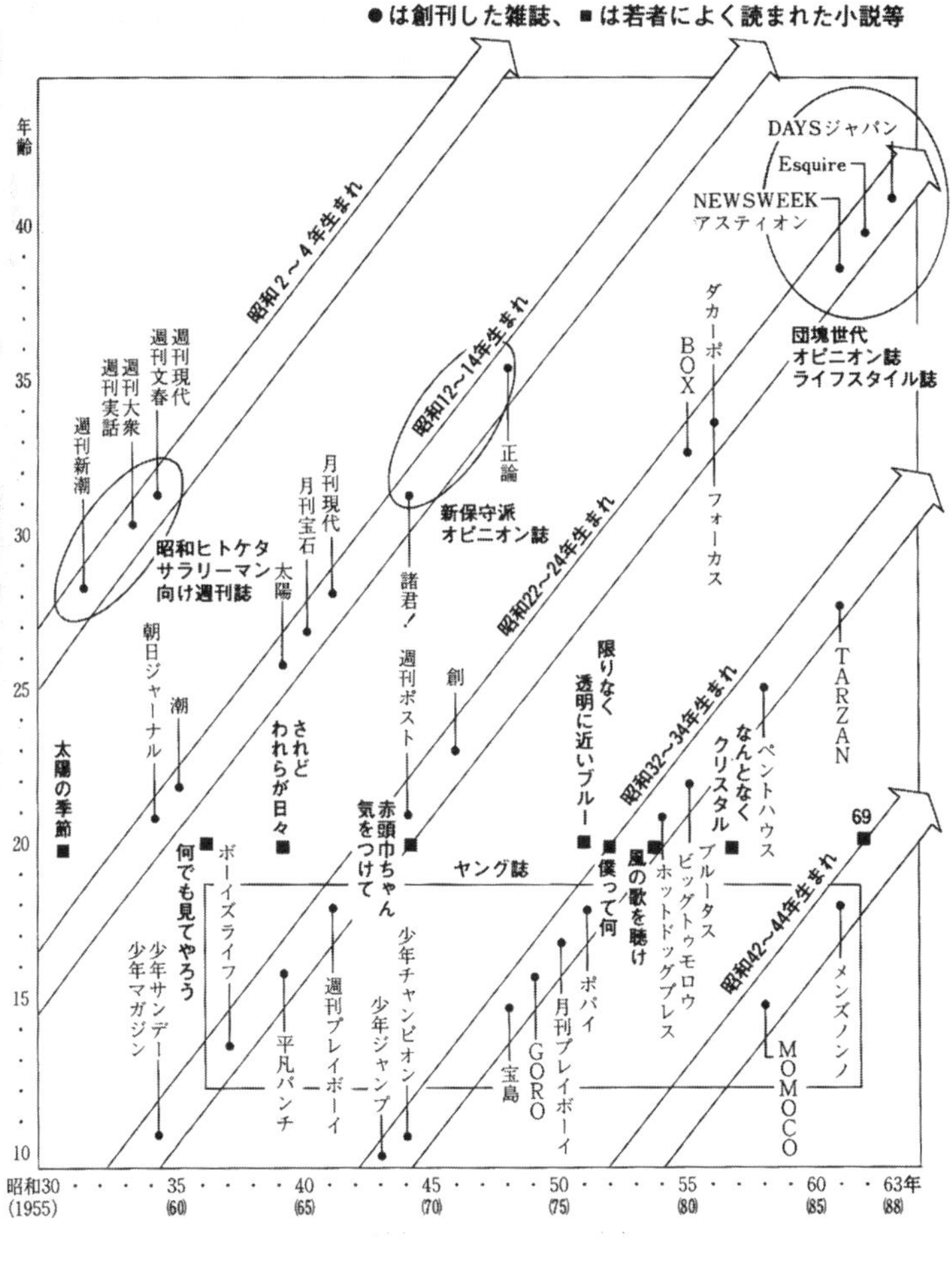

図2

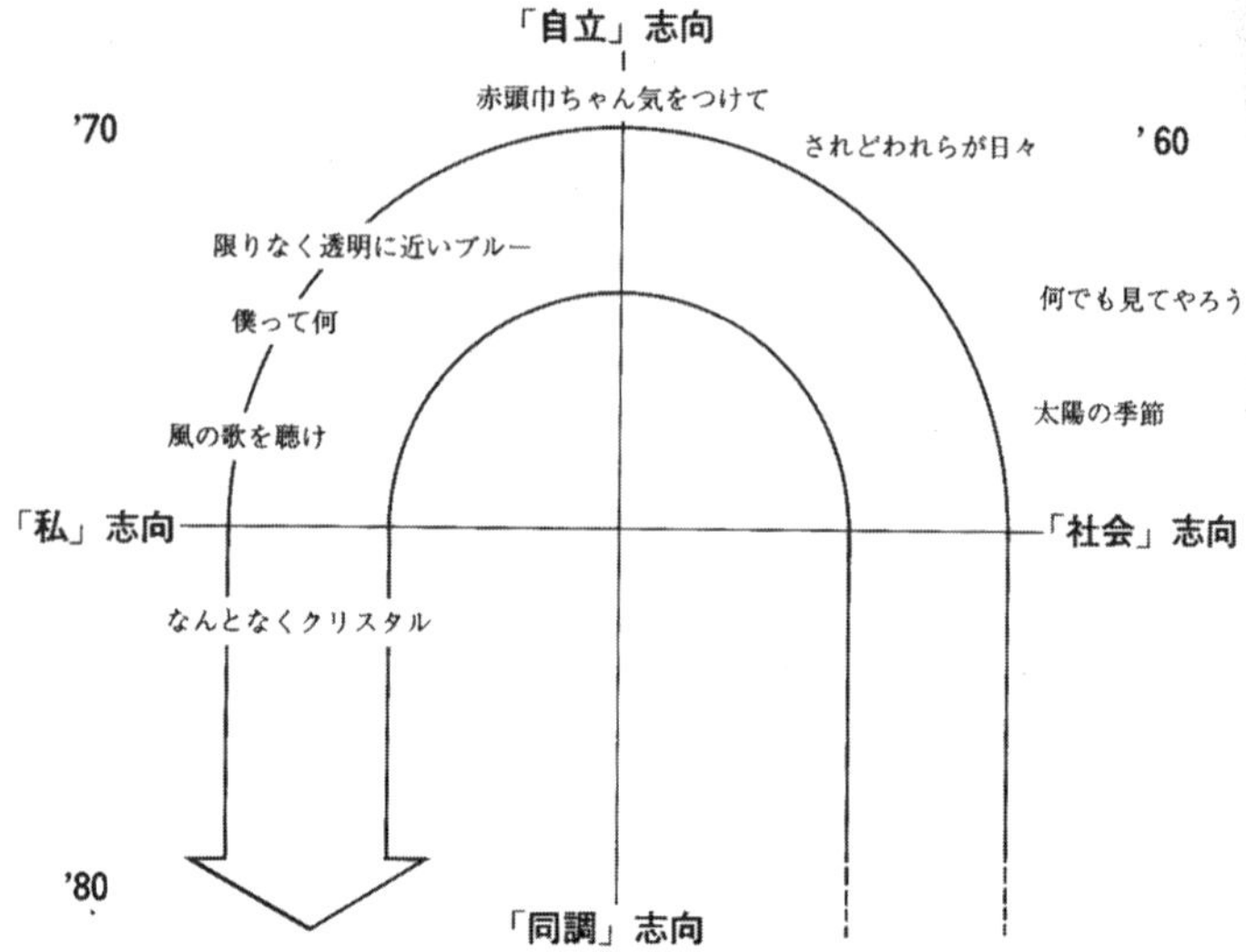

「新人類世代」と称される世代とオーバーラップしているものと考えられる。この五世代をもとに、ここで戦後の代表的な若者小説として取り上げられたこれらの小説を軸に、そこに描かれた主人公たちの姿を時代の流れの中で位置付けることで、戦後の社会意識の変貌を後追いしてみようと思う。

図2は、ここで取り上げられた小説を、縦軸に、「自立」志向／「同調」志向という軸を、横軸に、「社会」志向／「私」志向という軸をそれぞれ設定することで、まとめたものである。「自立」／「同調」の軸は、基本的に自己決定への志向性／他者との同調への志向性を意味する。一方、「社会」／「私」の軸では、主人公たちの視線の広がり様を問題にしている。つまり、主人公たちがいわ

ゆる「政治」や「社会」と、どの程度の距離感覚をもって思考し行動しようとしているかを問おうということだ。もちろん、この軸の設定自体、かなり恣意的なものに過ぎない。当然、別の軸をたてて違う角度からの分析も可能であることはいうまでもない。と同時に、この軸に、さらに別の軸を付け加えることで、三次元、四次元の図式を描くこともできるだろう。

戦中（少なくとも一五年戦争も後期）の社会を、とりあえず、「社会」志向／「同調」志向の象限に設定することは、それなりに納得していただけることだろう。天皇制ファシズムの下で、人々の意識が、スローガンとはいえ「一億一心」の状況にあったことは、歴史的事実と言うことができるからだ。

しかし、『太陽の季節』の主人公を、「社会」志向／「自立」志向の象限に置くことには異論があるかもしれない。無軌道で無政府的かつ反抗的な若者たちと呼ばれた「アプレゲール世代」に続いて登場したこの「太陽族」小説の主人公である竜哉のドライな合理主義とニヒリスティックな行動主義は、むしろエゴイスティックな雰囲気を強く感じさせるからだ。しかし、次のようなくだりを読むとき、この主人公の視点が、かならずしも「私」の周辺にのみ置かれているわけでないということが理解できるだろう。

彼等はこの乾いた地盤の上に、知らずと自身の手で新しい情操とモラルを生み、そしてその新しきものの内、更に新しい人間が育って行くのではないか。砂漠に渇きながらも誇らかにサボテンの花が咲くように、この乾いた地盤に咲いた花達は、己の土壌を乾いたと思わぬだけ悲劇的であった。

竜哉という主人公の行動を通じて描かれているのは、個人の物語ではない。既製の価値観の拒否の上にこそ新しいモラルは生み出されるという、戦後世代の共通した思いが、そこにははっきりと提示されているのだ。

人々が彼等を非難する土台となす大人たちのモラルこそ、実は彼等が激しく嫌悪し、無意識に壊そうとしているものなのだ。彼等は徳というものの味気なさと退屈さをいやと言うほど知っている。大人達が拡げたと思った世界は、実際には逆に狭められているのだ。彼等はもっと開けっ拡げた生々しい世界を要求する。

実際、この小説は、若者の自前の文化、いわゆるユースカルチャーの日本社会への本格的登場のマニフェストでもあった。

石原とほぼ同世代に属する柴田翔の『されどわれらが日々』は、よく知られているように安保闘争直前の学生運動の動向を、恋愛物語とからめあわせながら描いた作品だ。ここには、性と政治という、六〇年代後半にはおなじみになるテーマがくどいほどに展開されている。面白いことに、この小説は、いってみれば当時の青年層の諸傾向を、きわめて図式的に展開したものでもあるということだ。それは、この小説の主要な登場人物たちを一人一人位置付けてみれば、きわめてはっきりと見て取れるはずだ。政治的な観点から読めば、共産党にあくまで忠誠を尽くす者、党に絶望して死を選択する者、既成左翼に対抗して新たな運動と組織を夢見る者、後に言うノンセクトとして左翼の立場を守ろうとする者……と、とりあえず、この時代の左翼の諸傾向が絵解きされている。性の解放の思いへの挫折と政治への絶望という結論をもちながら、この小説世界が、小田実の『何でも見てやろう』とともに「社会」／「自立」の象限に含まれていることは言うまでもないことだろう。

五、…………「社会」から「私」へ

東大の入学試験が中止された一九六九年、自発的に受験を止めた主人公の日常世界を描いた庄司薫『赤頭巾ちゃん気をつけて』が、横軸の「社会」から「私」へと越境する作品であったことも、とりあえず理解していただけるだろう。サリンジャーの『ライ麦畑でつかまえて』をモデルとしながら、その毒をかなり薄めて作られたこの作品は、その後の「私生活主義」的な若者文化を、かなり先取り的に予言していた。

一人称「ぼく」を語り手におき、ひとつの文章を思い切り長くした「おしゃべり」風の文体で語られる、この物語は、そのスタイルそのものが、この小説が、すでに「私」の時代の先駆けとしてあったという事実を物語っていた。

もちろんぼくの若い血は、あのテレビのライトに照らし出された夜の安田講堂をバックに、激しい演説とシュプレヒコールとデモを繰り返す果敢な彼らの姿にわきたった。でもまだ何かぼくをひきとめるものがあった。その何かは……たとえば彼らがあまりにもカッコよすぎるというようなこと、そしてさらに、ヘルメットとゲバ棒を手に立ちあがることがぼくにはあまりにも簡単なことのように感じられる、というようなことだった。

作者の実際の年齢は、それより一回り以上も年上なのにもかかわらず、ここには、すでに「団魂の世代」から次の世代へとつながる新しい世代意識が、かなり巧妙に描かれているとはいえないだろうか。

ちょうどこの時期、中野収・平野俊秋両氏は、七〇年を前後する若者意識の変化を「カプセル人間」という命名によって、鮮やかに描き出した。一人ひとりが、メディアに囲まれた「カプセル」に入り、しかも、メディアを通じてカプセル間の交流を生み出すことによって、さまざまな他者と自由に関係するという生活スタイルをもつ世代、つまり、密着し過ぎて自我＝人格が毀損しないようにお互いに距離をとりつつ、しかも、一時的にではあれ異質な人間同士が同じ空間や気分を共有しうるような集団（共同意識）形式が可能になった世代、それが団魂およびそれに続く世代だというこの中野・平野両氏の指摘は、かなり的を射た問題提起だったのではないかと今さらながら思う。この庄司薫氏の作品においても、そうした

「カプセル人間」の登場が、すでに語られている。

ぼくにも、これは恐らく一生のつきあいになるなと感じられる連中が数人いる。ところがこういう連中とはなんとなくお互いに気まづいというかテレてしまうというか、一緒になってもお互いにあまりたいして話ができないようなところがある。……はたから見たら恐らくなんとも表面的というかよそよそしいみたいなつきあい方になってしまう。

他者から距離をとる文化。まず「私」の世界を外の世界から切断したうえで、外との距離をとった「つきあい」を展開するというウェイ・オブ・ライフ。七〇年代に入って以後の青春小説群、たとえば、ドラッグとセックスの世界を攻撃的に描いた村上龍『限りなく透明に近いブルー』や、全共闘運動に参加し、セクト間の抗争に巻き込まれながら、結局、恋人と母の間で抱かれるようにして眠るシーンで終わる三田誠弘『僕って何』などもまた、「社会」から「私」へのシフトを象徴しているだろう。

六、……………「アイデンティティ」への飢え

この「社会」軸から「私」軸への社会意識の移行の問題を、すこし角度を変えて考えてみ

よう。たとえば、六〇年代と七〇年代にベストセラーとなった、学生運動の体験を経て、結局、自死を選択した二人の「手記」だ。つまり、奥浩平『青春の墓標』と高野悦子『二〇歳の原点』である。周知のように、原口統三、長沢延子、岸上大作……と続く、政治とかかわり、その渦中で自殺した人々の手記の流れの上に、このふたつの手記があることは言うまでもないだろう。

しかし、よく読んでみると、奥と高野とでは、一方が男であり他方が女であるという違い以上に、政治党派へのかかわりの深さやそれへの献身性という点でもかなりの開きがある。両者の世代の違いは、そのギャップ以上に大きいように思われるのだ。むしろ、政治との距離のおき方における両者の違いそのものが、すでに世代的な差と考えた方がいいのではないか、と思われるほどだ。

政治過程と日常的過程とは生活の中では確かに分裂している。しかし、論理的には決して分裂していないのではないか……。この問題の明確化は人間存在にとって、政治とは何かということの本質的解明になりうると思う。／病苦、飢え、社会的栄光への希望の挫折、失恋、友人との和解しえぬ対立、愛する者との別離——そのような苦痛の中で人は闘い、それから脱却しようとしている。

『青春の墓標』におさめられた死の数日前のノートの文章である。あくまで、「政治的であること」「論理的であること」が、今から読んでも「痛ましい」ほどに貫かれようとしていたことがよくわかる。

一方、高野悦子は、その死の数日前、日記にこう書いている。

『独りである』とあらためて書くまでもなく、私は独りである

あるいは、

今や何ものも信じない。己れ自身もだ。この気持ちは何ということはない。空っぽの満足の空間とでも、何とでも名付けてよい、そのものなのだ。ものなのかどうかもわからぬ。

高野の視点には、明らかに、奥には存在していなかった（というより意識化されることさえ拒否されていた）「私」への「こだわり」がはっきりとうかがえる。というより、彼女の手記を読んでいくと、「政治」や「恋愛」さえもが、実は、彼女にとっては、結局、「私」の「外部」のできごととして把握されているのではないか、というような気にさえさせられるのだ。奥の死が、ある意味で、戦後の「自死者」の系列につながる「政治的死」であったとすれば、高野の自殺には、「政治」の要素ははるかに薄い。

たとえば、悪くもない目のためにメガネを買いにいく決心をしたとき、高野は「ソット自

分にだけ」こう言うのだ。

「私の目をガラスで防衛しているということ。相手はガラスを通してしか私のオメメを見られない。真実の私は、メガネをとったところにある」と。

こんなところにも、「カプセル人間」的な自己防衛の姿勢が、はっきり綴られている。

しかしながら、それにしてもなお、団塊の世代には、ある種の「アイデンティティ」への飢えのようなものが存在していた。先にあげた高野悦子の手記には、「演技する自己」(自己の分裂)への自己批判的な視線とともに、それを忌避し、そこから脱出しようという意志がつきまとっている。「私」があくまで自立した存在であり、またそうでなければならないという強い思いが、ここにはあった。

七、……………「モラトリアム」と拡散したアイデンティティ

「アイデンティティ」という意味は、ある意味で、七〇年代の「流行語」であった。エリクソンの「アイデンティティ」の理論は、しばしば、六〇年代末の「若者の反乱」を解釈するためのセオリーとして用いられた。しかし、この言葉が一般に広く用いられるようになった七〇年代という時代は、逆に、この「アイデンティティ」が次第に拡散していく時代でもあったのだ。

消費社会の全面的登場とともに、これとあいまって発生した石油ショックと、それに続くいわゆる「低成長」「不確実性の時代」のもとで、「アイデンティティ」「自立」というある意味での「強い自我意識」を要求する時代は、終わりを告げようとしていた。その一方で、連合赤軍の同志殺し・銃撃戦・逮捕といった一連のできごとや、内ゲバの蔓延、さらにそれに追い打ちをかけるような治安弾圧の一挙的強化のなかで、全共闘運動や反戦青年委員会が生み出した運動の波は急速に収束していく。

こうした七〇年代、若者の世代意識は、しばしば「モラトリアム世代」「やさしさ世代」と呼ばれるような傾向を見せ始めた。

「モラトリアム」とは、もともと「社会に出る前の予備期間・見習い期間」を意味するエリクソンの用語であった。それを、小此木啓吾が、現代の日本人のパーソナリティを論ずるために使用し、やがて、「若者」の世代的特徴を表す言葉として用いられるようになる。いわゆる「モラトリアム世代」の特徴として、小此木は、次のような要素をあげている。つまり、国家・社会・組織に対する帰属意識の欠如、社会的な出来事に対する客観的対応、何事にも積極的に価値を見い出せず一時的・刹那的に眼前の事象に遊び的にかかわろうとする、自己中心的で自立への意欲を欠く、などである。

青春文学の領域で、この「モラトリアム」という言葉にもっともフィットする作家といえば、村上春樹ということになる。

テネシー・ウィリアムズがこう書いている。過去と現在についてはこのとおり。未来については「おそらく」であると。／しかし僕たちが歩んできた暗闇を振り返る時、そこにあるものもやはり「おそらく」でしかないように思える。僕たちがはっきりと知覚しうるものは現在という瞬間に過ぎぬわけだが、それとても僕たちの体をただすり抜けていくだけのことだ。

（『1973年のピンボール』）

「ただ……だけのこと」の小説。登場人物たちは、帰属する場所をもたず、つねに判断を保留し、はげしく感情を爆発させることもなく、自己主張はつねに抑制されている。それでもなお、自分なりのささやかな「こだわり」を追及しようとする意志は残されている。「大きな物語」の終焉と「小さな物語」へのきわめて私的なこだわり。拡散したアイデンティティのなかで、それでもなお、自分の場所をみつけようとするモラトリアム世代の心に、村上風のストーリーは、ストレートにマッチするものをもっていたといえるだろう。

意識調査という観点からみても、七〇年代初期から中間にかけて、若者意識は、かなり大きな変化を見せている。たとえば、七三年から七八年の五年間で、自分が「保守寄り」と答える若者（二〇歳から二四歳）の数は、二〇％から三二％へ増加し、「革新寄り」とするものの割合は、三一％から一九％へと激減している。総理府の青年意識調査（対象は一五歳から二四歳）などでも、七〇年には「家庭の悩み心配事は全然ない」「日本社会に満足」としていた者の割合は、それぞれ一五・九％、三三・二％であったものが、七五年には、三六・三％、四三・八％と大幅に増加、その一方で、「学校の生活に何か望むことがある」とする者の割合は、七五・七％から四七・九％と急減している。これは、何も若者意識に限ったことではない。現状に満足・現状肯定・政治的保守主義の意識の増加は、この時期、日本人一般を通じて急速に拡大していくのである。

モラトリアム世代が、それでもなお、個人的で内面的な「こだわり」の世代であったとすれば、八〇年代に登場することになった世代、いわゆる「新人類」世代にとって、その「こだわり」は、「内側」にではなく、むしろ「外側」にむかって発揮されることになった。精神医学者の大平健（『豊かさの精神病理』、岩波新書）が呼ぶところの「モノ語り」を好む人々、つまり、モノの名前が中心的話題になるようなカタログ型の世代の登場である。いわば「個性という名を冠した同調主義」とでもよべるような、奇妙な「個性主義」の時代がやってくるのである。

こうした時代意識を、青春文学の土俵でいち早く表現しえたのは、やはり田中康夫『なんとなくクリスタル』ではなかっただろうか。「ブランド・モノ」に囲まれながら、ファッショナブルに生活する女子大生の日常を、膨大な注付きで描いたこの小説は、まさに「モノ」をめぐる物語であった。

モデルをしながら生活している主人公の自分の生活への構え方は、次のようなものだ。

こうしたバランス感覚をもったうえで、私は生活を楽しんでみたかった。／同じものを買うなら、気分がいい方を選んでみたかった。／主体性がないわけではない。別にどちらでもよいのでもない。選ぶ方は最初から決まっていた。／ただ、肩ひじはって選ぶことをしたくないだけだった。／無意識のうちに、なんとなく気分のいい方を選んでみると、今の生活になっていた。

この小説の主人公の行動する世界では、もはや、「善／悪」の論理は登場しない。彼女の行動を動機付けているのは、もしかしたら「好き／嫌い」でさえないのかもしれない。むしろ、「気分がいい／悪い」あるいは「快／不快」の論理なのだ。

八、…………イデオロギー的支配の深化の時代

ここまで述べてきたような状況の変化は、「世論調査」「意識調査」などに現れた「社会意識」の変化においてもはっきりと見て取れる。たとえば、図3、4は、一九八六年に行われた、NHK放送世論研究センターによる意識調査（『日本の若者』）からとったものである。「人並みに暮らせれば満足だ」（八〇％）「自分の考えを押し通さないで、多くの人の意見に合わせる」（五八％）とする一方で、「社会や他人のことよりも、まず自分の生活のことをかんがえる」（六三％）「自分に忠実に生きる」（七八％）「なるべく苦労したくない」（七一％）

図3　他人志向と自分志向　全（13～29歳）

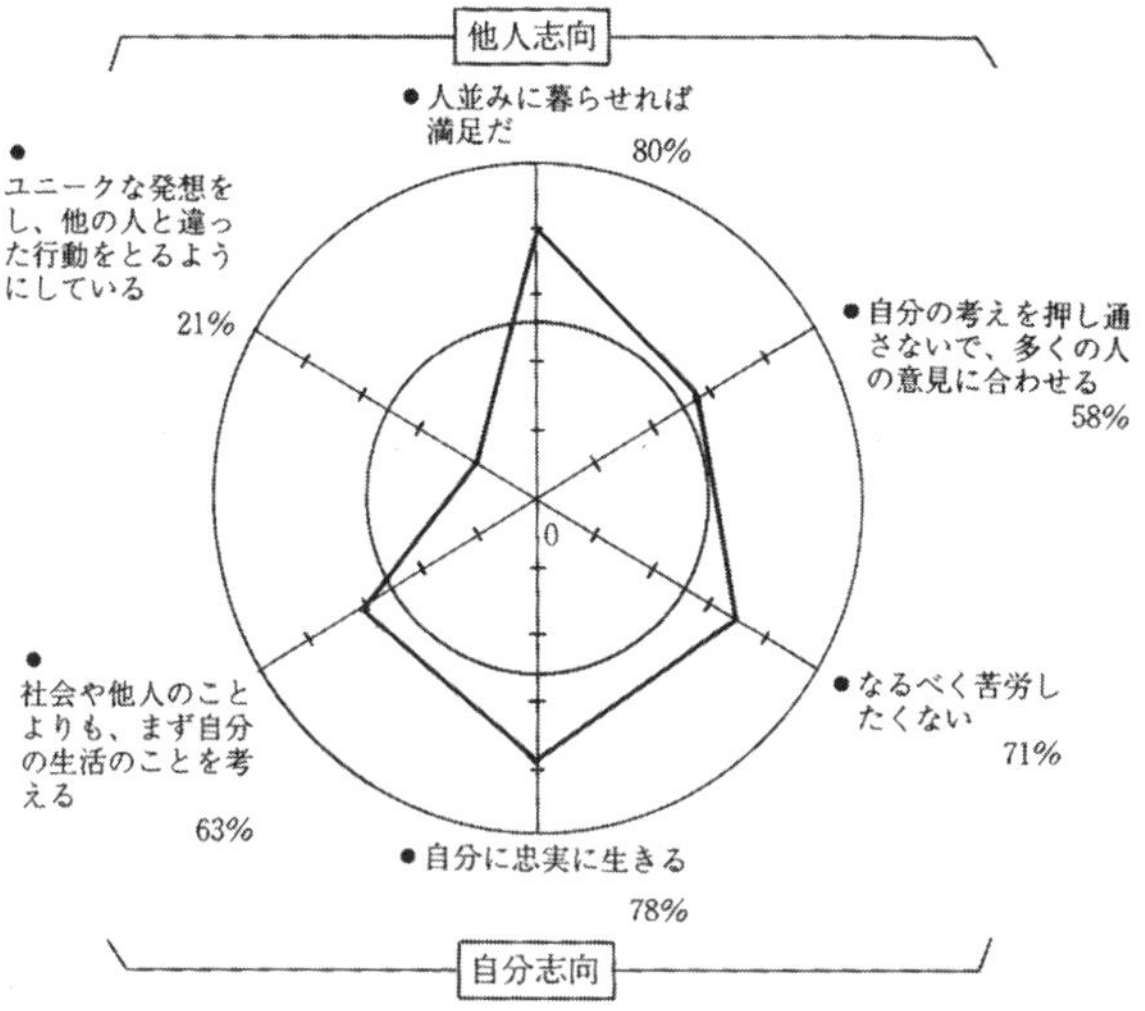

図4　「現在」と「将来」　全（13～29歳）

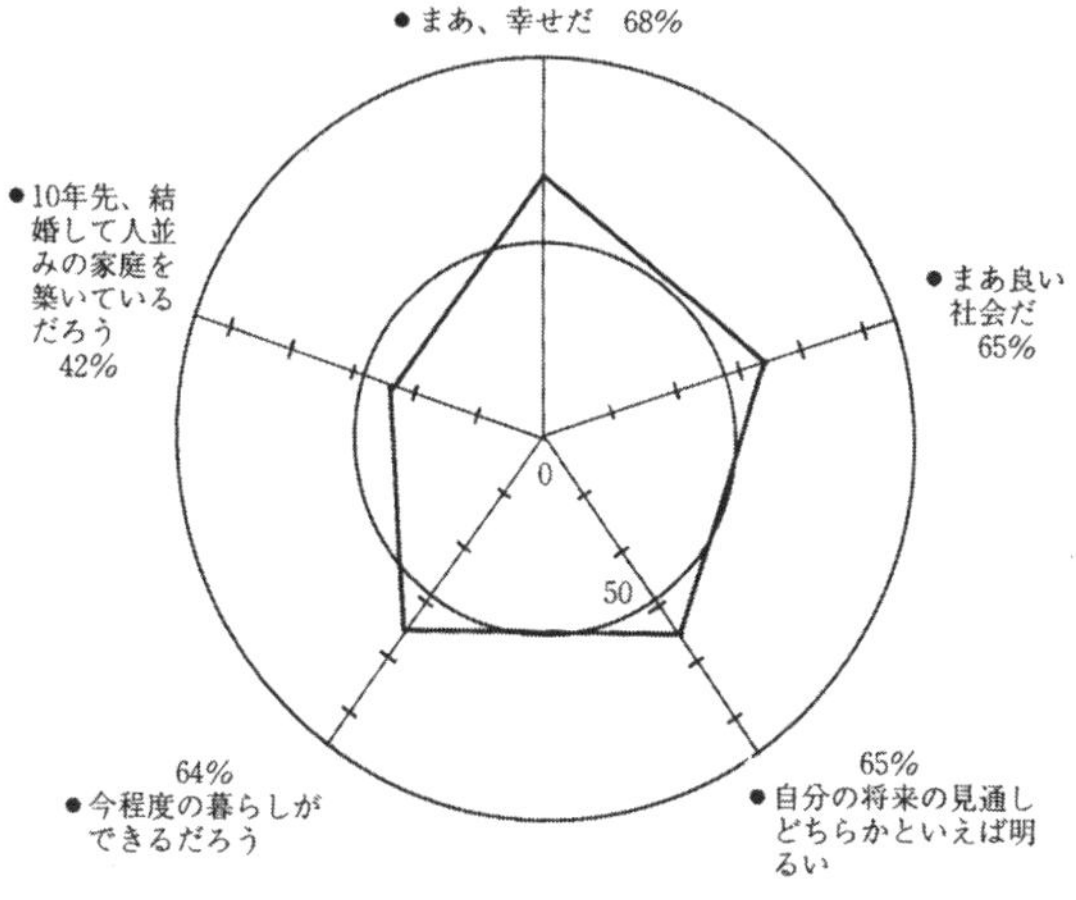

という、「同調」志向と「私」志向との同居は、こうしたデータからもかなりの程度読み取ることができるだろう。また、「相手のプライバシーにも深入りしたくないし、自分にも深

入りさせない」(七九%)「相手の話が面白くなくても、熱心に聞くようにしている」(七八%)「相手のプライドも傷付けないし、自分のプライドも傷付けられたくない」(八三%)と、「距離の文化」の傾向は、ここでもかなりはっきりと表明されているのである。

もちろん、こうした意織の変化の背景には、マスメディアの発達や「ポスト産業社会」としての「消費社会」「豊かな社会」の登場といった事情が控えている。情報過剰の社会は、「正・邪」「善・悪」という発想を、かぎりなく相対化させる一方で、「現実」よりも「疑似イベント」の方がリアルに感じられる「傍観者」世代を生み出した。また、同時に、「豊かな社会」の成立は、人々の意識を、現状肯定へと限りなく向かわせてきた。

しかし、押さえておかなくてはならないのは、すでに述べたように、こうした新しい社会意識のあり様は、かなりのところまで権威主義的心性を切り崩し、メディアの「情報」に媒介されながらであれ、一定の批判性(特に、政治的・社会的権力が私的生活を脅かす可能性があるとき、この批判性はもっともラディカルに発揮される)の広がりを大衆的に生み出しつつあるということだ。DCブランドの流行などにみられたように、「画一的」なかたちで「個性的であること」や「ホンモノ」志向が強調されるのが「現代」という時代なのだ。ここでは、「ブランド」志向、「仲間」志向のような同調主義が幅をきかす一方で、一元的な押付けモデルはしばしば拒否にあう。そして、この一見矛盾するかのような様相をこそ、僕たちは冷静に見据えて解剖しなければならないのだ。

周知のように、八〇年代に入ると、こうした社会意識の変化をめぐる問題は、マーケッティングの領域においては、「大量生産・大量消費の時代から多様化・個性化に対応した種差的少量生産・選択的消費へ」「重厚長大から軽薄短小へ」「大衆から分衆・小衆へ」といった議論として結実していくことになる。そして、こうしたデータのほとんどが、山崎氏のいう「柔らかい個人主義」や村上氏のいう「新中間大衆」の成立を裏付けているように見える。

しかし、この「七〇年」を経過した時代は、山崎氏らがいうような「豊かな社会」なのだろうか。確かに、ありあまるモノに囲まれた世界にわれわれは生きている。しかし、今さら言うまでもないことだが、楽しみながら働く、過程を楽しむなどということを、徹底的に奪われようとしているのがわれわれの生きているこの「豊かな社会」なのだ。生産労働やサービス労働における「強いられた労働」による搾取とともに、「強いられた消費」によって、「生活」そのものが全面的に搾取されていると言った方がいいくらいだ。

乱暴な言い方をさせてもらえば、非人間的な抽象的な存在としての「資本」の力が、全社会的・全世界的に深化し、「欲望」までもが資本の要請によって自動的・自生的に生み出されてしまうような時代を僕たちは生きているのだ。

村上氏が言うように、「七〇年」以後の政治的転換が「イデオロギーの終焉」を示しているという議論に対しても、はっきりと疑問を呈さなければなるまい。

確かに、ある首尾一貫した体系的なイデオロギーによる支配の終焉は明らかだ。しかし、そもそも、人間の意識領域における支配は、そうした首尾一貫した理念によって展開されていただろうか。むしろ、この「イデオロギー終焉」の時代、一見、バラバラな小さな「物語」が無政府的に氾濫している時代こそ、イデオロギー的支配の深化の時代と考えた方がいいのではないか。ある社会学者の言葉を借りれば「ポストモダン的な断片性や脱中心性こそ、イデオロギーが、葛藤し競合しあう自己正当化するさまざまなディスコースの多元性の上に存在していることを明らかにしている」そして、「さまざまなディスコースは、権力と支配の問題に密接に結び付いている」のである。

九、……………「七〇年問題」の解剖の視点

「イデオロギーの終焉」が云々された六〇年代を、今から振り返ってみると、問われていたのは、「イデオロギーの終焉」ではなく、むしろイデオロギーの把握の方法の転換だったのではないか、と思う（実際、七〇年代を通じて僕自身がこだわってきた問題のひとつは、まさにそこにあったのだ）。従来の体系的で一貫した理念としてのイデオロギー把握の限界を、政治社会学的な観点からどう新たに切り開くのか。この問いに答え切れなかったことが、文化領域における「支配」の問題を（一方で、グラムシやフーコー、ブルデューらが積極的に「輸入」されながら）、徹底的に曖昧にしてしまう結果を生んだ。

イデオロギーとは、そもそも体系的で理念的な組織性をもったものとして考えられてきた。だからそれを体系的な理念ととらえない、といえば、それはすでに論理的な矛盾をはらんで

しまうのかもしれない。しかし、イギリスの文化主義的マルクス主義者であるスチュアート・ホールなどが指摘しているように、このメディア社会においてこそ、「イデオロギーの再発見」、イデオロギー的な文化支配の徹底した暴露が必要なのも、明らかなのだ。「身振り・ものの考え方・言い方」を含めた文化総体の支配の構造を、個人の意識を越えた領域で行使されている文化支配の問題として、表面的な「断片性」「脱中心性」を越えて、分析することが問われているといってもいいだろう。

こうしたイデオロギー支配への新たな視点は、支配という現象そのものをめぐる考察とともに、これと対抗する「運動」の問題へと僕たちを導かざるをえない。従来、「左翼」は、支配の問題を、ある一元的な権力意志によるコントロールの問題として把握してきた。だからこそ、「左翼」は、逆に、この権力意志に対抗する勢力を、より一元的な組織による対抗軸（民主集中制という名の集中制などもその一例だろう）の設定のなかで形成しようとしてきた。ときには、支配の側の一元的で軍事的なモデルの二重映しどころか、それをより強化するかたちで、反抗を組織しようとしてきたのだ（実際、二〇世紀前半まで、資本主義の生産モデルばかりか、ほとんどあらゆる効率的な組織モデルは、一元的ヒエラルキーに相似的な形態を理想の形態として把握してきた）。しかし、第二次大戦後、特に七〇年代を境として、資本の無政府的多元的発展に規定されることで、（支配勢力がそれに意識的か無意識的かにかかわらず）支配の構造（生産の構造）は、むしろ多元化しつつ統合する形へと大きく変化してきたのではないか。そしてその変化の波こそ、ここで論じようとしてきた「七〇年代問題」の重要なテーマの一つなのだ。

欧米の「左翼」に属する理論家たちのなかには、ここで言う「七〇年問題」にかなり早い段階で気付いた人々が存在していた。それは、多くの場合、「六八年問題」として対象化されてきた。つまり、六八年を中心とする若者の反乱やカウンターカルチャーの登場の背後に、七〇年を前後する変化の波を読み取るという作業だ。その作業は、この世界的規模の「反乱」の背景にある社会・経済的変化の波を、「人類史的」スケールでの社会の変貌としてとらえ、そこから新たな社会変革の方向性を探る（もちろん、ひどい悲観主義に色付けられた人々も登場したのだが）というかたちで行われた。

たとえば、アンドレ・ゴルツは、「もはやプロレタリアートなど存在しない」と明言した。とはいっても、「転向」したわけではない。逆なのだ。伝統的な意味での労働者階級の消滅の認識から出発して、新たな社会の変革を目指そうというのが、このフランス新左翼の代表的存在だった元統一社会党の理論家の立場だ。

あるいはまた、結果として、性急な理論化とラディカルな戦術主義によって、テロリズムの路線に吸収されることで崩壊していった七〇年代のイタリアにおけるアウトノミア運動の経験なども、基本的な方向性としては、こうした「資本の社会・文化・政治支配の変化」に対応した運動であったと考えていいだろう。また、こうしたイタリアの運動と積極的にかかわってきたフェリックス・ガタリ（たとえば、杉村昌昭訳『三つのエコロジー』平凡社ライブラリー）なども、七〇年代を通じて変化してきたこの社会をどう変革するべきなのかという観点から発言を続けている。

もちろん、「六八年」を評価しつつ、日本において、こうした変化を位置付けしようとした論者がいなかったわけではない。粉川哲夫氏、小倉利丸氏などの作業のなかには、明らかにこうした方向性が伺える。しかし、それは、ヨーロッパの「六八年の子どもたち」のようには、いまだ「潮流」として、社会的影響力を発揮するには至っていない。「七〇（六八）年」の把握を、曲がりなりにも潮流形式としてなしえたのは、すでに何度も繰り返すが、「戦後左翼」や「新左翼」ではなく、「保守」（それも、多くは、かつて「戦後左翼」に属しながら、それに見切りをつけた人々）であった。

「七〇（六八）年問題」をどうとらえるか。それは「現在」をどう把握するかという課題と直接に結び付いている。この作業は、経済学の領域では、たとえば「ポスト・フォード主義」の問題として、すでに論議が開始されている。文化領域においても「ポストモダン論」として、非政治化され、脱色されたかたちではあれ、「ポスト七〇年」の議論の日本への「輸入」が行われている。しかし、政治的・社会的領域においては、特に批判的な観点から「社会変革」を目指そうという人々にとっては、いまだ「七〇（六八）年問題」（それも、ヨーロッパのではなく日本の）は、ほとんど意織化されず、宙吊りにされたままの状態が続いているのではないか。

「昭和」を検証する作業のなかで、「七〇年問題」をどう解剖するか。それが、現在の僕たちに要請されている緊急の作業であることは明らかだ。

〔『検証［昭和の思想］Ⅳ〈戦後〉を発掘する』社会評論社、一九九一年一二月〕

附記

書かれているように、一九九一年、天野恵一・池田浩士編集の『検証［昭和の思想］』の第四巻が初出である。実は、この論文、大幅修正の上、日本社会学会の英語による学術雑誌の第一号に掲載されてもいる。

戦後青春小説を一種の社会学的ドキュメントとして「読む」というスタイルで書いた。図で示した青春小説の主人公たちの社会的変容というパースペクティブは、一九八〇年代までで止まっている。それなら、「その後はどう描けるか」という質問も出てくるかもしれない。その回答は、「一九九〇年代以後は、多様に拡散していく流れになる」というものになるだろうと思う。ネット右翼に代表される流れは「(擬似的な)社会」と「同調」の流れで分析できるかもしれないし、ごく一部の「社会派」は、「社会」と「自立」の流れといえるかもしれない。

とはいえ、大きな流れは、ここで描いた「私＝同調」という傾向、つまり「個人化」と「空気の支配」という流れの深まりという視座から考察されることだろう(その流れの変化の兆しについては、最終章を参照してほしい)。

戦後男の子文化のなかの「戦争」

はじめに

一九九〇年代は、戦後日本社会における「戦争」の意味付けという点で、ひとつの大きな画期であったといえる。[1]そのことは、今後、日本社会の変化のなかで繰り返し想起されるような社会意識の根本的な地殻変動だったとさえいえるかもしれない。まさにこの時期、一九九一（平成三）年の湾岸戦争を前後した「一国平和主義」論議や、それと連動したＰＫＯ法論議、さらに、九条を軸にした憲法論議に至るまで、それまでにない形で「戦争」が露出してきたからである。

この新しい「戦争」の意味付けをめぐる変容は、これまでの「戦争」をめぐる論議とは明らかに異なる様相をともなっていたと思う。というのも、こうした意味付けの変化は、戦前回帰の古い保守勢力の声としてだけでなく、いやそれ以上に、若い世代の動きのなかで浮上してきたからである。しかも、「戦争」や「力の論理」をめぐる、ある種の（ときに露悪的な装いも含みつつ展開された）「肯定的意識」の表明は、九〇年代を通じて、着実に広がりを見せたといえるであろう。

一……『戦争論』への既視感

こうした若い世代における「戦争」の意味付けの変容を、社会現象として示した象徴的「事件」として、小林よしのりのマンガ『戦争論』のブームをあげることに異論のある人は少ないだろう。[2] 一九九八（平成一〇）年に出版された小林の『戦争論』は、瞬く間に版を重ね七〇万部を越えるベストセラーとなった。この本をひとつの「文化現象」としてとらえるとき、読者として目立ったのが、（これまでマンガを読むこのなかった戦争体験をもつ高齢者層とともに）現在の若者のなかには珍しく読書量の多い、どちらかといえば社会問題に強い関心を抱く層だったという印象をもったことを付け加えておいてもいいだろう。[3]

ここで、小林のマンガをめぐる状況論を論じようとは思わない。また、この作品の政治的評価をするつもりもない。というのも、個人的な感想をいえば、ほぼ同世代の小林（小林は一九五三年生まれ、筆者は五一年生まれ）の『戦争論』を読んだとき、まず最初に感じたのは、その「好戦的身振り」への嫌悪でも、また「反動的なもの言い」への反発でもなかったからだ。むしろ、ある種の「既視感」のようなものを強く感じたのである。「ああ、こんな戦争体験読んだことがあるなあ」から出発して、「軍事マニアだったあいつはどうしてるかな」

に至る、「何だかなつかしいなあ」という「気分」がまず先に来てしまったのである。

(二)……………『戦争』をめぐる複数の声

「なぜだろう」と考えた。理由はすぐに見当がついた。一九五〇年代から六〇年代という「戦後民主主義」花盛りの時代に少年時代を送ったはずの筆者や小林の世代にとって、実は、小林が描いた「戦争」イメージの方が、現在「戦後平和主義」としてくくられる言説よりも、はるかに身近だったという記憶があるからなのだ。

逆にいえば、敗戦によって大きな転換を遂げたはずの戦後日本社会における「戦争観」というものが、実は「平和主義」としてくくられる単純な流れとしては存在しなかったということでもある。「戦争」をめぐる意味付けは、現在しばしば語られるように、敗戦後直ちに平和主義に全面的に移行したわけではない。マスメディアや学校教育における「公式」の「平和主義」的な「戦争」の意味付けの一方で、「戦争」を肯定する声もまた根強く存在していたのだ。もっといえば、多くの人々にとって、「戦争」は、単純な肯定でも否定でもない、個人の過去と現在の間で簡単には整理することのできないゆらぎを含んだものとして把握されていたと考えた方がいいだろう。こうした「戦争」をめぐる複数の声の重なりあいのなかで、五〇年代、六〇年代が展開し、七〇年代以後の社会意識における「平和主義」のメインストリーム化に向かって大きな流れが形成されてきたのである。

当然のことながら、本稿では、こうした戦後の「戦争観」の変遷を全面的に追うことはできない。ここでは、そのひとつの作業として、小林の『戦争論』に触発されつつ、個人史と重ねながら、戦後の男の子文化という狭い領域のなかで、そこに現れた「戦争」イメージの変容について、その輪郭を描くことで、小さな問題提起をしてみたいと思う。

一、……………連続する社会意識のなかの「戦争」――敗戦直後の軍隊・天皇イメージ

(一)……………「価値観の大転換」の陰で

「敗戦という経験は、日本人の価値観を根本的に変えた」という言葉をよく耳にする。しかし、ほんとうに、一九四五年八月一五日で、日本人の価値観はそれほど大きな変化をこうむったのだろうか。

もちろん、戦時体制から突然生じた「平和」な生活への転換は、とまどいも含めて、それまでの生活観や価値観を大きく変えたのは事実だろう。そしてまた、戦後の六〇年近い歳月のなかで、日本に暮らし生活する人々の意識が、大きな変容を遂げたことも間違いのないことだ。なかでも、占領軍のコントロールのもとにあったメディアや教育の場で、大きな転換が見られたことは、多くの人々が記録している通り、明らかなことだろう。いわば、戦時体制の価値観から平和主義・民主主義への価値観の変化といわれるものである。

とはいっても、この変化は、広い意味での社会意識の急激な転換を生み出したのだろうか。

むしろ、価値観の大きな変容は、とりあえず、知識人、マスメディア関係者や教師・学生を含む広義の「知識層」を中心にしたものであり、必ずしも社会全体の根本的な変化を生み出してはいなかったのではないだろうか。

(二)……………戦後社会意識のなかの「天皇」および「再軍備」

たとえば、戦後の世論調査における「天皇制」および「再軍備」をめぐる動きを見ると、マスメディアや教育の場における平和主義・民主主義への変化と比べて、社会意識という面での変容は、それほど急激な形で進行しなかったことが見てとれる。

実際、敗戦間もない一九四六年の世論調査研究所の調査によれば、天皇制を支持する者の割合は九一%、うち「政治の圏外で道義的存在」としてが四五%と多くを占めてはいるが、「現状の(すなわち帝国憲法下の)天皇制」を支持する者が一六%、「政権を議会と共有」も二八%あった。政府の広報室のその後の世論調査においても、「天皇制の権限強化」に賛成する声は根強く、一九五六年で二三%(象徴天皇制支持は四八%、廃止は三%)、六五年でも二一%(象徴天皇制支持は五二%、廃止は二%)を占めていたことからも、戦前回帰派の声が一定ではあれ根強く存続していたことが読み取れる。これが大きく変化し、新聞社の世論調査で「天皇制の権限強化賛成」が五%前後の数字になるのは、七〇年代に入って以後のことである。

また、再軍備の意識調査でも、一九五一年の読売新聞の調査では「国防軍再建賛成」は四七％であり、反対の二四％を大きく越えている。この傾向は、朝日新聞の調査でも同様で、「軍隊は必要」「条件つきで必要」「必要なし」の回答は、五二年には、三二％、二四％、二六％、五三年で四一％、一六％、二三％、五四年調査で三七％、一五％、三〇％と、多数派は再軍備に傾いていたことがわかる。（本書「憲法と世論」参照）

朝日・読売両新聞の世論調査によれば、日本国憲法制定後の「再軍備のための改憲」の声が、「再軍備のための改憲反対」へと大きく転換するのは、一九五〇年代後半から六〇年代にかけてのことである。

筆者の子ども時代（一九五〇年代）の経験を振り返ってみても、「戦争」はまだまだきわめて身近なものであったという記憶がある。小学生時代、特に男の子同士の会話のなかで、「なんで戦争に負けたんだろう」「戦争に負けてくやしい」とか、世界地図を見ながら「戦争に負ける前は、日本の領土はここまであった」とかいう発言や、「日本で一番偉いのは天皇陛下だ」といった声を聞くのはそれほど珍しくなかった。こうした男の子たちの声の背後には、おそらく、彼らを取り巻く大人たちの戦争観が控えていたのだろうと思う。もちろん、大人たちは、子どもたちに、戦争のつらさについて多くのことを語っていたのも事実である（しかし、つらいはずの時代を何だか「なつかしい」ような気分をともなって、ときに「楽しそうに」語る大人たちの姿に、奇妙な感じを抱いたことがしばしばあった）。と同時に、（負けたとはいえ）「戦争に強かった日本」「大国だった日本」についての誇らしいような発言を、大人たちから聞くことも珍しいことではなかったし、子ども同士の間でも、そうした会話はしばしば行われていた。

二、……………一九四〇・五〇年代における男の子文化と「戦争」

(一)……………「平和主義」のヘゲモニーの下で

社会意識における戦争や軍隊イメージにおける戦前から戦後への一定の連続性の存在はあったにしても、言論や学校という場での「公式」の理念としては（必ずしもストレートに七〇年代以後の平和主義的言説のメインストリーム化にはつながらない、さまざまなゆれやゆらぎを含みつつも）、「戦争忌避」「平和主義」は、一種のヘゲモニーを形成していた。たとえば、当時の文部省による副読本『新しい憲法の話』や『民主主義の話』（ともに九〇年代に相次いで復刊された）を読めばそのことは明らかだろう。

たとえば『新しい憲法の話』は、憲法九条についてこう書いている。

> こんどの憲法では、日本の国が、けっして二度と戦争をしないように、二つのことをきめました。その一つは、兵隊も軍艦も飛行機も、およそ戦争をするためのものは、いっさいもたないということです。これからさき日本には、陸軍も海軍も空軍もないのです。これを戦力の放棄といいます。「放棄」とは「すててしまう」ということです。

しかしみなさんは、けっして心ぼそく思うことはありません。日本は正しいことを、ほかの国よりさきに行ったのです。世の中に、正しいことぐらい強いものはありません。／もう一つは、よその国と争いごとがおこったとき、けっして戦争によって、相手を負かして、じぶんのいいぶんをとおそうとしないということをきめたのです。おだやかにそうだんをして、きまりをつけようというのです。なぜならば、いくさをしかけることは、けっきょく、じぶんの国をほろぼすようなはめになるからです。また、戦争とまでゆかずとも、国の力で、相手をおどすようなことはいっさいしないことにきめたのです。これを戦争の放棄というのです。

もちろん、その背景には、占領軍による統制や、この統制に過剰にといっていいほどに（もちろん、戦後民主主義という新しい理念を積極的に支持した人々の存在を前提にしてのことだが）「適応」を見せた統治勢力・官僚・マスメディアの対応があったはずだ。というよりも、淡徳三郎が鋭く見抜いたように、もっとはっきり「何よりも不幸だったことは、この二大条件（筆者注：反動勢力の除去と民主主義の確立）の遂行もまた、降伏を担当したと同じ反動軍関係者にゆだねられた」といった方がいいのかもしれない（淡、一九四八年）。看板は変わったが、多くの面で、統治する層、理念を語りかける層は、戦前からの連続性のうちにあったということである。

男の子文化という面でも、こうした「民主主義的」統制は発揮されていたと思われる。敗戦後、新たに再生した男の子文化には、明らかに「戦争」やナショナリズムの要素がすっかり抜け落ちているからだ。高橋康雄が指摘しているように「敗戦直後、意気ごんだのは児童雑誌関係者のほうであった。文化国家は児童雑誌からといわんばかりに少年大衆雑誌に先がけて二一年四月、『赤トンボ』『子供の広場』、五月『童話』『少国民世界』、一〇月『銀河』、二二年六月『子どもの村』などがあいついで創刊された」（高橋、一九八七年、二一頁）。その背景には、「俗悪」で「封建的」な男の子文化からの子どもの隔離の意志が見てとれる。

(二)…………戦前の男の子文化との連続性

しかし、当然のことながら、子どもたちに熱狂的に受け入れられたのは、こうした「よい子」の雑誌ではなく、戦前からの流れを受け継いだ少年大衆雑誌や戦前の少年軍事愛国小説（高垣眸や南洋一郎、海野十三らの）のセンカ紙による復刊だったという（高橋、前掲論文など参照）。雑誌も、一九四六年一月に講談社は『少年倶楽部』『少女倶楽部』を、『少年クラブ』『少女クラブ』に誌名を変更し再登場させ、同年一一月には『少年』（光文社）が発刊、さらに翌四七年一二月には『少年倶楽部』の名編集長として著名な加藤謙一が『漫画少年』（学童社）を創刊した。この流れは、一九四九年の『少年少女冒険王』（秋田書店）、『おもしろブック』（集英社）、五〇年『少年画報』（少年画報社）、五二年『漫画王』（秋田書店）、五三年『痛快ブック』（芳文社）、『幼年ブック』（集英社）、さらに五五年の『ぼくら』（講談社）と、マンガを軸にした月刊少年大衆雑誌のブームへと受け継がれていく。

これらの少年大衆雑誌は、基本的に戦前の少年愛国小説のもっていた要素を残しつつ、他方で、戦後の「民主主義」や「平和主義」に、基本的には対応する形で工夫され出版されていたはずだ。というのも、一九四〇年代におけるマンガへの「俗悪」という社会的非難は、「赤本」ものなど単行本については若干存在してはいても、少年雑誌などにおいては、それほど存在していないように思われるからだ（橋本、二〇〇二年）。

三……「封建制」というレッテル

もちろん、男の子文化に対する「俗悪だ」という批判の声も当然あった。戦後男の子文化において、社会的な非難にさらされた最初のケースのひとつとして山川惣治の絵入り読み物「少年ケニア」（一九五一年一〇月より『産業経済新聞』連載）をあげることができるだろう（竹内、一九九五年、三八―四九頁）。後に実写版の連続テレビドラマとして人気を博したことでも知られるこの絵物語のストーリーは、アフリカ・ケニアで父と離れ離れになったワタル少年が、さまざまな敵や仲間と出会いながら、冒険を続けるというものである。

「少年ケニア」への非難の理由は、竹内オサムがまとめたこの時期の論争の整理を見てもよくわからない。竹内が引用している滑川道夫（当初この作品を評価しながら、後に厳しく非難した）も、「絵の稚拙さやその思想性」を問題にする一方、「（筆者注：海外の白人優位主義的なものとちがって人種差別への目配りがあることを述べた上で）むやみやたらに人を殺さないすじはこびに山川惣治の英雄主義、任俠主義に通ずるヒューマニスティックな精神があらわれているのがせめてもの救いであるといわなければならない」などと、評価するような言葉を付け加えている。

おそらく、こうした非難の第一の理由としてあげられるのは「旧弊の物語り展開」(竹内、前掲書)ということであったと思われる。というのも、山川の絵物語は、明らかに『少年倶楽部』に代表された戦前の少年軍事愛国小説を強く連想させるものだからである。しかし、ここでおさえておくべきは、戦前のこれらの読み物もまた、ここで滑川が指摘しているように、勇気や英雄主義の賛美の一方、人種差別への批判、過剰な暴力の抑制やヒューマニズムの強調がはっきり見られるということである(伊藤、一九八六年)。戦前・戦中の少年読み物を考察した佐藤忠男の著名な論文のタイトルをかりれば、「少年の理想主義」(鶴見俊輔編『現代人の思想セレクション1　大衆の時代』平凡社、二〇〇〇年所収)とでも呼べるこうした傾向は、おそらく現代においても、それほど非難を受けるようなものではないだろう。また、ハラハラ・ドキドキさせるサスペンスの要素もまた、どう考えても否定的に受け取られるべきものではないように思われる。

その意味で山川の絵物語において何よりも問題なのは、ストーリーの内容そのものではなく、「旧弊」という言葉が暗示するように、むしろ「戦前の男の子文化との連続性の匂い」ということではなかったのだろうか。当時の用語でいえば、「封建的」だったのである。自分の子ども時代を思い出しても、「封建的」というレッテルで戦前的なるものを切り捨てる力は、きわめて強力だったという記憶がある。しかも、そこには、内容の吟味さえともなわないような決めつけがしばしば控えていたのである。

㊃……………ミリタリー・カルチャーの再生

しかし、こうした「俗悪」の非難を越えて、男の子たちにとって、「少年ケニア」に代表されるような、戦前の少年読み物と連続性をもった血わき肉躍る冒険活劇ものは、圧倒的な魅力をもっていたことは想像にかたくない。そして、出版業界がこうした少年たちの声に応える企画を生み出すのは、商業出版であるかぎり必然であったともいえる。というのも、(少なくとも)近代社会以後の男の子文化においては、ある種のミリタリズム的要素は、その「魅力」を形成する最も重要な要素のひとつだったからである。この男の子文化のなかにひそむ戦争(および戦闘)の魅力にひきつけられる傾向を、ここでは高橋三郎らにならって「ミリタリー・カルチャー(戦争・軍事にかかわる文化)」志向と呼んでおこう(高橋、一九八二年)。

ただし、戦前の男の子文化と比べて、この時期、明らかに変わった点がある。読み物からマンガへという、メディアの大きな変化である。すでに見たように、四〇年代後半から五〇年代にかけて、明らかに月刊マンガ雑誌の急増が見られたことは、そのことをはっきり示しているだろう。その意味で、山川の絵物語(物語とマンガの中間形態)ブーム(これに紙芝居ブームを加えてもいいだろう)は、まさに、この読み物からマンガへという、子ども文化のメインストリームの変化の過渡期の産物だったのかもしれない。

五〇年代のマンガ文化の発展は、「ジャングル大帝」（『漫画少年』五〇年～）「イガグリくん」（『少年少女冒険王』五二年～）「鉄腕アトム」（『少年』五二年～）を生み出し、五四年以後は「木刀くん」（『少年少女冒険王』五四年～）「赤胴鈴之助」（『少年画報』五四年～）「ビリーパック」（『少年画報』五四年～）「背番号0」（『野球少年』五六年～）「鉄人28号」（『少年』五六年～）「まぼろし探偵」（『少年画報』五七年～）「矢車剣之助」（『少年』五七年～）「ジャジャ馬くん」（『冒険王』五八年～）「月光仮面」（『少年画報』五八年～）と、男の子たちのマンガブームを作り出していく。ここにあげた当時の著名なマンガ作品の流れを見ると、探偵ものや武術もの、チャンバラものと、それまで一定抑圧されていた冒険ものや戦いもの、それと密接にかかわるスポーツものが人気をもっていたことを読み取ることができるだろう。

ほぼ同じ時期、ラジオや映画において、同様の男の子向けの新しい潮流が目立って登場していたことも付け加えておく必要があるだろう。一九五一年のサンフランシスコ対日講和条約の締結を契機としてそれまで軍国主義につながると禁止されてきた時代劇の解禁が行われたのである。それを待っていたかのように、「白鳥の騎士」「笛吹童子」「紅孔雀」「オテナの塔」「七つの誓い」から「黄金孔雀城」に至るNHKの「新諸国物語」シリーズは、五〇年代の男の子の間に時代劇ブームを生み出した（「笛吹童子」の聴取率は三〇％といわれ、一二〇〇万人の子どもがこれを聞いていたという計算になるという）。この動きに東映は、東千代之介を主演にした「笛吹童子」（五四年）のシリーズ化を皮切りに、五部作の「紅孔雀」（五五年～）などの東映チャンバラ時代劇ブームを作り出した（「紅孔雀」は子どもの観客動員だけで九〇〇万人に及び、この結果、倒産寸前だった東映は好況企業へと転換できたというほどであった)(串間、二〇〇三年、二七―二八頁など)。

㊄……………テレビのなかの男の子文化

こうしたマンガ、ラジオ、映画で生み出されたブームは、一九五三年に開始されたテレビにおいても引き継がれる(いくつかの番組は映画にもリメイクされ多くの観客を確保した)。「赤胴鈴之助」(五八~五九年)「月光仮面」(五八~五九年)「少年探偵団」(五八年)「怪傑黒頭巾」(五八~六〇年)「風小僧」(五九年)「矢車剣之助」(五九~六一年)「少年ジェット」(五九~六〇年)「まぼろし探偵」(五九~六〇年)「七色仮面」(五九~六〇年)「白馬童子」(六〇年)「琴姫七変化」(六〇~六二年)「怪傑ハリマオ」(六〇~六一年)と続く男の子文化の隆盛は、敗戦後の「軍国主義」批判という名の、男の子向けの拳銃や剣を駆使した活劇の抑制に対する一種のリアクションであったとさえ思われるほどである。

また、力道山を中心にしたプロレスブームやアメリカの西部劇ドラマの流行なども、この時期のものである。五六年開始の騎兵隊少年兵と名犬の活躍を描いた比較的穏和な「名犬リンチンチン」に始まり、「ローン・レンジャー」(五八年放映開始)から「ガンスモーク」「ローハイド」「拳銃無宿」(すべて五九年放映開始)「ララミー牧場」「ライフルマン」(ともに六〇年放映開始)と次第に激しい撃ち合いシーンが含まれるドラマに男の子たちは強くひきつけられていった。

こう見てくると、五〇年代の男の子文化において、敗戦後抑制されてきた、肉体を駆使し、敵と対面し、敵を倒すという「闘いの文化」、すなわちミリタリー・カルチャーが、少しずつリバイバルしてきた様相が見てとれる。

すでに述べたように、こうした「闘いの文化」は、近代社会の男の子文化においては、きわめて魅力的なものであった。しかし、敗戦は、占領軍の現実の施策として、また、こうしたミリタリー・カルチャーをすっかり押し潰してしまった。また、学校やマスメディアといった「公式」の「大人」文化は、（そこには、必ずしも実質をともなわないままに、「民主主義」の理念に「過剰に」適応しようとした大人たちの戦後への対応が見てとれる）「平和主義」や「反封建主義」の名のもとに、男の子文化の重要な核を抑圧してきた。「平和主義・民主主義」の理念は、ときに、男の子文化にとって「抑圧的」な装置でさえあったといえるだろう。

こうした視点から見るとき、五〇年代は、こうして押し潰されてきた男の子のミリタリー・カルチャーが、再度、花開き始めた時期ともいえると思う。

㈥……………アメリカ文化の流入のなかで

ただし、詳しく見ると、戦前の少年大衆雑誌を引き継ぐ形で発展してきた日本の男の子文化と、テレビによって輸入されてきたアメリカの男性文化の間には、いくつかの相違点が存在していたようにも思われる。

ひとつは、描かれた理想的な男性イメージの違いである。日本の冒険活劇ものや時代劇に見られる二枚目の「美しい男性主人公」に対して、西部劇に代表されるアメリカ合衆国のドラマの男たちは、きわめてタフでマッチョなのだ。戦後の日本の男の子文化には、明らかに戦前の少年大衆雑誌の挿絵に描かれた一種同性愛的な匂いのするほどのエロティシズムをもった男性像が、比較的継承されていたといえる。東映時代劇の東千代之介は、その典型例だろう。しかし、五〇年代後半からのアメリカ型のタフでマッチョ、孤独で非情な男性像は、明らかに日本の伝統的なヒーロー像とは異なるヒーロー・イメージを男の子たちに与えることになった。(4)

そしてもうひとつは、正義や暴力についての理念の相違である。これもまた、戦後の日本の男の子文化には、戦前の日本の少年大衆雑誌を受け継ぎ、正義とヒューマニズムの精神や殺人を含む過剰な暴力の抑制のメッセージが多くの場合含まれていたのである（戦前の男の子文化の継承の背景には、一九三〇年代に戦前の少年大衆雑誌の読者であった世代が、この時期、今度は、作者・制作者や編集者・監督という制作する側となって、雑誌やテレビ、映画制作に参加していたこともあるだろう）。たとえば、戦後日本の（子ども向け）時代劇のヒーローは、多くが峰打ちで敵を倒し、命を奪うことの忌避をはっきりと示していた。現代劇においても、ヒーローたちは、敵のピストルを撃ち落とすか、手を狙って撃つことで制圧するというスタイルを徹底していた。つまり、過剰な暴力の抑制への配慮とともに、登場人物たちの「死」がつねに「見えない」形で作られていたのである。

だが、アメリカの西部劇はそうではなかった。悪と正義・勧善懲悪という理念的な正邪は日本の男の子文化ほどには示されることはない。むしろ、敵は敵であることをもって（もちろん敵は不公正であったり問題行動を起こす場合も少なからずあるが）打倒の対象であり、また、敵への攻撃はしばしば敵の死をもって終了するのである。

当然のことながら、西部劇は大人向けであり、日本の少年向け番組や雑誌は子ども向けである。しかし、問題は、当時の男の子は、これら双方を明らかに男の子のミリタリー・カルチャーとして、ほぼ同様に受け入れていたという事実であろう。

三、……………浮上する「戦争」――六〇年代の男の子文化

㈠……………「戦争」ブームの時代

五〇年代に復活し、また変容を遂げた男の子のミリタリー・カルチャーが、よりはっきりと男の子文化のなかに登場するのは、一九六〇年代に入って直後のことである。男の子文化に「戦争もの」のブームが発生するのだ。串間努によれば、安保闘争真っ最中の六〇年六月には、『画報戦記』という子ども向けの月刊戦記雑誌が登場している。発行部数は五万部とそれほど多くはないが、小学生を中心に、戦争がすでに静かなブームを生み出していたことをうかがわせる。

マンガにおいても、この時期、「戦記もの」がブームになる。竹内オサムは、こう書いて

いる。

戦記ものブームは、六一年に始まっている。直前に戦車や飛行機などのプラモデルの流行がおこり、また「ライフルマン」や「拳銃無宿」などのガンブームがおこっていた。兵器やメカに子どもの眼が向く環境が形づくられていたのである。……子ども雑誌にも、戦記もののブームがおとずれる。「ゼロ戦はやと」「白虎戦車隊」「ああ特別攻撃隊」「紫電改のタカ」「ゼロ戦レッド」「あかつき戦闘隊」など、戦記マンガが雑誌をにぎわせていく。そのピークは六二年であるが、六三年になっても兵器・戦記物が少年雑誌の中心となっていた。

（竹内、前掲書、九一―九二頁）

最初に火をつけたのは一九六一年九月号から『少年画報』で連載が開始された辻なおきの「0戦《ゼロ》太郎」だといわれる。この戦記もののブームは、月刊マンガ雑誌から、創刊されて間もない週刊マンガ雑誌（『少年サンデー』『少年マガジン』）へと継承・発展されていく。たとえば、六三年創刊の週刊誌『少年キング』の看板マンガとして登場したのは、辻なおきの「ゼロ戦はやと」と、第二次大戦中、中野学校で訓練を受けた少年兵部隊が活躍する吉田竜夫作「忍者部隊月光」であった（皮ジャンパーや迷彩服に月のマークの入ったヘルメット、背に刀を背負った彼らは、世界征服の野望に燃える国際ゲリラ組織「黒魔団」などと闘った。もともとは少年兵という設定だったが、いつの間にか、日本国際警察の秘密諜報部に所属する忍者部隊という設定に変化してしまった。おそらく軍隊から警察への設定の変化には、テレビドラマ化で人気を博したこともあり、「戦争」忌避という「世論」の介在があったのだろうと思う)。

雑誌付録を見ても、六〇年代に入ると戦争ものが露骨に姿を現し始める。串間努のまとめた『『少年』のふろく』(光文社、二〇〇〇年)に登場している付録の流れを、「戦争もの」という視点に立って読み直すと、それまでも存在した飛行機や車、ロボットなどの付録から、はっきり「ミリタリーもの」が露出してくるのが、一九六〇年以後であることが見えてくる。

ここでちょっと眼についたものだけあげても、「ロボット射撃銃」(六一年四月号)「宇宙戦車」(六一年六月号)「火炎放射銃」(六二年三月号)「宙返り戦車」(六二年八月号)「魚雷発射装置付き海戦ゲーム盤」(六三年四月号)「ジェット推進ミサイル空母」(六五年四月号)「戦艦撃沈ゲームつき鉄人ミサイル」(六五年七月号)「空母発着操縦ゲーム」(六五年一〇月号)「レーダーミサイル」(六六年三月号)「秘密兵器セット」(六六年五月号)といった布陣である。

男の子たちをひきつけたプラモデルの世界にも六〇年代になると「戦争」が本格的に登場してくる。日本模型(ニチモ)が「戦艦武蔵」で男の子の心をとらえたのは一九六〇年であった。このとき、同じ「戦艦武蔵」を出したが、ニチモより小型だったため人気をニチモに奪われた田宮模型は、一九六一年に「パンサータンク」を発売し巻き返しをはかった。田宮模型は、その後「三五分の一戦車シリーズ」や「ワールドタンク」など戦車ものを次々と売り出し、ニチモとともにプラモブームを牽引することになった。この時期、プラモといえば第二次大戦中の日米独軍の兵器が、何といっても子どもの人気の中心であった(今、二〇〇〇年)。

(二)……残酷な「死」のシーンの登場

男の子の戦争ブームをさらに広げたのは、ヨーロッパ戦線におけるアメリカ軍の一歩兵分隊の戦闘を描いた「コンバット」(一九六二〜六七年)だっただろう。ビック・モロー演ずるサンダース軍曹の憂いを含んだしかも冷徹なヒーローぶりは、翌年開始されたドキュメンタリー・タッチの戦争ドラマ「ギャラントメン」とともに、男の子たちにそれまでにないリアリズムをもって戦争を身近に感じさせた。なかでも、これらの戦争ものは、西部劇以上に、兵士たちをはじめとする登場人物たちの悲惨で生々しい「死」を描き出すことで、「衝撃」や「恐怖」とともに、日本の男の子文化にはこれまで存在しなかったような「新鮮さ」を男の子たちに与えた(それは筆者の記憶にもはっきり残っている)。

子ども向けの日本のテレビドラマにも、登場人物たちの生々しい「死」を露骨に描くものも増加していった。そのひとつの例として「隠密剣士」(一九六二年放映開始)をあげてもいいだろう。忍者ブームを巻き起こしたこの連続ドラマ(特に、忍者ものに特化し始めた時期以後)では、それまでになく悲惨な忍者たちの死のシーンが毎回盛り込まれていた。

(三)……男の子文化批判の広がり

当然、こうした男の子たちの「戦争」「ミリタリー・カルチャー」ブームを面白く思わない人々は、しばしばこれを批判する議論を巻き起こしている。

一九六四年にマンガの特集を組んだ『児童心理』を見ると、一部にマンガの魅力を語る論者はいるにはしても、基本的なトーンは低俗なメディアとしてのマンガ批判である。当然のことながらマンガ雑誌の戦争ブームについては、何人もの論者が強い危惧を表明している。たとえば菅忠道（日本子どもを守る会常任理事）は「週刊児童雑誌を斬る」でこう書いている。

少年週刊誌が、ここ二、三年の間に、めきめきと伸びるようになったのは、戦記・兵器関係の記事に重点をおいた編集と深い関係があるといわれている。たしかに児童雑誌の戦争物ブームは、週刊誌を軸に、近ごろ目だって盛りあがってきた傾向である。少年週刊誌のほとんど各号の表紙が、太平洋戦争時の日本軍の花形航空機や軍艦あるいは米軍・自衛隊などの新鋭兵器を中心とした『カッコいい』戦争物で飾られているのである。

（同誌、八五頁）

菅によれば、この年の新年号の巻頭特集は、次のようになっているという。

『少年サンデー』［表紙］F104のパイロット（航空自衛隊）［口絵］大空にかがやく五輪（東京オリンピックを祝う自衛隊ジェット機の妙技）［図解特集］世界のふしぎ、忍者

手裏剣のひみつ、無敵ゼロ戦隊
『少年マガジン』［表紙］宇宙服装備の丘士と未来戦［口絵］未来戦の花形、ロボット戦車［図解］新しい世界のロボット（第二号からは、口絵・図解を通した「連合艦隊の一生」の連載がはじまり、旗艦松島から大和・武蔵にいたる日本海軍史が展開されている）
『少年キング』［表紙］世界フライ級チャンピオン海老原博幸選手［口絵］わたしは見た！ネス湖の恐竜、日本海軍が世界に誇る無敵海底空母［図解］特ダネ戦記（なぐりこみ神雷部隊）、第二次世界大戦戦争切手特集

同号で、都立教育研究所員の柳内達雄は、「おとなは戦争なんかもうコリゴリだが、子どもにはそういう実感がない。映画やテレビで戦闘場面に目をかがやかすばかりか、戦争マンガに熱中している。子どもが好戦的になり、戦争に対して楽観しているとは考えたくないが、こうデカデカとマンガに太平洋戦争をとりあげて、雑誌が一年以上も呼び物としてつづけているのはどうかと思う」とした上で、小学校六年生の男の子の「ボクと戦争」という作文を、次のように引用している。

ボクは戦争がすきだ。すきだといっても本物は大きらいで、映画や本がすきなのだ。／ボクの一番きらいな海戦は、ミッドウェー海戦とか、サボ島沖海戦だ。なぜというと、ミッドウェーは日本の軍のちょっとの手違いで、日本の空母が四せきもやられたからだ

（略）／島できらいなのは、ガダルカナルだ。これはひどくて日本軍はほとんどやられてしまった。このころから日本軍は負けてくるのだ。このように日本軍がまける戦争はきらいで、米軍がまける戦争はなんどあってもいい。（前掲『児童心理』四六―四七頁）

ほぼ同時代を男の子として生きた者としては、当時の男子小学生の平均的な気持ちの表明という印象がある。しかし、筆者の柳内は、「野球のゲームを楽しむような戦争の見方をしている」「勝ちさえすればという好戦的な気分が伺えないでもない」と、この作文に強い危機感を表明している。

㈣……………「戦争」から「革命」へ

教育や良識という名の「大人」の側から見た男の子文化のなかの戦争という点で、一九六八年の「少年サンデー事件」は、今から見ると、ひとつの大きな転換点を形成したとも思われる。同誌の三月二四日号で「あかつき戦闘隊（筆者注：同誌連載中の人気マンガのタイトル）大懸賞」が発表されたのである。この賞の賞品は、「一等が日本海軍兵学校制服上下に制帽、短剣、刀帯セットというもの、二、三等は『アメリカ軍コレクション』、四、五等は『ドイツ軍コレクション』、以下九等まであるというもの。コレクションの内容は、鉄カブトやピストル、軍旗、胸章、肩章、認識票などで、『どれも実物そっくりのモデル！』と謳われていた」という（石子、一九七五年、一五三―一五四頁）。

ひいき目に見てもいささか「やりすぎ」という印象だが、当然、この懸賞には、マスメディアも含めて社会的な非難が加えられた。『少年サンデー』側は、結局、のらりくらりと逃げ回りあやふやな対応のまま終息を迎えたようだ（石子、前掲書参照）。

人気マンガの歴史を眺めると、まさにこの時期を転機として、第二次大戦ものの戦記マンガが、ほとんどその姿を消していく様子が見てとれる。もちろん、社会的非難への対応ということもひとつの大きな理由であっただろう。しかし、それだけではないと思う。すでに月刊マンガ雑誌（その多くは一九六〇年代半ばで終刊・休刊を迎えている）から週刊マンガ誌へと大きな変化を遂げていた日本のマンガ・シーンは、「戦争」よりも面白いストーリー・マンガへの転換を始めていたからだ。

『少年サンデー』が「あかつき戦闘隊大懸賞」を行った一九六八年はライバル誌の『少年マガジン』で「あしたのジョー」の連載が開始された年でもある。『少年マガジン』は、一九六六年開始の「巨人の星」、六七年連載開始の「無用ノ介」と、ストーリー性の高いスポーツものやニヒルな時代劇など新しい分野の開拓で、男の子たちの人気を集め始めていた。また、六八年には、『少年ジャンプ』、翌年には、『少年チャンピオン』と、男の子向けマンガ週刊誌が次々と創刊され、読者の新規開拓戦略のなかで、マンガ雑誌そのものが新たな変化を求められていたことも、「戦争もの」の終息に影響を与えたことだろう。

そして何より、読者である若い世代に、現実の「戦争」が影をさし始めたことも、「戦争もの」、特に第二次世界大戦ものの消滅に大きくかかわっていたと思う。ベトナム戦争という、第二次大戦とは、武器の質も、また戦争の意義も異なる「戦争」を、読者たちは、すでに身近になったテレビを通じて「目撃」するようになっていたのだ。読者年齢の上昇もまた、この転換にはかかわっていたはずだ。『京都大学新聞』が学生の読んでいる週刊誌の調査をしたところ『少年サンデー』が第四位に入ったというのがニュースになったのは一九六五年のことだといわれる（石子、前掲書、一二九頁）。やがてやってくる「右手にマガジン、左手に（朝日）ジャーナル」とまでいわれた全共闘時代に、みすみす読者を捨てるような戦略を、マンガ雑誌がとれるはずもないだろう。というのも、「ベトナム反戦」をひとつの大きなテーマとした六〇年代後半の学生運動と、第二次世界大戦を無批判に描いた戦記ものが共存できるはずもないからだ。

とはいっても、この時代、広い意味での男の子（若い男性）文化のなかからミリタリー・カルチャー的な要素がまったく消失したわけではない。むしろ、六〇年代後半から七〇年代初頭の時期は、戦後の男の子文化のなかに復活してきたミリタリー・カルチャーが日本の男性文化のなかにより深く根を下ろして身体化されていたことを、はっきり証明した時代だったともいえる。一九六〇年代末から七〇年代初頭にかけての全共闘運動と称される大学闘争においても、そのことはかいま見ることができる。理念としての反戦・平和主義の一方で、行動としてのヘルメットにゲバ棒という、見方によれば矛盾した運動のスタイルの背後に、彼らが子ども時代を過ごした五〇年代から六〇年代の男の子文化の影（理念としての反戦・平和・民主主義の一応の承認と、たてまえの理念によって抑圧されたミリタリー・カルチャーへの強い関心というアンビバレンス／日本の少年大衆雑誌の勧善懲悪主義・人情主義や精神主義・決意主義と西部劇やコンバットに見られるアメリカン・ヒーローのタフで孤独な男性像のアマルガム）を見いだすことは、それほどむずかしいことではないからである（そのことは、渦中にいた筆者自身の自戒もこめた感想である）[5]。

四、……………「戦争」の終わり──身体性の喪失と傍観主義の成立

(一)……………「戦争」の消滅

六〇年代後半から七〇年代に至る若者意識の激動のなかで、男の子文化は大きくその色合いを変化させた。第二次世界大戦を描いたマンガは、反戦メッセージをはっきり打ち出したごく少数のマンガを除いて、ほとんど消滅することになった。米沢嘉博の言葉を借りれば、六〇年代後半から七〇年代初頭は、少年マンガも（六〇年代前半の戦争の時代から）「革命の時代」への移行をもたらしたといってもいいのかもしれない（米沢、一九九六年、一一六―一二一頁）。ジョージ秋山、宮谷一彦、真崎守、山上たつひこ、かわぐちかいじといった作家たちを代表に多くのマンガ家たちが、青年コミックスや少年マンガにおいて、現状批判や現状破壊への強烈なメッセージを発し始めたのである（しかし、そこには逆に、それまでになく強烈な闘争心や破壊衝動といった一種のミリタリズムがともなっていたことを見落としてはならないだ

ろう)。

　しかし、七〇年前後の反乱の時代の終焉と、モラトリアム時代・シラケ時代と呼ばれる若者のアパシーの広がりは、男の子たちを取り巻く文化にも根本的な変化を作り出した。

　もっとも顕著な変化は、七〇年代のマンガ・シーンにおいては、いわゆるギャグ・マンガのヘゲモニーとでもいっていい状況が作り出されたということである。戦争であれ革命であれ、「まじめ」であることは忌避され始める。情念や力で現状を破壊するのではなく、現状を笑い飛ばすことで、新奇性をもった非日常体験を味わうことが、多くの男の子の楽しみの中軸を形成するようになるのだ。

(二)……ミリタリー・カルチャーの新しい形

　とはいっても、男の子文化におけるミリタリー・カルチャーが全く消滅したわけでもない。見方を変えれば、暴力を含む闘争シーンは、七〇年代後半から八〇年代にかけて、それまで以上に男の子文化のなかに定着したということもできるほどだ。しかし、このミリタリー・カルチャーは、歴史上の戦争を描いたものや革命への情念的行動を訴えるようなものではなかった。世界戦争などによる破壊の後の弱肉強食の世界や、学園における番長ものなど、「兵器」をもたない肉弾戦による露骨な暴力シーンが、男の子文化のなかに広がっていく。

　逆説めくが、ここで繰り広げられる肉体を使った闘争には、それまでの少年マンガと比較したとき、身体性の喪失を強く感じさせられるという気がする。そもそも、登場人物たちの力は、六〇年代の「あしたのジョー」や「巨人の星」のように（よりミリタリー的要素の濃いマンガとして「空手バカ一代」を付け加えてもいいが）、修行や習練を積んだ上での能力ではない。あらかじめ、天性のものとして主人公たちに備わっている力なのだ。逆にいえば、読者は、登場人物に「なれる」「なりきる」ということが（それまでの男の子文化においては、努力を通じてヒーローのように「なれる」可能性が、空想の世界ではあっても開かれていたのに比べて）、あらかじめ制約されているということでもある。極端にいえば、読者はヒーローにあこがれ（ヒーローのようになろうとす）るのではなく、ヒーローの活躍を、クールに「傍観」する立場に置かれる傾向が、より強まるということでもある。

だからこそ、肉体を駆使した暴力シーンが連続するバイオレンスものにも、また、派手な「どつきあい」が繰り返される学園番長ものにも、かつて子どもたちが、読者としてヒーローになりかわって感得していた身体性は失われてしまったという印象がある。この傾向は八〇年代に入ると、さらに強まっていく（伊藤公雄「傍観する男――少年マンガ『北斗の拳』のケンシロウ」伊藤、一九九三年、三八―四〇頁）。

読者の身体性の喪失は、七〇年代以後の新たな「戦争もの」としてのロボットものや、「宇宙戦艦ヤマト」に代表されるような一種のＳＦ冒険ものにおいても共通しているだろう。というのも、ここで闘われる戦闘は、身体ではなく、しばしばテクノロジーの闘いになるからである。

身体や武器を使った激しい破壊的な闘争をクールに眺める、身体性なき傍観という奇妙なミリタリー・カルチャーの広がりが、七〇年代から八〇年代を通じて、男の子たちをひきつけていくといってもいいだろう。しかし、八〇年代の新たな男の子文化は、ブームという点でそれまでとは明らかに異なる点がある。それは、ブームが同世代全体に一挙に広がるという現象が見られなくなるということだ。むしろ、戦闘ものも含めて、それぞれが「島宇宙」（宮台真司）のように個々独立した一部マニアとして囲い込まれていくという現象が見られるのである（「オタクの誕生」といってもいいだろう）。

おわりに

(一)……おもしろい「戦争」

それなら、九〇年代はどうだっただろう。実は、九〇年代は男の子文化のなかの戦争は、ある意味で拡散し、また、他方で熱狂的なファン層が存在するといった「島宇宙」型のブームとして、社会的現象としてはそれほど注目されることなく拡大していった。

特に、八〇年代にはすでに誰でもがもっているオモチャになったテレビゲームやコンピュータ・ゲームの発展は、九〇年代には、モニター上の「戦闘」を男の子たちの間に拡大していった。

高校生などもよく読んでいる「ノベルス」と呼ばれるようになった「大衆読み物」において、「大逆転」とか「……艦隊」とか、「激烈……」とか、景気のいい題名のついた戦争シミュレーションものが、目立って増えるのも、九〇年代に入って以後のことである。興味深いのは、これらの戦争ものの多くが、アジア・太平洋戦争における（あるいは朝鮮有事においても事情は同じだが）、正義と平和を愛する日本軍の勝利といった方向で、物語を作り出している点である。ヒトラーと日本軍との戦いというケースのものもかなりの数存在していた。やはり勝ち組になりたいという読者の気持ちにうまくとりいろうということだろう。

なぜこの時期、新たな戦争ブームが広がったのだろうか。その理由のひとつとして、七〇年代以後その姿を消した「第二次世界大戦」が、ある意味で、男の子たちの目にこれまで見聞きしたことのない「新鮮な」ミリタリー・カルチャーとして映っていることもあるだろうと思う。

政治・社会的な文脈もまた、こうした男の子文化における「戦争の再浮上」の背景にはあるだろう。つまり、一九八九年に生じた冷戦の終焉と、それにともなう国民国家のゆらぎという歴史的かつ国際的な大きな地殻変動が、そこには控えているからだ。そればかりではない。男の子たちを取り巻く社会の変化もまた、彼らの意識に大きな影響を与えているはずだ。というのも、七〇年代以後の男の子文化のなかで拡大してきた身体性の喪失や、コミュニケーション環境の変化にともなうアイデンティティのゆらぎもまた、マニアックな男の子の戦争ファンの態度のなかから読み取れるようにも思うからだ。

と同時に、七〇年代以後はっきりと登場した戦後平和主義のメインストリーム化[6]もまた、こうした男の子文化における「戦争」の浮上と関係しているように思う。学校やメディアで語られる「平和主義」は、男の子たちの一部に、ある抑圧感を生んでいるように思うからだ。本来、自由で民主的な社会生活を保証するはずのこうした「理念」が、ある「原理」のおしつけとして、むしろ「抑圧」の装置として、男の子たちの前に、それまで以上に浮上するのが、この九〇年代だったと思うからである。その意味で、ミリタリー・カルチャーへの接近は、男の子たちにとって、大人たちの「平和」のおしつけに対する「抵抗」のひとつの形であったのかもしれない。

この「抵抗」は、九〇年代の男の子文化ばかりでなく、実は、戦後六〇年の長い期間において継続していたものだったともいえる。戦後の日本社会において、「平和と民主主義」は、それが具体的な政治の場では実現していないにもかかわらず、時代の展開にともなって、明らかに公式の（たてまえの）理念としてのヘゲモニーを形成・維持してきたからだ。そう考えると、男の子文化におけるミリタリー・カルチャーは、大人たちのたてまえの理念に対する「抵抗の文化」（フィスク、一九九八年）でもあったということができるだろう（ある意味で、ねじれた「抵抗」ではあるのだが）。

五〇年代に子ども時代を過ごした世代にとっても、ミリタリー・カルチャーの抑圧を含む、「民主的抑圧」の問題は、自覚されることのないままではあっても確かに存在していた（繰り返すが、全共闘運動に代表される学生闘争の背後にこうした抑圧への反発の要素を見いだすのはむずかしいことではない）。しかし、この世代には、社会への反抗という「はけ口」がまがりなりにも存在していたのである。ところが、八〇年代から九〇年代に生じた、相対的安定期の継続と若い世代を覆う意識の心理化傾向は、「社会」や「政治」といった「反抗」の出口を、彼らからほとんど奪ってしまっていたといえるのではないか。

二……………二一世紀のミリタリー・カルチャー

そして、二一世紀。男の子文化における「戦争」もまた、少しずつその色合いを変化させつつある(つまらない予想をすれば、おそらくはテロリズムが、新たなミリタリー・カルチャーの一要素として浮上してくるだろうと思う)。もしかしたら、近代社会の男の子文化が一貫して維持してきたミリタリー・カルチャーは、すでに身体性なき傍観による消費の対象(単に眺めて興奮する対象、コントローラーでコントロールする対象)になり始めているのかもしれない。しかし、その一方で、新たな(不健康なショービニスティックな)ナショナリズムの起爆剤・触媒として、男の子文化の「戦争もの」が、何らかの機能を発揮する可能性もあるだろう。

こう考えると、ミリタリー・カルチャーという課題は、二一世紀の「平和」と「民主主義」の確立のためにも、避けては通れない重要な課題だともいえる(高橋、前掲論文参照)。しかし、男の子文化におけるミリタリー・カルチャーの問題を、非暴力と平和の方向へと転換しようと望むなら、本稿で繰り返し述べてきたように、それを外部から「抑圧」するだけでは、問題は解決しえないだろう。社会的な抑圧は、逆に反発という形で、ミリタリー・カルチャーの火種を継続させることにつながりかねないからだ。問題なのは、男の子文化におけるミリタリー・カルチャーそのものを抑圧するのではなく、それを「安楽死(解体)」させることだろうと思う。この課題は、実は、国際社会における「戦争と平和」という視座からの近代社会における男性研究というより大きなテーマとも重なる要素を含んでいるだろうとも思う（伊藤、二〇〇二年、二二一―二二二頁）。

その意味で、男の子文化にひそむミリタリー・カルチャー研究という視点は、過去・現在の日本社会を考察するためにも、また平和な日本社会や国際社会の可能性を構想するためにも、これまで見失われてきた課題として、注目すべきテーマのひとつといえるのではないだろうか。

註

（1）このことについては、本書「憲法と世論」を参照。

（2）学生時代、新左翼運動にかかわりをもっていた小林は、九〇年代に入って以後、それまでの子ども向けマンガのスタイルを変え、いわば「社会派・思想マンガ」とでもいえる新しい分野を開拓し始めた。最後に「ゴーマンかましてよかですか」と叫ぶ『ゴーマニズム宣言』のシリーズである。当初、明らかに現状批判の観点から、しかも単純で「教科書的」「おりこうさん」風の「戦後民主主義」的枠組みを越えて、ラディカルに社会現象を切り取ってみせた小林のマンガは、団塊世代を含む多くの読者から注目を受けた。部落差別に切り込み、天皇制を笑い飛ばす小林のスタイルは、マンガという表現に一種の革新をもたらしたといっていいだろう。

小林のこうしたスタイルが大きく変化したのは、九〇年代半ばのオウム真理教事件と薬害エイズ問題とのかかわりのなかでのことであった。徹底したオウム批判によって命の危険さえあったという小林は、おそらくここで、ひとつの転換を果たした。

それは「自由よりも安全」と一言でまとめることができるだろう。自分の身の危険という体験は、さまざまなリスクに対しては、これを社会統合と管理によって対応する以外ないという選択を彼にさせたのだろうと思う。(小林が、マンガという手段によって、それを社会問題として認知させるのにおおいに力を発揮した)薬害エイズ事件とのかかわりは、逆に、彼の「自由」主義・「個性」主義と衝突した。運動の広がりのなかで、これに加わってきた革新勢力・戦後「左翼」勢力の「組織第一主義」と「おりこうさんブリッコ」に、小林は我慢がならなかったのだ。

リスクに対する管理強化の主張、戦後「左翼」への反発は、小林をより「懐」の広い右派勢力と結び付ける。さらに、自らの祖父への思いなどとからめながら、小林は、次第に「大東亜戦争」肯定論に傾くことになる。その意味で、『戦争論』は、小林の自己史とのかかわりのなかで生まれたものだ。

と同時に、小林のある種の「転向」が、明らかに九〇年代の社会意識の変化に対応したものであったことも事実だろう。湾岸戦争、阪神・淡路大震災、オウム事件と打ち続いた変化に、小林流の「保守的」言説は、一種のヘゲモニーを発揮しえたのである。その意味で、『戦争論』のベストセラー化現象は、明らかに九〇年代の社会意識の変化に対応したものであったといえるだろう。

（3）『世界』一九九八年一二月号の特集「新『国粋主義』の土壌」におさめられた論文などを参照せよ。
（4）この点については、佐藤忠男の戦前・戦後の映画シーンにおける〈男らしさ〉の変容についての諸論考を参照。
（5）むしろ、ここに、戦後の「平和主義」のミリタリー・カルチャーへの抑圧の強さと、それへの強い反発の構図を読み解くこともできるのかもしれない。実際、若い世代のミリタリズムが、さまざまな悲劇をともなって非合法の武装闘争として展開したのが、経済の発展した諸国においては、六〇年代末から七〇年代初頭の日本、ドイツ、さらに七〇年代のイタリアという旧枢軸国・米軍の占領国であったことも、敗戦と男の子文化のねじれた構造を暗示させるが、ここでは詳しく論じるだけのデータが存在しない。
（6）歴史教科書における「平和主義」や「歴史認識の強化」の傾向が深まるのがこの時期であることを論じたものとして小山（二〇〇一年）参照。筆者とは政治的見解を異にするが、その歴史的な分析は基本的に了解しうるものだと思う。

参考文献

石子順造『戦後マンガ史ノート』紀伊國屋書店、一九七五年。

伊藤公雄「『開かれた』イデオロギー装置——メディアとしての少年軍事愛国小説」京都大学新聞社編『口笛と軍靴』社会評論社、一九八六年。

——『〈男らしさ〉のゆくえ——男性文化の文化社会学』新曜社、一九九三年。

——『「できない男」から「できる男」へ』小学館、二〇〇二年。

――編『憲法と世論』社会評論社、一九九六年。

伊豫田康弘他『テレビ史ハンドブック』自由国民社、一九九六年。

串間努『少年ブーム』晶文社、二〇〇三年。

小山常美『歴史教科書の歴史』草思社、二〇〇一年。

今柊二『プラモデル進化論』イースト・プレス、二〇〇〇年。

佐藤忠男『男らしさの神話』東洋経済新報社、一九八〇年。

週刊TVガイド編集部編『昭和30年代のTVガイド』ごま書房、一九八三年。

淡徳三郎『三つの敗戦』時事通信社、一九四八年。

高橋三郎「紛争の軍事的形態」日本平和学会『平和研究』六号、一九八二年。

高橋康雄「雑誌の世界」『別冊太陽　子どもの昭和史　昭和二〇年―三五年』平凡社、一九八七年。

竹内オサム『戦後マンガ五〇年史』ちくまライブラリー、一九九五年。

夏目房之介『マンガと「戦争」』講談社現代新書、一九九七年。

橋本健午『有害図書と青少年問題』明石書店、二〇〇二年。

フィスク、J（山本雄二訳）『抵抗の快楽』世界思想社、一九九八年。

藤井康生『東西チャンバラ盛衰記』平凡社、一九九九年。

本間正夫『少年マンガ大戦争』蒼馬社、二〇〇〇年。

米沢嘉博構成『別冊太陽　少年マンガの世界Ⅱ』平凡社、一九九六年。


〔『戦後日本のなかの「戦争」』中久郎編、世界思想社、二〇〇四年二月〕

附記

戦後社会を「戦争」という観点で見つめ直すという趣旨の論文集に書いたものである。戦前・戦中と戦後の「連続」と「断絶」、戦後社会の「戦争」の意味づけの変容という課題をめぐって、ポピュラー・カルチャーとしてのミリタリーカルチャーという観点から論じている。

どちらかというと、日本の歴史学研究の分野で注目された論文になった。戦後歴史学が見落としていた「戦後平和主義」の欠落部分をそれなりに描いたということで評価されたのだろうと思う。近年広がりを見せつつある「戦争社会学」の分野でもよく引用してもらっている。

戦後戦争マンガのなかの「敵」

はじめに

一九五一年生まれのぼくは、小学校に入る前からマンガ漬けの生活を送っていた。当時の『少年画報』『少年ブック』『少年』や、一時期復刊されていた『少年クラブ』、（今となっては、びっくりするようなタイトルの）『日の丸』など、けっこうたくさんのマンガ月刊誌を読んでいた（弟がいたため、それぞれ一冊ずつということで、月に最低でも計二冊は月刊マンガ雑誌を買ってもらっていたし、友達の家でも手当たり次第に読んでいた）。何しろ、マンガのおかげで就学以前の段階で、当用漢字がほぼ読めるようになっていたほどだ（当時は、漢字にはすべてルビがふってあったため、ひらがなさえ読めればよかったし、いつの間にか漢字も覚えてしまった）。五歳のころは、本気で「将来はマンガ家になる」と公言していた（すぐにあきらめてしまったが）。

そんなぼくにとって、マンガは、ぼくのものの見方や、考え方、さらには、行動の仕方にも大きな影響を与えたと思っている。とはいっても、一九五〇年代後半から六〇年代初頭のことだ。マンガは、まだまだ「子ども」向けのものであり、ストーリーも今と比べれば単純明快なものが多かった。それでも、そこには「戦後」という時代の空気を反映する「何か」が含まれていたように思う。

本稿で議論しようと思う「戦争」と「敵」というテーマもまた、こうした戦後マンガのなかに、さまざまな形で影をおとしているのである。

一、……………「戦争マンガ」不在の国＝日本

日本のマンガ研究者であるフレデリック・ショットの『ニッポンマンガ論』[1]という、日本マンガの全体像にふれた研究書の中に、こんなくだりがある。

「世界一マンガの盛んな国といっていい日本だが、不振な分野が一つだけ存在する。戦争軍事マンガだ」　（ショット、一九九八年）

ショットの指摘するように、欧米の男の子向コミックスには、しばしば「戦争もの」（特に第二次大戦もの）が見られるのは事実だ。西部劇ものもまだまだ目立つ国さえある。とこ

ろが、現在の日本のマンガシーンにおいて、いわゆる「戦争もの」は、（一部のマニア向けのものを除けば）ほとんど存在しないといっていい。

ただし、日本の男の子向けマンガに戦争ものがまったく存在しなかったわけではない。むしろ、一九六〇年代前半から後半にかけて、このジャンルは、日本の少年文化において、メジャーだったと言ってもいいくらいなのである（本書「男の子文化のなかの戦争」、伊藤、二〇〇四年）(2)。第二次世界大戦後、抑制されてきた「戦争もの」や「暴力もの」が、この時期、男の子文化のなかで急成長したのだ。戦車や軍艦などのプラモデルが本格的に登場したのもこの頃だったし、テレビドラマでも、アメリカの戦争映画（最近は衛星放送で再放送している「コンバット」をはじめ、「ギャラントメン」など、第二次大戦もの）は男の子の間で大はやりだった。ここで論じようとするのも、この時期の戦争マンガだ。

戦後の日本社会は、八月一五日を軸にして大きな価値の転換があったといわれる。もっといえば「戦後日本」は一貫して平和主義を貫いてきたというイメージは、特に若い世代には共通しているはずだ。

しかし、当時の体験を振り返ってみると、戦後を平和主義の時代だとは、そんなに単純にはくくれないことがわかる。一九四〇年代後半から一九五〇年代には、子どもたちにとっても、戦争はまだまだ（周囲の戦争体験者の言葉や態度を介して）身近だったからだ。もちろん、戦争を全面否定するような言説は、今の若い世代が考えるほどには社会の主流派ではなかった。実際、小林よしのりの『戦争論』で描かれているような（戦争体験を必ずしも否定的にはとらえない＝ときに肯定的に提示するような）世界は、ぼくにとっては、ものすごく身近なものであったし、周囲の大人の体験談やマンガや雑誌を通して「よく知っている」話だったのだ。戦中から戦後にかけての（必ずしも全面否定とはいえないような）戦争イメージの連続性ということは、ある程度データからも裏付けられる。戦後の世論調査の流れを時代別にみると、一九五〇年代半ばぐらいまで、日本の世論のメインストリームは再軍備に賛成という形でずっときたことがわかる。改憲についても、本格的に改憲反対が多数派になってくるのは一九五〇年代の末から六〇年代、それが主流派として確定してくるのは七〇年代に入って以後のことでしかないのだ（本書「憲法と世論」の章参照）。

現代では、戦後社会における戦争と平和をめぐる世論というと、敗戦後すぐに平和主義になったという感じでとらえられることが多い。しかし、事情はそれほど単純なものではない。実際は、戦前、戦中、戦後を通じた戦争をめぐる考え方において、ある種の連続性をもった重層的な構図が存在しているということはおさえておいた方がいいと思う。それは、一九六〇年代の少年マンガを読むとよくわかることでもある。

二、……………ミリタリー・カルチャー研究の視点

一九六〇年代の少年マンガ研究ということで、ここで論じたい中心的なテーマは、男の

子文化の「ミリタリー・カルチャー」における「敵」イメージということである。ミリタリー・カルチャーとは何か。簡単にいえば「戦争や軍事にかかわる文化」ということだ。ミリタリー・カルチャーは、時に「人々を戦争・戦闘のもつ魅力へと誘引する文化」でもある。このようにミリタリー・カルチャーを考えれば、それは、ほとんどそのまま近代的な〈男らしさ〉という、ここ三〇年ほどぼくがテーマのひとつにしてきた問題と重なってくる。実際、ミリタリー・カルチャーは、近代的な男性性のひとつの重要な核だからである。それは、もちろん唯一の〈男らしさ〉のイメージではない。しかし、近代国民国家における軍隊の形成や戦争の形態というものと、近代的なマスキュリニティ（男らしさ）のイメージというものが連動しているということは明らかだろう。

勇気、意思の強さ、決断性、さらに自己統制、自己犠牲の精神といった男らしさとむすびついたミリタリー・カルチャーが、いわゆるナショナリズムと強く親和性を持って広がっていくのは、二〇世紀に入ってからのことだといわれる。ジョージ・モッセ（『男のイメージ――男性性の創造と近代社会』作品社、二〇〇五年）によれば、第一次世界大戦は、ナショナリズムと〈男らしさ〉の結びつきの大きなきっかけであったという。ちなみに、日本の場合は、日露戦争がやはり一つの大きな契機になったのではないかとぼくは思う。

三、……………戦前の男の文化のなかの「戦争」と「愛国」

戦後の戦争マンガにおけるミリタリー・カルチャーの考察に入る前に、ここでちょっと、戦前の男の子文化のなかの戦争について考えてみたいと思う。そうすることで、戦前の男の子文化と戦後のそれとの連続性と断絶性を考えてみたいからだ。

ぼくは、二〇年ほど前に、『少年倶楽部』や『幼年倶楽部』の中に連載されたいわゆる少年軍事愛国小説を対象にした研究をしたことがある。当時、手に入る限りあれこれとこうした軍事愛国小説を読んだ。少年軍事愛国小説というと、多くの方が一種強烈な好戦的イメージを抱くのではないかと思う。しかし、戦後の民主主義教育を受けたぼくにとって、これらの小説は全然違和感がなかったのである。むしろ、ぼくらが少年時代に読んだマンガや読み物よりも、はるかに理想的な少年像がそこに描かれているような印象さえもった。

このことについては、佐藤忠男の『少年の理想主義』（明治図書、一九六四年）というよく知られた論文がある。佐藤によれば、この時代の少年大衆文化には、「少年にも分かるような形の、あるいは少年であればこそ分かるような形の理念が提起されている」という。『赤い鳥』や『善太と三平』といった童心主義の、子どもを子ども扱いする文化と比べて、少年大衆読み物では、子どもたちを一人前扱いするような形でメッセージが投げかけられる、正義とは何かとか、人間とは何かとか、国家とは何かとか、死とは何かとか、そういう大変理念的な訴えを、子供たちに直接に投げかけるようなメッセージが含まれていたというのだ。

　ぼくも同じような感想を持った。実際、少年軍事愛国小説の世界では、人種差別への怒りや、不当な抑圧への抵抗、さらにヒューマニズムの強調がみられるのである。もっといえば、過剰な暴力の抑制などのメッセージも、ここにははっきりと含まれている。男らしさということと関連させれば、男というものは、過剰に暴力を振るわないものだ、というメッセージが、これらの少年軍事愛国小説には貫かれているのだ。

四、…………人種差別へのラディカルな批判

　近年話題になっている「他者」ということと関連させれば、人種差別の克服＝異文化との共生という観点からも、興味深いことが見えてくる。

　次に引用するのは、高垣眸の少年軍事愛国小説『豹（ジャガー）の眼』（大日本雄弁会講談社、一九二八年）の一部である。


　十有六億の有色人種ちゅう、白色人種と対等の独立国は、ただ大日本帝国あるのみだ。しかも、その日本すら白色人種の国々はよってたかって、機会さえあれば滅亡せしめて、全世界を白色人種の支配のもとに置こうとしているのだ。

一九七〇年前後、ぼくらが学生の時代に「第三世界革命論」という議論が広がったことがあった。第三世界の被抑圧民族こそが世界変革の軸になるべきだという考え方だ。『豹の眼』は、戦前の作品だが、そこには「第三世界革命論」に近い視座がみられる。高垣眸だけでなく、山中峯太郎であるとか、平田晋作であるとか、戦前の少年読み物を見ると、白人帝国主義による他民族抑圧に対抗して、民族抑圧から解放するというメッセージがかなりはっきりと打ち出されていることがわかる。正義感や倫理観の強い少年が、こうしたものを読んだら本気になるなと、ぼくなどは感じてしまう。こうした差別のない理想的な世界を構築しようというメッセージが、ここには充満しているのだ。つまり、戦前の男の子ものの大衆文化は、単に戦争へと子どもを誘導する装置としてではなく、人間の生き方を倫理的に問うようなメッセージが組み込まれていたのである（伊藤、一九八七年(4)）。

ただし、見方をかえれば、別の問題も見えてくる。つまり、読者である子どもたちを子ども扱いせず、一人前の存在として熱いメッセージを投げかける方が、プロパガンダとしてはより有効だという見方もできるということだ。その意味で、少年たちにある理想を一方的に押しつけるのではなくて、少年たちを一人前扱いしながら巻き込んでいくような力を持った存在として、この当時の少年読み物があったとぼくは分析した。

何が言いたいかというと、こうした男の子文化を通じて、少年たちは、ある種、主体性を持った「政治をする少年」、ないしは「軍事をする少年」として育てられていくということである。ぼくは、これに「開かれたイデオロギー装置」という名前をつけた。つまり、イデオロギーを一方的に押し付けるのではなく、少年たちの主体性をむしろ自発的に巻き込むような形で戦争へと引き込むような理想主義というものが、この時代の男の子文化のなかにはあったと考えたのである（伊藤、一九八七年(4)）。

五、……………ホモエロティシズムとミリタリー・カルチャー

横道にそれることになるかもしれないが、ここで戦前の男の子文化のなかに潜んでいるジェンダーやセクシュアリティ問題にもふれておこうと思う。というのも、セクシュアリティ問題とミリタリー・カルチャーとの間には、明らかに接点があると思うからだ。

図１　高畠華宵「雨中の銃声」
（『日本少年』昭和５年６月号）

戦前の男の子向け読み物を読むと、面白いことに気がつく。そこに描かれている挿絵には、妙に同性愛的な雰囲気があるのだ。高畠華宵や伊藤彦造などの美少年画を思い出してほしい（図１）。もちろん、ここで描かれているのは、男性同士の性的な関係を意味する同性愛で

はない。しかし、単に男性同士の性的関係抜きの結合、つまり、セジウィックが『男同士の絆――イギリス文学とホモソーシャルな欲望』（一九八五年）などで論じたホモ・ソーシャリティという観点ではとらえきれないような雰囲気が、そこにはある。

ぼくは、これをホモ・エロティックな関係という形で呼ぼうという提案をしてきた（伊藤、二〇〇二年など）[5]。つまり性的関係を含まないけれども性的欲望を介在させた男性の同性間の結合、ということだ。ひとつの理由として、当時、異性間の恋愛が厳しく禁止されていたがために、性的な要素が同性間において、しかも、隠蔽された形で提示されていたということができるだろう。

と同時に、こうしたホモエロティックな関係は、実は、戦友愛という形で、戦争の論理との親和性があるということもおさえておきたいと思う。死を介在させた男性同士の強い結合（つまり「一緒に死ぬということ」が生み出す性的な興奮）という要素は、ミリタリー・カルチャーの隠された、しかも重要な要素だと思うからだ。

もっとも、ここでこの問題に踏み込むと、多くの頁数をさかざるをえないと思う。ここでは、戦争や死という問題をめぐって、女性を排除した単なるホモ・ソーシャルな関係を超えた、ある種の性的欲望をともなった男性間の凝集した関係（身体的セクシュアリティをともなわないセクシュアルな関係）がミリタリー・カルチャーにおいて存在していること、しかも、それが日本の戦前の（さらに戦後の）男の子文化においても垣間見えるという指摘をするだけにとどめようと思う。

六、……………日本のポピュラー・カルチャーにおける「敵」イメージ

それでは、この論文のテーマである、戦争マンガにおける「他者」、特に「敵」イメージの考察に入ろう。

男の子文化、あるいは日本のポピュラー・カルチャー全体を通していえることだが、戦争を描いた日本文化における敵のイメージにはある特徴が存在している。意外に感じるかもしれないが、敵の描写という点で、日本のポピュラー・カルチャーは大変両義的なのだ。たとえば、ジョン・ダワーの『容赦なき戦争』(平凡社、二〇〇一年)によれば、アジア太平洋戦争(当時の大日本帝国の呼称である「大東亜戦争」と呼んでもいいが)時のアメリカ合衆国のプロパガンダにおける日本イメージは、明らかに殲滅《せんめつ》しなければいけない絶対敵のイメージで作られていることがよくわかる。これに対して、日本のポピュラー・カルチャーにおける敵のイメージは、必ずしも絶対敵という形で敵を描いてはいないことが多いとダワーはいう。それは少年文化だけではなくて、戦前の日本のポップ・カルチャー全体にかかわることだといえるだろう。

たとえば、ダワーの分析に基づけば、戦時下の日本映画における敵のイメージは、次のようにまとめられるという(佐藤忠男『映画で世界を愛せるか』岩波新書、一九八九年より引用。ジョ

ン・ダワー『昭和』みすず書房、二〇一〇年参照）。

（1）実態のよく分からない敵、映画でも遠くにちょっとしか出てこなくて、なぜ悪いかよく分からない敵。

（2）完全には悪くない、間違った考え方をもっている者としての敵、例えば『支那の夜』で日本人を侵略者として誤解している中国人。

（3）文化的な敵、つまりアメリカニズムなど。

（4）日本人自身の心の中の敵、つまり克服すべき利己的な感情。

（5）戦争自体が敵。これは明瞭に示されるわけではないが戦争が悲しく辛い出来事として描かれる傾向を意味している。

ぼくは、以前、戦争プロパガンダ映画の分析をしたことがあるが、ここで整理されている日本の戦争映画の敵のイメージというのは、観客の憎悪を意識的にあおるような商業映画はともかく、いわゆる「国策映画」として製作された戦争プロパガンダの多くは、この指摘がそのままぴったりあてはまると思う。

少年軍事愛国小説の世界で描かれる敵のイメージもこれに近いものだ。例として山中峯太郎の有名な「見えない飛行機」（『空と陸の秘密戦』誠文堂新光社、一九四〇年）を取り上げてみよう。この物語は、見えない飛行機の設計図を巡って、小学校低学年でいつも九時に寝てしまうような主人公の正夫くんが、敵の間諜と戦って、見えない飛行機の設計図を敵から奪い返すという話だ。最後に敵の間諜つまりスパイを捕まえたときに、周りの人が彼を殺そうとするのだが、正夫くんは、「待て」と止めるのである。「彼にも事情があるだろう、彼も自分の国を愛するがゆえにこういう行為を行ったのだ」というわけだ。ここにみられるように、正夫くんにとって、敵は、絶対敵ではない。敵にも敵なりの事情があるのだというこうしたメッセージを、当時の少年軍事愛国小説から見つけ出すことは、きわめて簡単なことだと思う。

もちろん、ここで言いたいのは、「新しい歴史教科書をつくる会」の人たちのように、歴史修正主義をやろうというわけではない。むしろ、「新しい歴史教科書をつくる会」の人たちが言っているような、「大東亜戦争は自衛戦争であった」とか、「解放戦争であった」とかいうロジックが、どこから出て来たのかを明らかにしたいということなのだ。彼ら彼女らが主張するこうした戦争観（自衛戦争や解放戦争というイメージ）は、確かに当時の日本の政府の公式の立場であるとともに、明らかにこの時代のポップ・カルチャーの中に描かれた戦争イメージと連動しているのだ。

ただし、実際にアジア地域に向けて行なわれた日本の戦争は、まぎれもなく一方的な侵略戦争だったと思う。あちこちでレイプが行なわれ、非戦闘員が殺されたというのも逃げようもない事実だ。また植民地支配についても、米英の植民地支配以上にその土地の人々にトラウマを残すような問題性があったというのも明らかだ。

しかし、少なくともポップ・カルチャーの中では、（政府の公的な態度表明以上に）一種、理想的な（道徳的で倫理的かつ、過剰な暴力や殺人行為を否定するようなヒューマニズムにあふれた）

戦争イメージが描かれ続けていたということも、押さえておく必要がある。そして、こうしたポップカルチャーのなかの理想的戦争を、あたかも事実であるかのように思い込むところから、現在の歴史の改ざん、歴史修正主義があるということも考えておく必要があるはずだ。

七、……………戦後男の子文化のなかの「戦争」

こうした戦前の男の子文化のなかに存在した戦争と「敵」イメージは、戦後の男の子文化のなかにも受け継がれたといっていいだろうと思う。

ぼく個人の記憶を探ると、戦後マンガにおける戦争との出会いは、前谷惟光の『ロボット三等兵』が、最初のものだっただろうと思う。当時、少年雑誌に再掲載された戦前マンガの田河水泡の『のらくろ』や島田啓三の『冒険ダン吉』なども読んだ記憶がある。

しかし、日本の戦後男の子文化のなかで戦争ものが本格的にブームになるのは、すでにふれたように一九六〇年前後のことだった。プラモデルで戦車や戦闘機、軍艦などが登場する一方で、アメリカ合衆国の男性向きのドラマ（西部劇や戦場ものといったミリタリー・カルチャー番組）の人気もまた、こうした男の子向けの戦争ものマンガの拡大と連動していた。ぼく自身、ほぼリアルタイムでこの時期の戦争マンガを読んできた（『戦争論』の小林さんも、同様だろうと思う）。

一九六〇年前後の戦争マンガを、戦前の男の子文化と比較しながら考えてみると、大変面白い問題が見えてくると思う。というのも、戦後の男の子文化は、かなりの部分、戦前の男の子文化を引き継ぐ形で存在していたからだ。

一九六〇年代の戦争マンガの全体について議論する余裕はない（詳しくは、本書「戦後男の子文化のなかの『戦争』参照）。ここでは、当時の男の子文化の中の戦争イメージという点で典型例と考えられる、ちばてつや『紫電改のタカ』と辻なおき『0戦はやと』を中心に議論しようと思う。両作品ともに連載開始は一九六三年で、ほぼ同時期に『少年マガジン』（講談社）と『少年キング』（少年画報社）に発表された。言うまでもないことだろうが、両者ともに少年飛行兵が主人公の作品である。

この二つのマンガを比較してみると、大変よく似ていることがわかる

図２　『０戦はやと』上巻 237 頁
（辻なおき／マンガショップ 2005 年）

図３　『紫電改のタカ』２巻 176 頁
（©ちばてつや／中央公論新社 2006 年）

（リアルタイムで読んでいたときには気がつかなかったが、現在、読み直してみると、両者の相似性には驚くばかりだ）。

具体例をあげよう。図2は、『0戦はやと』のワンシーンである。細かくちぎった紙で敵の目をくらませるという戦術を描いたものである。ぼく個人の記憶としては、『紫電改のタカ』のアルミ箔をまくシーンがきわめて印象深いものとして残っていた。図3がそれだ。ほぼ同時期に同じようなアイデアで描かれている。余分なことかもしれないが、このエピソードは、相互によく似ているというだけではない。戦前からの日本の大衆的な子ども読み物（というよりも日本の庶民文化）の特徴のひとつである「（生活から戦争まで、あらゆる場面での）工夫」の文化が、ここには読み取れるのである。

また、盲目というテーマも両者ともに共通して登場する。戦闘で目を悪くするというエピソードである。『0戦はやと』では、はやとのライバルである一色強吾が戦闘で目を悪くするというシーンがある。一方、『紫電改のタカ』では、主人公が目をやられてしまう。どうも、両者の間には、相互の強い影響関係がうかがえるのである。

八、……………戦争マンガにおける「敵」

「敵」のイメージという点でも両者はよく似ている。この二つの作品においても、戦前の

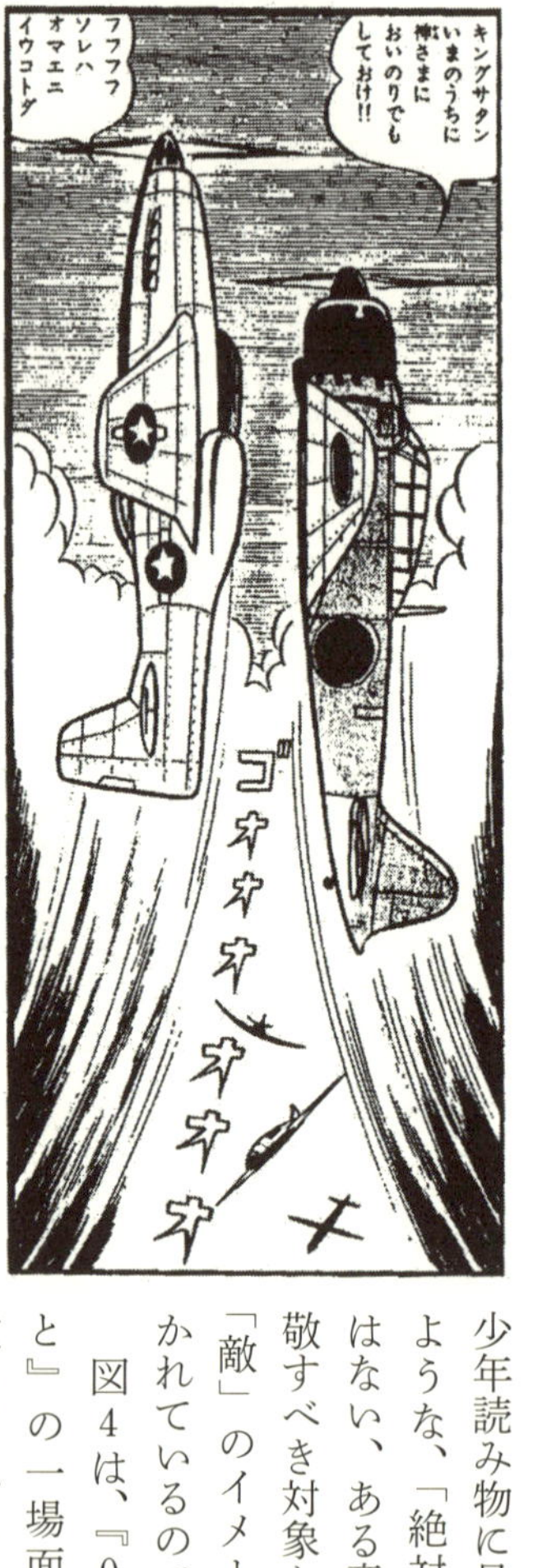

右＝図4　『0戦はやと』上巻 504 頁
（Ⓒ辻なおき／マンガショップ 2005 年）
上＝図5　『紫電改のタカ』1 巻 202 頁
（Ⓒちばてつや／中央公論新社 2006 年）

少年読み物に見られたような、「絶対敵」ではない、ある意味で尊敬すべき対象としての「敵」のイメージが描かれているのである。

図4は、『0戦はやと』の一場面である。敵のキングサタンと飛行機の上で会話を交わすシーンだ（何語でしゃべっているのか分からないが、たぶん、英語でしゃべっているという設定なのだろう。まあ、子ども向けマンガなのだから細かいことは言うまい）。

機体の向きは逆で

はあるが、ほぼ同じシーンが『紫電改のタカ』にもある。図5がそれである。「おれの名はジョージ、きさまの名は」、「滝城太郎」と語り合っている（お互い模倣しあいながら描いているのではないかと思うぐらいに、両者はよく似ているのである）。

ここで描かれている「敵」は、言うまでもないことだが「絶対敵」ではない。むしろ、いわば「好敵手」とでも言っていいような、「敵」なのだ。

敵を捕虜にした場面が含まれているという点においても、両者は、よく似ている。しかも、敵である捕虜への主人公たちの対応も興味深い点がある。

たとえば、『0戦はやと』の隊長は、非戦闘場面では、決して敵を殺そうとしない。敵の捕虜に対して「おまえたちを救うために、敵に襲われながらも必死になってマニラから薬品を運んだのだから」などと言っている。これは片仮名で書いているから、英語でしゃべっているということだろう。敵から情報を聞き出すために、敵の命を救うという設定ではあるが、敵を殺さないという態度は貫かれている。

図6は、『紫電改のタカ』の一シーンである。撃墜した敵をみんなで殺そうとするのだが、主人公はこれを制止しようとするのである。

「ちょっと待ってくれ。こいつ、けがをしているらしい」

「これが戦争なんだ。相手に攻撃をしかけなければ自分たちが攻撃される。みんな自分の祖国のために必死になって戦ってるんだ」

図６　『紫電改のタカ』１巻 233 頁（©ちばてつや／中央公論新社 2006 年）

図７　『０戦はやと』下巻 367 頁（©辻なおき／マンガショップ 2005 年）

先ほどふれた『見えない飛行機』と、きわめてよく似た態度がここにもある。敵の立場への配慮というメッセージが、ここでも語られているのだ。

また、『0戦はやと』では、主人公はやとのライバルは、はやとの父親である東大佐とアメリカで友人関係にあったという設定になっている。実際、はやとの父とこのライバルとが二人で飛行機に乗って飛んでいるという記憶のシーンもある。そのことについて、戦闘中にはやとと会話をしている。それが先にふれた図の7だ。

何が言いたいかといえば、こうしたエピソードも含めて、「敵」の描写、特に、殲滅すべき「絶対敵」としてではなく、敵の立場への配慮を含んだ「敵」イメージという点で、戦前の少年読み物とよく似た展開が、戦後の戦争マンガにも受け継がれているということだ。少年なりの倫理主義や理想主義がそこには描かれている。犠牲的精神とか、勇気とか、意志の強さとか、そういう戦士としての男性性、男らしさみたいなものの強調もよく似ているのである。

九、……………少年戦争マンガにおける集団性と個人化

戦後の男の子向け戦争マンガには、戦前の流れを受ける形で、ホモ・ソーシャリティの要

素もまた存在している。たとえば、『0戦はやと』では三六人の部隊が一丸となって戦闘に参加する。女性抜きの、一方で競争を含んだ男性どうしの団結が、ここでは描かれているのだ。ジェンダーという観点からみると、妹や母親、幼なじみといった女性たちが、こうしたホモ・ソーシャリティ形成のための媒介物として登場するというのも、二つのマンガに共通している点といえるだろう。

と同時に、先にふれたホモエロティックといってもいいような場面もときどき登場する。戦争という生命をかけた場での同性間の結合には、単に同性間の結合に止まらない、性的とでもいっていい凝集性が生じる。死を共有する形での一体感は、ある意味で、きわめてエロティック（というよりもタナトスへ向かうエネルギーといった方が良いのかもしれないが）な要素を含んでいるからだ。

ところで、ぼくは、当時、この二つの作品を比べたとき、圧倒的に『紫電改のタカ』の方が好きだった。しかし、読み直してみると、『0戦はやと』の方がストーリー性という点ではるかにまとまっていることがわかった。橋本治が、未完の少年マンガ論『熱血シュークリーム』（北宋社、一九八二年）のなかではっきり言っていることだが、『紫電改のタカ』のストーリーは、確かに支離滅裂なのだ。くり返すが、ぼくの記憶では、圧倒的に『紫電改のタカ』のほうが面白かった。それは多分、全体のストーリー以上に、毎回それなりに面白いエピソードを盛り込むことを重視する週刊という連載の形式の問題かもしれないし、何より絵柄の好みの差なのかもしれない。

また、『紫電改のタカ』と『0戦はやと』を比べると、『紫電改のタカ』は孤独な主人公のイメージが漂っているという点も、当時のぼくにとって魅力的だったのだろう。

というのも、『0戦はやと』は、『紫電改のタカ』に比べて、明らかに集団性が強調されているからだ。他方、『紫電改のタカ』の主人公は、つねに孤独な雰囲気を背負っている。それは、その後の『あしたのジョー』や、六〇年代半ば以降の少年マンガに特徴的な一種の孤独感を漂わせた主人公と共通するものだ。また、いろいろな障害と闘いながら成長していく少年主人公の姿は（一九七〇年前後に目立った、「教養小説的」といっていいような少年マンガ）、『紫電改のタカ』の方が、よりはっきり読み取れる。はぐれ狼的な個人主義的な主人公の登場という、少年文化における戦前からの流れからの断絶が、この時期開始されたのだと考えることもできるだろう。

十、……平和主義的「戦争」マンガ

一九六〇年代の戦争マンガということで、もう一つ興味深いのは、この時期の戦争マンガには、平和主義のメッセージが含まれているということだ。

もちろん、戦前の男の子文化にも平和主義はある。「東洋平和のための戦争」は、戦前の日本の公式スローガンだったはずだ。その意味では、男の子文化における平和主義もまた、戦前から戦後に連続しているともいえるだろう。しかし、戦後の戦争マンガに見られる平和主義は、戦争忌避の感情への配慮という意味で、戦前の平和主義とは一線を画していることも明らかだ。戦後の公式の平和主義に反しないようなエクスキューズが常に含まれているからだ（当時の読者の一人として、この形式的平和主義に何かしら反発を抱いた記憶もある。戦争のものつある種のカタルシスに対する、ご都合主義的な抑制を感じたからだろうと思う）。

他方で、戦後の戦争マンガではナショナリズムのメッセージはかなり抑制されているのも事実である。少なくとも『0戦はやと』と『紫電改のタカ』を読む限りでは、ナショナリズムの要素は、ほとんど見出せない（まったくないとはいわないが）といっていいと思うほどだ。ナショナリズムや愛国心の強調が欠如しているというのは、戦前の少年軍事愛国小説と比べてみるとかなり異なる点だと思う。また、主人公たちが政治や軍事というものに主体的に関与していない（主体的な関与こそが『少年倶楽部』に代表される戦前の男の子文化をもつ読者を巻き込む力の源泉だったはずだ）という点も、戦前との断絶を感じさせる。むしろ、戦後の戦争ものには、どこか「運命に流されている」という感じの描かれ方が目立つように思うのだ。

十一、……………「戦争マンガ」時代の終焉

しかし、一九六〇年代の戦争マンガブームは、あっという間に姿を消してしまった。さ

きほど引用したショットの指摘のように、その後は、「戦争軍事マンガ」が、日本のマンガシーンにおいては奇妙なほどに消滅してしまったのである。そのきっかけになったのは、六〇年代末の『少年サンデー』に掲載された「あかつき戦闘隊」を巡る問題だったといわれる。懸賞の景品として戦争グッズを読者に提供しようという企画が、確立されつつあった戦後平和主義の声によって徹底的に批判されたのだ。これを契機に、男の子向け戦争マンガは、六〇年代の後半、ほぼその姿を消していく（本書「男の子文化のなかの戦争」参照）。

この背景には、もちろん、日教組（日本教職員組合）やいわゆる（当時の言葉でいえば）「教育ママ」たちが抗議をしたということがあっただろう。ただ、それだけではないはずだ。というのも、少年雑誌の読者の側の問題もあったと思うからだ。

一九六〇年代後半は、「左手にマガジン、右手に（朝日）ジャーナル」といわれたくらいに、若者、つまり大学生がマンガを読む時代になっていた。しかも読者である大学生たちをかかえるキャンパスは、ベトナム反戦運動や全共闘運動に突入し始めている状況にあった。こうした「反戦」をひとつのキーワードにした時代に、マンガ雑誌の側も読者を失ってしまったら売上部数が落ちてしまう可能性が生じるという事情もあったのではないかとぼくは思う（もちろん、第二次大戦の戦争シーンが、すでに「古いもの」と感じられるようになった時代という問題もあっただろう）。

とはいっても、六〇年代後半の反戦運動が、平和主義的だったかといえばそうでもない。例えば全共闘運動等の若者の反乱の動きを見ていると、実は少年マンガに典型的な六〇年代初頭から引き継がれてきたある種のミリタリー・カルチャーが、色濃く反映していたと思うからだ（個人的な体験をいえば、学生時代にヘルメットをかぶっていたぼくの意識の背後には、明らかに「コンバット」などのテレビドラマや戦争マンガのイメージが存在していた）。興味深いことに、この時代の反戦平和運動の中に、ある種のミリタリー・カルチャーがあったということである（この問題については、また稿を改めて論じたいと考えている）。

十二、…………ミリタリー・カルチャーのゆくえ

最後に、一九七〇年代以後の戦争マンガの動きについても、簡単にふれておこう。

戦争マンガの終焉を経て、七〇年代にはギャグマンガの隆盛の時期が来る。一九七〇年前後には、太平洋戦争を描いた（多くの読者をつかむような人気）戦争マンガは、ほぼ消滅した。しかし、広い意味でのミリタリー・カルチャーは生き続けることになる。七〇年代後半から八〇年代になると、学園番長物であるとか、ある種、肉弾戦的なマンガが登場してくる。これもミリタリー・カルチャーの男の子向けマンガといえるだろう。ロボットによる戦闘を軸にしたミリタリー・カルチャーは、むしろひとつの大きな流れを形成していくことになる。

特に、アニメーションとして展開されたガンダム・シリーズは、ミリタリー・カルチャーという点でも、多くの新しい局面を切り開いたといえるだろう。

ここで議論したような「敵」の相対的な位置づけは、現代では、ガンダム以後生じたのだという声がある。しかし、これについては、日本の男の子文化においては、戦前からの長い歴史を持つ「伝統」だといった方がいいだろう。七〇年前後に一種の「伝統」の断絶が生まれ、その後、復活したと考える方がいいように思う。ガンダムについては、制作者たちがぼくと同世代であり、戦後マンガの影響があったのだろう。また七〇年前後の「イデオロギー対立からの脱出」という政治性を秘めた相対的視座の強調が、受け手世代にとっては、「政治的に脱色された相対主義」として受容されたプロセスについても、稿を改めて議論したいところだ。

九〇年代に入ると、戦争マンガのリバイバルが起こる。小林源文のような実写ものや、荒巻義雄などの仮想戦記もののマンガ化の動きも広がっていく。ただし、八〇年代、九〇年代の戦争マンガを、戦前あるいは六〇年代の戦争マンガと比べてみると、やはりどこかに断絶が存在しているように思う。

そのひとつに、戦争のスペクタクル化がある。スペクタクル化（ドゥボール）とは、あらゆるものを見せ物として商品化し、消費の対象としてしまうようなプロセスととらえていいだろう。つまり、受け手にとって、描き出される世界は、そこに巻き込まれる形で主体的に参加するものではなくて、見せ物として構成されてしまうというような状況があるということだ。この問題は、身体性の喪失といったテーマとも重なるだろう。読者は、主体としてではなく、傍観者として戦争（シーン）を眺める立ち位置にいると言い換えてもいいかもしれない。

おわりに

現在、男の子文化において、ミリタリー・カルチャーは、ますます盛んになっている。それはマンガからアニメ、さらにゲームへと拡大している。ただし、現在のミリタリー・カルチャーにおいては、かつてのそれとの大きな断絶が存在していると思う。つまり、戦前から六〇年代にかけて存在した男の子文化と異なり、絶対敵として敵を把握する傾向が強くなっているのだ。先に述べたスペクタクル化や、傍観者としての世界のかかわりとも連動しつつ、「あれは敵だ、敵を倒せ」というように、むしろ敵を倒すイメージが強くなっているといってもいいだろう。

他方、戦前のミリタリー・カルチャーの中にあった犠牲的精神であるとか、自己統制、意志の強さという要素はほとんど欠落している。簡単にいえば、ミリタリー・カルチャーの徹底した商品化とメディア化が完成されているといえよう。

だからこそ、今、「他者」（ここでは「敵」という究極の「他者」を問題にしたわけだが）という視座をふまえたミリタリー・カルチャーの本格的な議論が重要性を増しつつあると考える。なぜなら、平和という課題は、いわゆる平和主義の議論を幾度くりかえしても、なかなか達成できないと感じているからだ。「戦争反対」、「平和が大切だ」という言葉を（その重要性はよく理解できるが）いくら口で叫んでもそれは実現しない。逆に、「平和が大切だ」という形で、男の子のミリタリー・カルチャーを抑圧すれば、ある種の反発をもってミリタリー・カルチャーの流行につながってしまうような、皮肉な意図せざる結果もありうるからである。実際に、六〇年代の男の子文化における戦争マンガの隆盛の背後には、戦後の平和主義による戦争イメージの抑圧があったのではないかと思う。また、九〇年代から現在に至る戦争物やミリタリーもののリバイバルの中にも、学校的な平和主義に対する反発というものが明らかにあっただろう。たぶん、こうした反発は、現在の若い世代の「自虐史観」批判の動きや、ネット上での保守的言説の拡大などにもつながっている問題だと考えられる。

そういう意味で、ミリタリー・カルチャーを一方的に、外部から批判するだけでは問題は解決しないだろう。なぜミリタリー・カルチャーが男の子たちにとって魅力的なのか、その魅力の構造をきちんと分析していくということが、どうしても必要なのだ。ここでいうミリタリー・カルチャーは、マンガだけでなく、映画やアニメ、さらにゲームなど、ポップ・カルチャー全体を通じてつねに提示されている。また、それは、男の子たちの不安定なジェンダー意識にも、さまざまな影響を与えていると思う。

問われるべきは、すでに前章で述べたように、ミリタリー・カルチャーを抑圧することではなくて、安楽死させることだろう。本気で安楽死させようと考えるなら、マンガを含むポピュラー・カルチャーの中にあるミリタリー・カルチャーをきちんと分析し、その構造、その魅力を明らかにしていく作業がどうしても必要になってくる。また、この問題を考えるとき、ここで取り上げた「他者」や「敵」という課題もまた、必須のテーマになるだろう。

図版資料引用文献

図1　高畠華宵「雨中の銃声」(『日本少年』一九三〇年(昭和五年)二月号)

図2　辻なおき『0戦はやと』上巻(マンガショップ、二〇〇五年)二三七頁(初出は『週刊少年キング』(少年画報社)一九六三年創刊号〜一九六四年五二号)

図3　ちばてつや『ちばてつや全集　紫電改のタカ』三巻(集英社、一九九五年)一七六頁(初出は『週刊少年マガジン』(講談社)一九六三年七月〜一九六五年一月)

図4　辻なおき『0戦はやと』上巻(マンガショップ、二〇〇五年)五〇四頁(初出は『週刊少年キング』(少年画報社)一九六三年創刊号〜一九六四年五二号)

図5　ちばてつや『ちばてつや全集　紫電改のタカ』一巻(集英社、一九九五年)二〇二頁(初出は『週刊少年マガジン』(講談社)一九六三年七月〜一九六五年一月)

図6　ちばてつや『ちばてつや全集　紫電改のタカ』一巻(集英社、一九九五年)二三三頁(初出は『週刊少年マガジン』(講談社)一九六三年七月〜一九六五年一月)

図7　辻なおき『0戦はやと』下巻(マンガショップ、二〇〇五年)三六七頁(初出は『週刊少年キング』(少年画報社)一九六三年創刊号〜一九六四年五二号)

註

（1）フレデリック・L・ショット『ニッポンマンガ論』（樋口あやこ訳、マール社、一九九八年）
（2）伊藤公雄「戦後日本の男の子文化のなかの戦争」（中久郎編『戦後日本のなかの戦争』、世界思想社、二〇〇四年）
（3）伊藤公雄（編）『憲法と世論』（社会評論社、一九九六年）
（4）伊藤公雄「『開かれた』イデオロギー装置──メディアとしての少年軍事愛国小説」（京都大学新聞社編『口笛と軍靴』、社会評論社、一九八七年）
（5）伊藤公雄『「男らしさ」という神話』（ＮＨＫ出版、二〇〇三年）

〔〈ビジュアル文化シリーズ〉『マンガのなかの〈他者〉』伊藤公雄編、臨川書店、二〇〇八年一〇月〕

附記

以前書いた戦前の「少年軍事愛国小説」論と戦前・戦中の「戦争プロパガンダ映画」論を受け継ぎ、戦後少年マンガを「敵」のイメージという観点から論じた。

ジョン・ダワーの指摘するように、戦時下の日本の「敵」イメージは、欧米風の「絶対敵」イメージと比較すると、いささか奇妙な点がある。何よりも「敵」のイメージが希薄なのだ。むしろ、「敵」は、自分たちの「弱い心」だというのが、戦争プロパガンダにおいては目立っている。また、「戦争そのものが敵」というのも、日本のプロパガンダの特徴だ。「内なる敵」という「克己」の精神や「修養」の強調や、「戦争そのものが敵」という視座から日本の戦争文化を読み解くと、いろいろ腑に落ちる点がある。最近は、一九七〇年代以後の日本の新左翼内部の「内ゲバ」を、この「内なる敵」の視座から考察したいとも考えている。

この論文、日本では、夏目房之助さんから好意的なコメントをもらったが、あまり注目されなかった。むしろ、海外の日本マンガ研究で言及されているのも興味深い（Manga and the Representation of Japanese History, Routledge,2013)。

この文章の原型は日本マンガ学会のシンポジウムの報告である。その時ご一緒した藤本由香里さんから、「敵にも事情があるという視点はガンダム以後だと思っていた」という指摘を受けた。このコメントには、むしろ、こちらが驚いた。しかし、考えてみれば、ガンダムの制作者たちはぼくとほぼ同世代。たぶん、戦後の「敵にもいろいろ事情がある」、あるいは「ライバルとしての敵」という文化をともに吸収していたということだろうと思う。

ポピュラー・カルチャーのなかの暴力と死

はじめに——ポピュラー・カルチャーのなかの「戦争」と「暴力」

「戦争」が風化しているといわれる。実際の戦争体験者の高齢化とともに、身近な戦死者へのリアルな悼みの感情も、また、空襲や焦土の記憶も、日本に住む多数派にはいまや共有されていない。

他方で、日常的な身体的暴力に対する忌避感情は社会的に共有されているようにも感じている。もちろん、ドメスティックバイオレンスをはじめ、社会的に「見えない」暴力は潜在しているのだろう。また、ヘイトスピーチやパワーハラスメント、モラルハラスメントなどにみられるように、言葉による脅迫や攻撃は以前よりあからさまになっているのも事実だ。にもかかわらず、「暴力」は、国際的にもまた社会的にも明らかに「否定」の対象になっている。たとえば、欧州各国でここ一〇年ほどの間に拡大しつつある排外主義右派の動向をみても、かつてのネオナチ型の暴力的・行動的右派のような露骨な暴力は減少しつつある。むしろ、選挙を通じた民主的な排外主義政党の運動スタイルが目立ちつつある。

一九六〇年代から七〇年代にかけての激しい若者の反乱とその後の政治的テロリズムの時代の終焉から、一九八〇年代後半に至る国際的な状況は、明らかに「暴力」忌避・戦争回避の方向を向いていたように思う。ベトナム戦争の敗北以後のアメリカ合衆国のニカラグアへの「集団的自衛権」に基づく侵攻や、同じく旧ソ連のアフガニスタン侵攻など、散発的な戦争はあったものの、グローバルな緊張にはつながることはなかった。

こうした状況下で、私たちは一九八九年を迎えた。日本での昭和天皇の死、中国における天安門事件、さらにベルリンの壁の崩壊と続いたこの年は、今から振り返れば、二〇世紀の歴史の転換点だったように思われる。天安門事件で、自由と民主主義を求めて弾圧された若者たちは国際的にも強い共感と支持をうけた。また、当時の中国政府による民主化の圧殺に対しては、国際的な非難の声が巻き起こった。さらに、ベルリンの壁の崩壊は、旧社会主義体制が長期にわたってかかえてきた人権抑圧の壁の崩壊をも意味した。

こうした天安門事件やベルリンの壁の崩壊の背景に、さまざまな曲折はあれ国連を中心にした国際的な人権擁護と平和構築の流れが存在していた。多くの社会において、人権・民主主義・法の支配と平和構築は、共有された意思として根をおろしつつあった。

しかし、一九九〇年八月のイラクによるクウェート侵攻と、翌年一月のアメリカ合衆国を中心にしたいわゆる多国籍軍による「湾岸戦争」は、この流れを大きく変えてしまったように思う。一九九一年一月の湾岸戦争開始時のことは、個人的な記憶としても強く印象に残っている。開戦直前、センター入試の試験監督を終えて慰労会をしていたときのことだ。ある年長の同僚教員が「アメリカは戦争に踏み切るだろうか。ぼくは、踏み切ることはないと思う」と強い断定口調で語り始めた。その場にいた教員の多くもその意見に賛意を示していた。この判断の背後には、すでにふれてきた二〇世紀後半の人権と平和・非暴力への流れがあったのだと思う。

直後に開始されたいわゆる「湾岸戦争」において、世界同時にテレビ画面で映し出された戦闘シーンは、「テレビゲームのような戦争」というイメージを視聴者に抱かせた。人の死や負傷がみえない戦争、リビングから傍観する戦争の時代が、本格化したのだ。現地では膨大な死者や負傷者が存在しながら、テレビ画面では死傷者の数が「情報」として淡々と伝えられるようなこの戦争は、それまで伏流としてあった人権と平和主義への大きな流れに対して一つの断絶を生み出したのではないか。二〇〇一年の九・一一とその後のアフガニスタンへの軍事介入とイラク戦争、それに呼応する形でのイスラム原理主義過激派とよばれる勢力の成長という展開は、二一世紀前半の世界と日本に大きな影を落としている。

中東を中心に、「戦争」の名の下に多数の現実の死傷者が生み出されている。しかし、これらの「戦争」は、日本社会においては単なる「人数」でしかないようにさえ思われる。戦争と死傷者の具体的なイメージは、多くの人が共有できずにいるからだ。これもまた、「戦争」の風化現象なのだろう。「イメージ」でしか「戦争」と「暴力」を把握できないでいる日本社会は、「戦争」と「暴力」の現実感を喪失し、そのことが、逆に新たな「戦争」と「暴力」を抱え込もうとする動きと連動しているかに見える。

ここでは、以上のような大きな潮流を押さえつつ、第二次大戦後の社会、文化の状況の変容について、日本の大衆文化＝ポピュラー・カルチャーに映し出された「戦争」と「暴力」のイメージという視座から考察を加えてみたい。キーワードになるのはミリタリーカルチャーである。ここでこの概念を簡単に整理すれば、「軍事組織やそれが行う戦争・戦闘をめぐる文化」ということになるだろう。本稿では、この概念をやや拡大し、主に、「戦争・戦闘・暴力の魅力」をアピールし、「戦争・戦闘・暴力へ誘引する」文化として位置づけ、特に男の子を対象にしたポピュラー・カルチャーを軸に、その変容をさぐろうと思う。

一、………「峰打ち文化」の終焉と復活する「戦争」―一九六〇年代の少年文化

第二次世界大戦における日本の敗戦は、しばしば日本社会に根本的な価値観の転換をもたらしたといわれる。確かに、それは歴史の断絶ともいうべき大きな変化であった。しかし、この断絶の一方で、戦前や戦中との連続性の側面は、しばしば忘却されてきたように思われる。

たとえば天皇制の問題である。当時の統治階級は、敗戦にあたって、最大の課題として天

皇制の存続を追求してきたことは明らかだ。戦後の日本国憲法における第二章である戦争放棄の条文が、第一章の天皇制の規定とトレード／オフの関係にあることは、憲法制定過程を論ずる研究者の多くが指摘していることだが、この視点は、日本人の多くに共有されているとはいいがたい。また、いわゆる東京裁判におけるA級戦犯の処刑にあたっても、天皇制の存続が一種の取引材料であったことも、広く認識されてはいない。そのことは、日本社会における右派勢力が、最も激烈に批判する対象が、天皇制を存続させた日本国憲法であり、また東京裁判であるという皮肉な事態からも、うかがうことができるだろう。(1)

しかし、確かに平和主義の流れが存在していたのも事実である。それは、社会意識における広い意味での戦争や軍隊イメージではなく、言論や学校という場での「公式」の理念として登場したといえる。もちろん、その背景には、占領軍による統制や、この統制に過剰にといっていいほどの「適応」を見せた統治勢力・官僚・マスメディアの対応があった。

ポピュラー・カルチャーのなかの「戦争」と「暴力」のイメージという点でも、こうした「民主主義的」統制は発揮されていたと思われる。敗戦後、新たに再生した男の子を対象にした文化からは、明らかに「戦争」やナショナリズムの要素がかなり抜け落ちているからだ。

とはいっても、当然のことながら、子どもたちに熱狂的に受け入れられたのは、戦前からの流れを受け継いだ少年大衆雑誌や戦前の少年軍事愛国小説の文化の復活だった。この流れは、マンガを軸にした月刊少年大衆雑誌のブームへと受け継がれていく。これらの少年大衆雑誌は、基本的に戦前の少年軍事愛国小説のもっていた要素（興味深いことに、ここには愛国心の強調の一方で、「敵の絶対敵視」の忌避や過剰な暴力の抑制がみられ、さらに人種差別への批判や正義、公正へ向けたメッセージがあふれていた）[2]を残しつつ、他方で、戦後の「民主主義」や「平和主義」に対応するへ形で工夫され出版されていた。[3]

なかでも、死の表象の抑制は、戦前から引き継がれた戦後の男の子文化の特色でもあった。その一例が、一九五一年のサンフランシスコ講和条約の締結とともに実質的に解禁された男の子向けのチャンバラ映画やドラマにおける峰打ちという表現形態である。

戦後日本の（子ども向け）時代劇のヒーローは、多くが刃の部分を使った死に至る攻撃でなく、峰打ちで敵を気絶させるという攻撃スタイルをとっていた。つまり、敵といえどもその命を奪うことについては、はっきりした忌避を示していたのである。現代劇においても、ヒーローたちは、敵のピストルを打ち落とすか、手を狙って撃つことで制圧するというスタイルを徹底していた。つまり、男の子向けの映画やドラマにおいて、過剰な暴力の抑制への配慮とともに、登場人物たちの「死」がしばしば「見えない」形で作られていたのである。[4]

このことは、ある意味で奇妙なことかもしれない。というのも、この時代、子どもたちにとっての死は、現在と比較して、はるかに身近なものであったからだ。ほんの少し前に終わった戦争は、子どもたちの周囲、つまり親や親戚の間に生み出された多くの戦死者の記憶を植え付けていた。また、祖父母と同居する生活と医療機関の未発達は、子どもたちにとって、遠い場所でしかも病院で迎える高齢者の死という現在の事態と比べて、自分の住んでいる住居空間における親族の死を、間近に経験させていたからだ。

一九六〇年前後、男の子文化に、はっきりした変化が生じる。この変化は、戦争の記憶の風化だけでなく、むしろ外からやってきた。つまりテレビの登場・普及と、それにともなうアメリカン・ポピュラー・カルチャーの受容の広がりによる影響のなかで生まれたのである。

そのひとつの現れとして、男の子文化における理想的男性像の変容がある。日本のポピュラー・カルチャーにおける典型的な男性像には、二つの傾向があったといわれる。ひとつは、一種のホモ・エロティシズム（男性同性愛の関係でも、また、イヴ・セジウイックのいうホモソーシャルな男性結合でもない、性関係はともなわないが明らかに性的融合を志向する要素をもった深い男性間結合。戦友愛や同志愛などはしばしばこの要素を介在させている）[5]的要素を内包した、必ずしも力の表現をともなわない、しばしば美しい容貌をそなえた二枚目という男性像であり、もうひとつは、その二枚目の側で、無骨でありながら強さ、タフさを備えた立役という男性像である。義経と弁慶という二分法を思い出していただいてもいいだろう。もちろん、男の子にとってより理想的なのは、立役ではなく、美しい二枚目であった[6]。戦後の男性俳優ということでは、大川橋蔵、東千代之介など、美しい少年向けのヒーローを探すことは、それほどむずかしいことではない。

ところが、この時代、テレビによって輸入されてきた西部劇に代表されるアメリカの男性文化は、タフでマッチョ、ニヒルで非情な男性像を日本の男の子文化に持ち込んだのである。日本の映画シーンにおける石原裕次郎の登場と人気は、明らかにこの流れのなかにあると思われる。

この流れは、一九六〇年代初頭の男の子文化における戦争ものブームへと連動していく。最初に火をつけたのは少年マンガ雑誌による第二次大戦ものの登場である。このブームは、月刊マンガ雑誌から、週刊マンガ雑誌（『少年サンデー』『少年マガジン』）へと発展していく。雑誌につけられた付録を見ても、六〇年代に入ると戦争ものが露骨に姿を現し始める。それまでも存在した飛行機や車、ロボットなどの付録から、はっきり「ミリタリーもの」が露出してくるのである。(7)

男の子たちをひきつけたプラモデルの世界にも、六〇年代になると「戦争」が本格的に登場してくる。それまでは全く抑制されてきた第二次大戦中の日米独軍の軍艦、戦車、戦闘機などが、男の子たちの心を強くひきつけていったのである。

とはいえ、この男の子文化における「戦争」のリバイバルにおいても、戦後民主主義のもとでの平和主義のイデオロギーへの配慮がつねに存在していたことを付け加えておく必要があるだろう。登場人物たちは、しばしば、「どうしようもない運命」としての戦争への嫌悪感の表明と、「死」の重さ、神聖さについて語っているからだ。

男の子の戦争もののブームをさらに拡げたのは、第二次大戦のヨーロッパ戦線におけるアメリカ軍の一歩兵分隊の戦闘を描いた「コンバット」（一九六二―六七年）だっただろう。アメリカ生まれのこの戦争ドラマは、西部劇以上に、兵士たちをはじめとする登場人物たちの悲惨で生々しい「死」を描き出すことで、「衝撃」や「恐怖」とともに、日本の男の子文化にはこれまで存在しなかったような「新鮮さ」を男の子たちに与えた。それと連動するかのように、日本で制作された子ども向けのテレビドラマにも、登場人物たちの生々しい「死」を露骨に描くものが増加していく。

二、……………「学生反乱」のなかのミリタリーカルチャー

一九六〇年代のこうした戦争ものブームの背後には、戦後の平和主義イデオロギーの「嘘くささ」への男の子たちの反発が存在していたのかもしれない。極端な右派勢力を含む保守派を軸にした政府のもとでの口先だけの自由と民主主義への反発ばかりではない。むしろ、それに対抗すべき左派勢力の、実質をともなわない形式的な平和と民主主義イデオロギーに対しても、その矛先は向けられていた。学校教育の場で示されたいわゆる「戦後民主主義」のイデオロギーは、男の子たちにとって、「解放」の理論としてではなく、彼らの自由な想像力を束縛する抑圧の装置として受け取られていた可能性さえある。

このことは、男の子文化における戦争ものブームの終焉とほとんど同じ時期に生じた、一九六〇年代後半のベトナム反戦闘争を軸とした「学生反乱」と結びつけて考えることもできるだろう。この運動は、当然のことながら、戦争反対の主張とともに、古い教条的な社会主義に対抗する新しい社会主義と社会正義の要求をかかげていた。しかし、興味深いことに、反戦と平和の要求の一方で、実際に生み出された運動の形は、六〇年代初頭の戦争ものブー

ムの影を背負ってもいたのである。ヘルメットとゲバ棒によって「武装」した学生たちの姿には、左右の抑圧的イデオロギーへの抵抗の意思の表明とともに、反戦・平和の思想の表明以上に、むしろ、戦後生まれの彼らが子ども時代に経験したメディアのなかの「戦争」の姿が、明らかに息づいていたからである。

しかし、この激しい闘争の時代においても、「死」は例外的できわめて神聖なもの、抑制されるべきものとして位置づけられてきたように思う。事実、一九六〇年代の日本の学生運動では、警察機動隊と学生の衝突においても、また、それ以上に激しく闘われた学生のグループ問の衝突においても、学生の「死」としては、一九六〇年から一九六七年の間に起こった二つのケースのみが強く記憶されてきたことからも、そのことは理解できるかもしれない。ひとつは、一九六〇年の安保闘争のなかでの東京大学の女子学生の死であり、もうひとつは、一九六七年の佐藤首相訪南ベトナムに反対する闘争——この闘争において、日本の学生運動は、初めて、ヘルメットとゲバ棒という姿で登場したのだが——のなかでの京都大学の男子学生の死であった。この二人の死は、その後、数十年にわたって、「闘争のなかの死」として、その死亡した日には全国の学生運動によって集会とデモンストレーションが行われ続けた。

実は、「死の抑制」は、学生たちを縛っていたばかりではない。彼らを規制してきた警察の側もまた、「死者」を出すことへの厳しい抑制が保持されてきたからである。一九七〇年代、銃をもって立てこもった連合赤軍の若者に対してさえ、警察は、最後まで、生きたままの逮捕を追求しそれを実現させたのである。凶悪犯罪者であっても、殺すことは忌避するという文化が、統治者側にもまた、強く根付いていたのである。

しかし、一九七二年を区切りとして、若者たちの政治文化において、「死」は、大きな変容を受けたことを付け加えておく必要があるだろう。その契機となったのは、先にふれた連合赤軍の仲間同士のリンチ殺人事件（この事件は、その後展開された「内ゲバ」とは、質を異にすることは押さえておくべきだろう。特に「兵士」としての「未完成さ」、「弱い自己」を克服できないための「敗北死」という意味づけがなされていたことに注目すべきだろう）の発覚だっただろう。これ以後に起きた、他者の「死」を想定した爆弾闘争や、それ以上に血なまぐさい、いわゆる「内ゲバ」と呼ばれる政治党派の間の殺し合いともいうべき衝突は、一〇〇人を超える死者を生み出したからである。

だが、この日本版「鉛の時代」においてさえ、「死と殺人の文化」は、奇妙な儀式性をもっていた。殺傷力の強い銃やナイフによる攻撃ではなく、鉄パイプといった、殺す側／暴力をふるう側にとって、より強い身体感覚を残す可能性が高い手段が、多くの場合、選択されていたからである。おそらく、ここには、殺人という壁を乗り越えるという一種の「飛躍」への要求が存在していたのではないか（ここには、外側の敵の殲滅よりも、「内なる弱さ」の克服のための暴力という、戦前戦中のインテリ兵士たちに共有されていた「修養主義」的な要素を見出せるようにも思われる）。逆にいえば、殺人は、彼らにとって、必ずしも「軽い」ものではないということだ。むしろ、この行為は、「革命家」になるための神聖なイニシエーションという意味をもっていたのではないか。しかし、この「殺人」という壁の乗り越えは、「死の抑制」の文化という歯止めをはずすことになった。七〇年代から八〇年代にかけて、新左翼内部の殺し合いは、それまで存在していた「死の抑制」が強かっただけに、一層、深刻な形で螺旋的に肥大化していったとさえ考えられる。

この「内ゲバ」は、若者たちを政治から遠ざけるという点で大きな影響を及ぼした。このことをひとつの原因として、日本の学生運動は、他の経済先進国と比較しても、一九七〇年代中期から急激にその力を喪失していくのである。また、警察の側も、一般刑事事件において、犯罪者の射殺を想定した準備を着実に強化させていった。戦後の「死の抑制」の文化は、こうして少しずつほころびをみせ始めた。しかし、この「死の抑制」の文化は、他の国と比べて、戦後日本社会のもつひとつの特徴として、未だに根強く存続しているとも考えられる。

三、…………二つの「青春映画」の間で

ここで、この時期の文化変容をもうひとつ別の角度から考えてみたい。

大学院のゼミで戦後社会の変貌を探るために、一九五〇年代後半と一九七〇年代初頭の二つの青春映画を鑑賞して、その間の文化変容を探るという作業をしたことがある。一九五六年封切りの『太陽の季節』(古川卓巳監督作品)と一九七一年の『八月の濡れた砂』(藤田敏八

監督作品）という日活青春映画の二つを上映し、そこに現れたジェンダー意識、階級意識や暴力について比較分析するというものである。石原慎太郎の芥川賞受賞作品の『太陽の季節』は、「太陽族」という言葉を生み出すほど、当時の時代を象徴した小説が映画化されたものである。慎太郎の弟の石原裕次郎が脇役でデビューし、その後、戦後日本の代表的男性俳優としての登場のきっかけになった作品でもある。他方、『八月の濡れた砂』は、当時の若者の反抗（正確にいえば、若い男性の反抗）を描くことで、まさに一世を風靡した作品である。石川セリの歌う主題歌は、今でもときどき耳にすることがある。

ちょっと見れば後者（『八月の濡れた砂』）は、前者（『太陽の季節』）を意識した一種のオマージュ作品であることは明らかだ。若者の無謀な生き方、上の世代や古い文化への「何だかわからない」反発や反抗、セックスと暴力……それらが、夏の海辺を軸に描かれていく（こうしたモチーフの作品は、後にもいくつか制作されている。それらの比較は、それぞれの時代意識を考えるのには有効だろうと思われる）。

ほんの十数年ほどの間隔をおいただけの二つの作品だが、この両者を比較すると、その間にはかなり大きな時代の変化が介在していることがわかる。モチーフやシーンの多くが基本的によく似ているため、時代の変化をさぐるデータとしては、きわめてふさわしい対象といえるのではないだろうか。

周知のように『太陽の季節』は、上流階級に属するボクシング部の男性主人公が、仲間たちとともに暴力沙汰に巻き込まれたり、女性たちとの一種の自由恋愛的な関係を結んだりといったエピソードを軸にした、時代に反抗する若者の物語である。主人公津川竜哉が、恋人で上流階級の令嬢の武田英子のいる部屋の障子をペニスで破るという有名なシーンはよく知られているだろう。自分の恋人を遊び人である兄にお金で「売る」行為をしようとするなど、竜哉の態度は、女性を「人間扱い」しないかのようにも映る。また、最後には妊娠した彼女を結果的に中絶に追い込み死亡させるという残酷な終わり方をしている。しかし、英子は、単に男性に従属する女性としてではなく、主体的に自己の道を選択する存在として描かれているし、竜哉の男性中心主義もまた、「愛情というものが理解しきれない」という人間関係や価値観の「混乱」のうちに表現されている。いわば、戦後の混乱期のなかで、一種の「大人はわかってくれない」型の反抗的な青春ドラマになっているのである。

他方、ほんの一〇年ちょっと後に制作された『八月の濡れた砂』の主人公たちは、自営業の次男坊である西本清と地元有力者の愛人の一人息子で退学処分を受けた野上健一郎の二人である。主人公たちの階級的位置は、『太陽の季節』よりも「庶民化」している。次々と展開される暴力シーンの質も、『太陽の季節』のそれとは大きく異なる。ほとんど「不条理」としかいえないほど意味の欠落した、「気まぐれ」なものとして暴力シーンは描かれ続ける。何よりも女性たちは、呆れるほどに主体性を欠落させた存在として描写される。ほとんどの女性たちが、「(男の)性の対象」としてしか描かれないといってもいいほどだ。実際、ヒロインである三原早苗のレイプシーンから始まり、最後は、主人公の一人である健一郎は、母親の愛人のクルーザーを奪い、同乗させていた早苗の姉の真紀を二人でレイプするというシーンにまで至る。船室で、妹の早苗は船上での姉のレイプに気づきながら、赤いペンキで塗りつくした船内で銃を船壁に向けて発射する。四人を乗せたクルーザーが行き先も不確かなまま海を漂流するシーンに、石川セリのけだるい歌声が重なりつつ映画は終わる。

今から見れば、レイプを賛美するかのような、とんでもない女性差別映画であり、また、意味のないいきまぐれな暴力の連続を映し出した作品である。しかし、当時の若者（男性に限られるのかもしれない）の多くは、この映画のメッセージに強く反応したのだ。

その後の日本社会におけるポピュラー・カルチャーの変容から遡って考えれば、『八月の濡れた砂』は、メディア文化の深まりの開始（メディアの日常への介入は、より刺激的な場面を視聴者に提供するとともに、視聴者の身体性を剥奪する方向に作用する）と、その後爛熟する消費社会の入り口で、身体性を失い始めた若者（男性）の「暴力的反抗」の最後のあがきの声が反映していたのかもしれないとさえ思う。また、こうした意味のない（意味づけを拒否した）暴力や反抗へのメッセージは、この時代、国際的に共有された、暴力的要素をともなった若者（男性主導の、とつけくわえておこう）の反乱と通底している要素なのかもしれない。

四、……………「平和」のなかで「傍観する戦争」

しかし、時代は確実に変化していく。一九七〇年代中期以後、若者たちの激しい政治闘争の時代の終わりとともに、男性や男の子文化もまた大きく変容する。メディア文化と消費社会の深まりによって生み出された価値観のゆらぎは、一種の相対主義的な指向性を若い男性および男の子文化に与えたからである。七〇年代後半、マンガやアニメといった子どもたちのポピュラー・カルチャーにおいて、もっとも人気を集めたのは、日常生活に亀裂を入れる形で登場した奇抜な「笑い」の文化だった。

男の子文化にセクシュアリティというテーマが登場し始めるのも、まさに一九七〇年代後半から八〇年代のことである。それまで、女の子は恋愛の対象としては登場することがなかった男の子だけの閉じられた文化に、異性が、性愛の対象としてその姿を登場させ始めるのである。

八〇年前後から、男の子文化に特徴的な戦争と戦闘の文化もまた少しずつその力を増幅させた。しかし、ここでの戦闘や戦争は、かつてのように人間同士が、武器をもって行うものではなく、学園番長ものなどに見られるように肉体同士のぶつかりあいというスタイルをとるものが目立ち始める。あるいは、ロボットものとでもいえる、近未来ものが急激に増加していくのも、七〇年代後半以後のことだろう。

見方を変えれば、こうした変化は、男の子文化における身体性の喪失と身近で具体的な「死」のイメージの喪失を暗示しているように感じられる。「北斗の拳」や「ＡＫＩＲＡ」に典型的な、破壊的で暴力的なマンガやアニメに対して、男の子たちは、それを、自分の身体に重ねて把握するのではなく、あくまで、自分の外の世界として「眺める」傾向が強まったといいかえてもいいだろう。いわば、画面のなかの戦闘や、そこで生じる「死」は、かつての男の子たちと比較して、身近さを喪失しているのである。戦闘や死は、日常生活の退屈さにヒビを入れてくれるものとして、傍観者的に「楽しむ」対象になったともいえるだろう。こうした、身体性の喪失と激しい戦闘シーンを傍観する文化は、より、刺激と破壊力を追求しつつ、今なお根強く存続している。

日本の代表的な社会学者の一人である見田宗介は、戦後社会を三つに分類している。(8) すなわち一九六〇年代までの「理想の時代」、一九七〇年代に至る「夢の時代」、それ以後の「虚構の時代」である。メディア文化の深化は、こうした身体性の喪失とともに、虚構のうちに生きる男の子たちを生み出したともいえる。いわゆる「オタク文化」の登場は、見田のいう「虚構の時代」に対応するものといえるだろう。

虚構の世界において暴力を楽しむ文化の典型例として、深作欣二監督作品『バトル・ロワイアル』(二〇〇〇年公開)をあげることもできるだろう。コミックを原作としたこの作品で描かれているのは、ある孤島に連れてこられた中学生たちが、最後の一人――その一人だけが生存を許される――まで殺し合うことを、政府によって強制されるというドラマである。少なくとも、ドラマのなかでの「死」は、かつての日本の男の子文化における禁欲をすっかり失っている。この映画の監督である深作欣二は、この映画の制作意図を、子どもたちに、生《なま》の暴力を感じさせることで、暴力について考えさせようとする点にあると述べていた。いわば身体性を喪失した子どもたちへの身体性の回復という意思が表明されたわけである。しかし、実際は、ここでの「死」は、いわば見せ物としての「死」であり、多くの場合、消費の対象としてのみ受け取られたのも事実であろう。

もう一点指摘しておこう。男の子文化における、ローンウルフ的ヒーローへのあこがれから集団的行動の強調への変化である。一九七〇年前後までのヒーローたちは、基本的にローンウルフ的存在として描かれてきた。学園番長ものでいえば、初期の本宮ひろ志のマンガ「男一匹ガキ大将」は、仲間はいても基本的に六〇年代までのローンウルフ的イメージの連続線上にいた。しかし、七〇年代半ば以後の学園番長ものでは、集団＝仲間が浮上してくる。孤独な闘いから、友情に支えられた集団戦という構図は、「ドラゴンボール」から「ワンピース」まで、いまやたいていの人気マンガ・アニメには貫かれている。一九七〇年代以後、経済の発達した諸国で深化してきた「個人化」の進行が、逆に、メディアのオーディエンスが孤独なヒーローから離れていくプロセスと重なるのは、理解できる。「個人化」が進行するからこそ、幻想の「共同性」（共通の「敵」の構築や、個人の不安定な「所属」意識を支えてくれる「ネイション」など）が求められるというわけだ。しかし、この「共同性」には、中身はない。つまり、ポップカルチャーのオーディエンスたちにとって、「共同性」は、個人のアイデンティティ保証のために求められているのであり、内的な強い凝集性（「国や家族、同志や友人のために死ねる」というレベルまでとはいわないが）への希求は、たてまえや理想としてはともかく、現実的には不在なのだ。

五、…………女性たちの「反乱」とその後

これまで述べてきたのは、明らかに男性と男の子たちをめぐるポピュラー・カルチャーシーンだった。当然、「それなら女性たちは」という声も出てくるだろう。

周知のように、一九六〇年代後半から七〇年代にかけての時代は、いわゆる「若者の反乱」（若い男性を中心に、しばしば「暴力」をともなった）の時代であるとともに、「女性の反乱」（女性差別撤廃）の声が本格的に浮上した時期にもあたっている。日本でも一九七〇年一一月に「リブ（ウーマンリブ）」が産声をあげた。また、一九七二年にはピンクのヘルメットをかぶった「中ピ連（中絶禁止法に反対しピル解禁を要求する女性解放連合）」が、メディアの話題になった(9)。

その後、一九七五年の「国際女性年」以後の動きのなかで、一九七〇年代は、ジェンダーによる差別の撤廃の動きが国際的に拡大していった時期にあたる。しかし、日本における「リブ」の運動を始めとした「女性差別撤廃」の動きは、さまざまな領域からの反発を受け、他の諸国と比べて大きく広がることはなかった。ここにはいくつかの理由があるだろうと思う。

一九七〇年代の国際不況は、経済の発達した多くの諸国（女性の労働力率の高かった日本を除くと、ほとんどの社会が男性片働き社会で、多くの女性は専業主婦だった）のジェンダー構造に

変化を生み出した。不況下で男性だけの労働収入では所帯の維持が困難になり、また、女性差別撤廃の声も後押しするなかで、女性の労働参画が急速に進んだのだ。さらに、女性の労働参画の拡大にともなって、子育て中の男女の労働者家族を支えるための、家族政策＝社会サービスの充実や労働時間規制も進み、男性の家事・育児参加なども一定広がっていった。

しかし、日本社会は、オイルショックなどを経験しつつも、いわゆる団塊の世代という巨大な人口ボリュームをもつ世代の社会への流入＝人口ボーナスによって、経済成長が持続した。若年労働力人口の都市への流入は、核家族の増加（祖父母や兄姉が育児をする仕組みが核家族では奪われた）を生んだが、それにもかかわらず保育所の不足等、社会サービスはまったく不十分なままだった。出産後は（子どもの学齢期までは）女性が主に子育てを担当せざるをえない状況が生み出されたのだ。この構図のなかで、経済の順調な成長により急激に上昇する男性サラリーマンの所得（背景には長時間労働による残業手当の増加もあった）と、他方での、女性の「家事・育児プラス子育て後の労働条件の悪いパート労働」の仕組みが作られていった。この流れは、結果的に、「男性の長時間労働／女性は家事・育児プラス条件の悪い非正規労働」という七〇年代以後の性別分業の仕組みを形成することになった。[10]

もうひとつ決定的だったのは、保守層だけでなくリベラル層（「左派」）も含む男性たちの、女性の動きに対する反発の強さも女性の社会参画の大きな壁になった。リブに対する、メディアも含めた「非難・攻撃」は、「リブ＝女性のわがまま」論の形をとって、女性差別撤廃の動きへの大きな障害物になったのだ。こうした男性たちの「女性のわがまま」論は、見方によれば、先述した一九六〇年代後半から七〇年代の新左翼の活動家に典型的だった「内なる自己」との闘いの論理とどこかで通低しているのかもしれない。戦前からの日本男性の「修養主義」「内なる弱さの克服」の論理からは、差別撤廃という、はっきりと「外部」の壁との闘いを求める「(女性たちの)自己主張」の声が、どうしてもうまく理解できなかったこともひとつの要因だと考えられるからだ。

社会構造の変化、日本の男性文化の壁の他に、少なくとももうひとつ、日本での女性の社会参画への抑制に作用したものがあると思う。女性を対象にした消費文化の深化だ。

一九七〇年代以後の若者消費文化と同時に、女性の消費文化もまた大きな飛躍を達成した。実質的に社会参画の道を塞がれた女性たちだが、その一方で、急激に上昇する給与に支えられた夫や親たちから、それなりの自由になるお金を確保することができた。こうして、女性たちは、豊かなお小遣いやアルバイト収入をもった若者とともに、重要な文化の消費者として浮上してくる。たとえば、七〇年代から八〇年代に急増した女性雑誌はその象徴といえるだろう。特に、七〇年代後半には、それまで圧倒的に多数派だった少年向けマンガ雑誌に対して、少女マンガ雑誌が急増してくる。青年コミックスに対応するレディースコミックスも次々誕生した。現在、日本の本屋さんに行くと、男性向けのマンガ雑誌よりもはるかに多くの女性向けコミックスが山積みされていることに気がつくだろう。この傾向が開始されたのは、まさに一九七〇年代後半から、八〇年代のことだったのだ。

ただし、一九七〇年代以後の日本の女性文化や少女文化は、男性の若者文化とは、明らかに異なる点が見られる。そこには、社会から排除されたものの視点が垣間見られたのだ。

男性写真評論家である飯沢耕太郎は、『戦後民主主義と少女漫画』（PHP新書、二〇〇九年）のなかで、大島弓子にふれて、こんなことを書いている。

「最初は主人公が自分や周囲に違和感を覚えていて、肯定されている自分という実感がもてない。だからいろいろな混乱が起こりますが、最後には主人公が自分で「生きてみよう」という意志を持ち、自分と周囲との関係のあり方をそのままの形で肯定するようになります」（四六頁）。

この発言は、飯沢より少し年上で、六〇年代の若者の反乱やカウンターカルチャー運動のなかに身をおいた、男性である筆者にとっても、きわめて理解しやすい視点だ。(11)

女性解放運動の声をどこかで経験した後の日本の少女マンガには、実際、現状の男性主導社会に対する「違和感」をともなうものが少なからずあったからだ。当時、新たな日本の少女マンガシーンを切り開いた、大島弓子、萩尾望都、竹宮恵子、さらに山岸涼子といった作家たちの作品には、こうした現状への違和感がつねに存在していた。ただし、それは、ストレートなフェミニズムの表明にはつながってはいない。女性解放のあからさまな主張は、多くの女性読者をとらえることはできないと、彼女たちは考えたのだろう。だからこそ、違和感の表明の後には、「肯定」の気持ちが表明される。

ただし、そこには、社会の「周縁」にいる者のみに見える、「真実」のようなものが描かれている。まさに、ピエール・ブルデューが、「男性支配」論文のなかで論じた「排除されたものの明晰さ」、つまり、男性主導社会のマジョリティから排除された女性たちには、マジョリティである男性たちには見えないものを見出す力があるという構造が、ここには映し出されていたのだと思う。(12)

なかでも、この七〇年代初頭の日本の少女マンガの発達が、少年愛ものを含んでいたということにも注目する必要がある。つまり、マジョリティである異性愛社会に対する、男性同性愛という周縁からの視線が、既存のジェンダーおよびセクシュアリティ構造のなかに潜むマジョリティ社会の無関心に眼を向けさせるという効果を、これらの少年愛ものは内包していたからだ。

興味深いことだが、実は、日本社会では、七〇年代後期から八〇年代にかけて、若い男性の間で、少女マンガブームが起きた。彼らの間に人気があったのは、陸奥A子だった。多くの若い男性たちが、陸奥の「おとめチックロマン」ものを受容する現象が広がったのだ。

この動きは、もちろん、現状の男性主導社会への小さな違和感から始まったものだろうと思う。ただし、この違和感は、現状のジェンダー構造への根本的な批判につながるようなものではなかったはずだ。むしろ、小さな違和感を抱きつつ、大きな現状の「肯定」の感覚へと若い男性たちを水路づけるような流れだったと思う。

若い男性の違和感の背景には、当時、大きく拡大した長時間労働、「闘い」「勝利せよ」という男性主導社会の動きがあった。男性読者たちは、こうした急激に拡大する男性主導の成長路線、競争路線に対して違和感を抱いたからこそ、少女マンガのなかの、男性たちとは異なる世界に、ある種の「癒し」を感じたのだろうと思う。

労働市場における男性の生活スタイルは、女性と比べて、はるかに単調かつハードなものであることが、若い男性たちにとっても、ますます明らかになろうとしていた時代だった。人間関係の優しさや、ふれあいなどは、男性文化からはすっかり排除されつつあったのだ。

六、……………「現実」の虚構化の時代のなかで

二一世紀に入ると、オタク文化の深化のなかで、一九九〇年代後半以後の日本のポップカルチャーシーンの分析において「セカイ系」という言葉が使用されるようになる。特に、九〇年代後半の人気アニメ「エヴァンゲリオン」の愛好者を対象に、この言葉は普及した。評論家の東浩紀によれば、「セカイ系」とは、「一般的には、主人公と（たいていの場合は）その恋愛相手とのあいだの小さな人間関係を、社会や国家のような中間項の描写を挟むことなく、「世界の危機」「この世の終わり」といった大きな問題に直結させる想像力を意味する[13]」ものとして、二〇〇二年頃から使われ始めた用語だという。

ここではポップカルチャーのオーディエンスたちは、虚構のセカイに傍観者としてではなく、むしろ主体的に巻き込まれている。つまり、現実の世界よりも、メディアの提供するセカイの方が、よりリアルなものとして把握されているといってもいい。

セカイ系は、登場人物たちの「世界や死をめぐる抽象的な観念ばかりを描き、そのどちらでもない複雑な社会的現実を描写の対象としない」[14]という特徴をもつ。東は、こうした「想像力」の台頭に「若い世代の世界観（大きな物語の終わり）や消費形態（データベース消費）、リアリズムの基盤（まんが・アニメ的リアリズム）といったもろもろの条件が『反映』している」という。

東とともに「現実の社会からの切断」という視座から「セカイ系」を分析している宮台真司らに対して、若い世代の評論家である宇野常寛は『ゼロ年代の想像力』で、東らの「エヴァンゲリオン」的感性の延長線上にある、「古い」「セカイ系」の視座では、ゼロ年代以後の想像力はとらえきれないとして、「サヴァイヴ系」という視座を提案している。[15]つまり、「セカイ系」＝九〇年代の「引きこもり／心理主義」的傾向から、「無数の『小さな存在』同士が、『自分の信じたいものを信じて』闘うバトルロイヤルの始まり」、（宇野のいう）「決断主義」への移行という主張である。

宇野は、この傾向を「たとえ無根拠でも中心的な価値観を選びとる」「相手を傷つけることになっても対象にコミットする」スタイルとして位置づけている。[16]宇野が、「サヴァイヴ系」として位置づけているのは、コミックから映画化やアニメ化された、『バトル・ロワイアル』や『デスノート』などである。これらのポップカルチャーにおいて、主人公たちは、かつての登場人物のようには「内向き」で「受動的」ではない。むしろ、生き延びるために能動的にセカイに関与しようとしているのだ。

現代社会における攻撃性を分析するには、確かに、宇野の指摘は有効だろうと思う。宇野のいう「決断主義」が示す、無根拠でもコミットした価値を信じる、相手を傷つけてもコミットするという態度は、現在、日本社会で話題になっている「在日特権を許さない市民の会」やネット右翼にも共通して見られるもののように思われるからだ。

先にふれた宮台もまた、「社会的文脈との無関連化」が深化を見せる現代日本のサブカルチャーにおける想像力の傾向を、（見田による「理想の時代」「夢の時代」「虚構の時代」という戦後の三段階を受け、「〈秩序〉の時代」「〈未来〉の時代」に続く）「〈自己〉の時代」の内に位置づけてみせる。[17] つまり、「繭（コクーン）に包まれつつ自己再帰的に調整し続ける自己」の時代である。

宮台によれば、こうした〈自己〉が、今、二つの方向に分岐を見せているという。つまり「現実の虚構化」（虚構のなかに現実を構築する）に向かう「セカイ系」と、「虚構の現実化」（現実の世界のなかに自ら創り出した虚構を反映させようとする）という方向をとる「バトルロイヤル系」（宇野の「セカイ系」と「サヴァイヴ系」の二分類をひきつぐ型で展開されていることは明らかだ）の二つの方向性である。[18]

宮台のいう「虚構の現実化」という視座に立てば、現代日本社会におけるネット右翼などの動向も、より理解可能になるように思う。「虚構」によって創り出された「恐怖」や「妄想」を出発点に、「根拠なき信念」への強いコミットや、相手を傷つけることをいとわない「決断主義」という視座からの分析は、現在の日本におけるネット右翼文化を考察する上でも、きわめて有効だと考えるからだ。

こうしたネット右翼文化は、「根拠なき信念へのコミット」と同時に、どこかに「倫理性」のようなものを共有しているようにも思う。ひとつは、身体性の欠如と裏腹の「身体的暴力」の忌避だ。もちろん、ネット右翼の周辺には、身体的暴力が生じるケースも見られる。しかし、その暴力は、(かつての、そして現在のネオナチ型極右と比較すれば) 攻撃的な「言葉」であったり、「象徴化された暴力」の方が目立つように思う。そもそも、彼らの「セカイ」は虚構によって構築されたものなのだ。にもかかわらず、彼らは、この「虚構」から出発して「現実の世界」に、自らの創り出した「妄想」を反映させようとする。そこでは、「生の暴力」や「物理的破壊」は忌避され、「暴力」は象徴化され、すべては虚構化された「セカイ」内で終始する。

しかし、「虚構の現実化」は、虚構のセカイで終始すればそれほど問題はないのだが、これが、リアルな世界と切り結ぶときには、とんでもない破壊力を発揮することもある (現在、世界中で起こっている無差別殺人事件の多くは、こうした「虚構」に依拠した「現実」への介入の極端な形態のようにさえ見える)。

「個人化」した現代社会においては、人は、流動化する社会のなかでどこかに「立脚点」をもたなければならない。ある意味で、「選択」が求められるのだ。価値観や立脚すべき「倫理」が多元化し流動化していることを、それなりに「自覚」しているがゆえに、一度、「選んだ」価値は、できるだけ維持したい。そうしなければ、不安定な自己の立場を安定させることができない。

自分のコミットした「立場」を何としても維持するためには、コミットした価値以外の情報は、「デマ」として処理される。情報が多元化し複雑化した現代社会では、「何が本当で何が嘘か」はしばしば流動化している。「信じたくない」「信ずるべきでない」情報は、「デマ」として処理可能なのだ。

複雑性を増し、流動化を深める現代社会において、日本の、特に男の子たちは「多様性」のなかで混乱し始めている。どこに判断の基準をおけばいいのか。それは、ひとりの「個人」としての「私」には重すぎる。しかし、「個人」以外に依拠するリスク管理の場は存在しないように思われる。周囲をモニタリングしながら始終緊張して生きることはきわめて困難だ。だからこそ、人々は、「虚構かもしれない」価値に無理矢理コミットし、そこからものを見、語ろうとする。

メディア社会の深化は、(何でもありの情報の拡散のなかで)データベース化された情報処理(断片化された認識の拡大／できるだけ総合的な認識を求め、全体性を把握しようとする意思の喪失)による社会認識と、虚構のセカイを提供してくれる。また、消費社会の爛熟は、断片化された情報を、他の情報と突き合わせて総合して見、考える機会を奪い、「好きな情報」だけ切り取って消費することを許容してくれる状況を生み出している。

二〇世紀の終わりから登場した日本の男の子文化には、こうした「現実の虚構化」から「虚構の現実化」へと至る社会の変容が映し出されている、というのは言い過ぎだろうか。

しかし、少なくとも今、私たちには、複雑さに耐え、多様性を生きる覚悟と、リアルな世界を生き延びるための「作法」が求められていることは確かだろう。

おわりに

近現代の日本の男の子文化の考察を通して見てきたように、ポピュラー・カルチャーは、それらが生み出された時代と社会の鏡であるということができるだろう。この鏡には、時代や社会のさまざまな要素が、時に屈折させられて、また時には凝縮される形で、映し出されている。それゆえポピュラー・カルチャーを考察することは、その時代、その社会を分析するためにきわめて有益であるといえるだろう。

と同時に、ポピュラー・カルチャーという鏡に映し出されたイメージは、人々の意識や生活スタイルにさまざまな影響を与えている。人々は、こうしたポピュラー・カルチャーの作り出すイメージを通じて、日常生活のなかのさまざまなストレスを解消したり、また時間つぶしをしたりしている。しかし、それだけではない。これらのイメージは、それを従順に受け入れるにせよ、あるいは反発するにせよ、私たちの意識や生活スタイルに深い影響を与えてもいるのである。

現代の社会運動のシーンにおいて、女性たちの姿が顕在化しつつあることも最後に指摘しておこうと思う。

ヨーロッパの左右の社会運動における脱暴力化の動きにはすでに冒頭でふれた。女性のリーダーたちの活躍も目にする機会は大きく拡大した。よく似た動きは、アジア地域においても見出しうる。香港の学生デモ＝雨傘運動、台湾の国会占拠運動＝ひまわり革命などでは、参加者の半数（あるいは過半数）が女性であることも珍しくない。二〇一五年に日本で広がった若者を中心とした安保法制反対の運動にも、かつてない数の女性の姿が見出せる。

戦後日本のポピュラー・カルチャーにおける「暴力」と「戦争」のイメージは、繰り返し指摘してきたように「男の子」文化の表象として存在してきた。その意味で、男性性に縛られてきた「闘い」のイメージの本格的な変容の時代に私たちは直面しているのかもしれない。(19)

註

（1）伊藤公雄編『コメンタール戦後五〇年8　憲法と世論』社会評論社、一九九六年。

（2）伊藤公雄「「開かれた」イデオロギー装置——メディアとしての少年軍事愛国小説」京都大学新聞社編『口笛と軍靴——天皇制ファシズムの相貌』社会評論社、一九八五年、など参照。

（3）伊藤公雄編『まんがのなかの〈他者〉』臨川書店、二〇〇八年。

（4）伊藤公雄『「男らしさ」という神話——現代男性の危機を読み解く』ＮＨＫ出版、二〇〇三年。

（5）註3『まんがのなかの〈他者〉』、註4　伊藤文献、など参照。

（6）佐藤忠男『二枚目の研究——俳優と文明』筑摩書房、一九八四年、及び註3『まんがのなかの〈他者〉』、註4伊藤文献。
（7）伊藤公雄「戦後男の子文化のなかの戦争」中久郎編『戦後日本のなかの「戦争」』世界思想社、二〇〇四年。
（8）見田宗介『現代社会の理論——情報化・消費化社会の現在と未来』岩波新書、一九九六年。
（9）井上輝子・上野千鶴子・江原由美子・天野正子・伊藤公雄・伊藤るり・大沢真理・加納実紀代編『新編日本のフェミニズム1　リブとフェミニズム』岩波書店、二〇〇九年、など参照。
（10）伊藤公雄「男性学・男性性研究の視点からみた戦後日本社会とジェンダー」辻村みよ子・大沢真理編『ジェンダー社会科学の可能性3　壁を超える』岩波書店、二〇一一年、参照。
（11）このことについては、伊藤公雄「「男」が「少女マンガ」を読むということ」京都精華大学国際マンガ研究センター『国際マンガ研究』一号、二〇一〇年、一四七—一五四頁、参照。
（12）これについては、伊藤公雄「性別化されたディスクールを越えて——ヴァージニア・ウルフ『灯台へ』を手掛かりに」亀山佳明・富永茂樹・清水学編『文化社会学への招待——文学から芸術の社会学へ』世界思想社、二〇〇二年、などを参照。
（13）東浩紀『セカイからもっと近くに——現実から切り離された文学の諸問題』東京創元社、二〇一三年。

（14）註13東文献。
（15）宇野常寛『ゼロ年代の想像力』早川書房、二〇〇八年。
（16）註15宇野文献。
（17）宮台真司「『かわいい』の本質」東浩紀編『日本的想像力の未来――クール・ジャパノロジーの可能性』ＮＨＫブックス、二〇一〇年。
（18）註17宮台文献。
（19）なお本稿全体に関連する論考として、伊藤公雄『〈男らしさ〉のゆくえ――男性文化の文化社会学』新曜社、一九九三年、Kimio ITO, "Book Review : Hiroki Azuma ed., The Future of Japanese Creativity : The possibility of Cool Japanology, (NHK Books)", International Journal of Japanese Sociology, 2012, pp.129-131, 伊藤公雄「失われた『身体性』／虚構のなかで増幅する『攻撃性』――戦後日本のサブカルチャーと『暴力』の現在」『インパクション』一九五号、二〇一四年、Kimio ITO, "Violence, and 'Death' in modern and contemporary Japanese boys culture", International Symposium : Child's Play Multi-Sensory Histories of Children and Childhood in Japan and Beyond, University of California at Santa Barbara, 27-28 Feb, 2015, 佐藤忠男「少年の理想主義」『権利としての教育』筑摩書房、一九六八年、などを参照。

〔『岩波講座　日本歴史』第19巻、岩波書店、二〇一五年一〇月〕

附記

二十一世紀に入って以後、書いたりしゃべったりしてきた「日本のポピュラー・カルチャーを暴力や死という視座から考察する」という作業をまとめた論考。

暴力の抑制という戦後国際社会の大きな流れが湾岸戦争で切断されて以後、この課題は、それまでとは異なる様相をみせつつあるように思っている。圧倒的な軍事技術の発達とそれを経済的利益につなげようという（軍産＝国家複合体の）動きは、今なお拡大しつつあるからだ。他方で、戦闘に巻き込まれ死んでいく非戦闘員や子どもたちや自爆攻撃で死に傷つく人々の存在は、メディアで映し出されても、それを「傍観者」として「眺める」人々にとって、痛みをもって受け止められることはほとんどない。

最近、新たな形で（意味を欠いた）「暴力」が露出しはじめているのも気になる。実際の死傷者を生み出しつつも、（攻撃相手としての他者の）具体的な身体性を見失ったかのような形でこの暴力は国際的にも広がりつつあるからだ。その意味で、最後にふれた「現実の虚構化」から「虚構の現実化」へという傾向は、現在、世界中で広がっている移民排斥やヘイトクライムの拡大、さらにはイスラム国をはじめとする「新しいテロリズム」の拡がりの背景にも存在しているように思う。

あとがき

初対面のある大学教員にこう言われたことがある。「あの伊藤公雄さんと、この伊藤公雄さんは同じ伊藤公雄さんだったんですね」。「あの」と「この」の「ぼく」の仕事があまりにもかけ離れてみえていたため、同姓同名の別人格と思われていたようだ。確かに、あれやこれやで「戦線」を広げすぎてきたのは事実だろう。とはいえ、複数の「ぼく」がいる、というのは、それはそれで「嬉しい」誤解のされ方だとは思っている。

とりあえず専門領域は、「日常生活も視野にいれた広義の政治現象をめぐる、文化社会学・メディア社会学」ということにしている。ここから、近現代日本とイタリアの政治文化研究、近現代日本社会におけるポピュラー・カルチャーとメディアの研究、男性性を軸にしたジェンダー研究、スポーツと政治文化研究などをめぐって、これまで、しゃべったり、ものを書いたりしてきた。とはいえ、どうしてもジェンダー研究・男性性研究者という仕事が多く、たいていの人にとって「あの伊藤さん」はジェンダー研究者のイメージだろうと思う。

ただ、ぼく自身の思いとしては、ジェンダー研究は、ある意味、自分の仕事のなかの（確かに結果としては大きな部分になってしまったかもしれないが）ほんの一部だと思っている。むしろ、広義の「政治と文化」のかかわりを、社会学的視座から、できるだけダイナミックに描くことで、自分（たち）の足場をみつめ、何をすべきかを読者とともに議論する、というのがぼくのやりたかったことなのだと思う（たぶん）。

なぜ、「政治と文化」だったかといえば、そこにはそれなりの理由がある。実は、小さいときからぼくは「全体主義」や「（歪んだ）ナショナリズム」の日本での復活を極度に恐れていた（現在の若い世代にとっては意外かもしれないが、実際、東西冷戦のなかで、西側でのクーデタを含む全体主義の復活の動きは存在していたと思う。特に、戦後少なくとも二度右派のクーデタが準備されていたことが明らかなイタリアの社会の研究のなかで、改めて、「全体主義の復活」は、それほど非現実なものではなかったのだと改めて気づかされもした）。高校生時代から踏み込んだ学生運動の課題も、ぼくにとっては、（他の多くの人たちのように）「革命」ではなく、むしろ「全体主義の復活阻止」の流れの上にあった。

もちろん、右派のそれだけではなく、左派の全体主義も大嫌いだった。

ソ連型の社会主義や中国の体制も含めて、共感をもったことはほとんどない（レーニンや毛沢東は、思想としては興味深く読んだし影響も受けたが、体制としての「現存社会主義」に「憧れ」をもったことはまったくなかった）。民主集中制という欺瞞にも強い反感を持ち続けていた。

しかし、実際に研究対象にしたのは、どちらかといえば「抵抗」というテーマではなく、「支配」、特に「文化支配」の構造というようなものが中心になった。しかも、大文字の権力という問題だけでなく、むしろ日常生活のなかの「政治」＝支配と抵抗、妥協と調整といったテーマに強い関心を抱いたのである（実は、ジェンダーについての関心も、ここから生まれた）。

なぜ、人は支配を受容してしまうのか、あるいは「イデオロギー」に拘束されて「現実」を見失ってしまうのか、ということを明らかにしないと（多様な形をとって浮上する）全体主義の復活はストップできないのではないかと考えたのだ。後知恵かもしれないが、ぼくの社会学研究の中に、こうした問題関心が存在し続けていたのは事実だと思う。

本書は、こうしたぼくなりの「思い」から、戦後社会を描いた論文集になっている。しかも、かなり「へそまがり」な戦後社会論になっているはずだ（「あなたは、一見「普通」に見えるけど、三六〇度ヘソが曲がっているからそう見えるだけで、実はとんでもないへそ曲がりだ」という指摘を受けたことがある。すごく嬉しかった)。「戦後平和主義」への違和感(もちろん否定するつもりは全くない)や、戦中派世代へのアンビバレントな感情、戦後のポピュラー・カルチャーへの強い関心とともにそこから距離をとって眺めてしまう視線の共存など、異論を感じたり、強い批判を抱く読者もいると思う。ただ、ここに書いた「戦後」は、すくなくとも、「ぼくには、こう見えた」というのも事実なのである。

各文章の後には、それぞれ現在の「思い」を「付記」の形でつけてある。時代の「距離」を図りつつ、読んでいただければと思う。

現代社会は、もしかしたらぼくが恐れていた「全体主義化」といってもいいような流れの上にあるようにも見える(もちろん、二〇世紀の「全体主義」とは異なる形をとって現れつつあるのだと思う)。

一九七〇年前後に生じた「リベラル」の動き、特に社会的マイノリティの権利の擁護といわゆる「アイデンティティ・ポリティクス」(社会的マイノリティの自己確認と承認要求)の広がりが、一九九〇年代のいわゆる「文化戦争」(保守派の家族規範や道徳の強調の動き)を経て、今や「リベラル」批判へと深化しつつあるように見える。社会的マジョリティのアイデンティティ・ポリティクスに対する、社会的マイノリティ(と思い込んでいる人々)からの「反発」「反撃」の時代と呼んでもいいのかもしれない。いわば社会的マジョリティ（でありたい人々、そう自認したい人々）のアイデンティティ・ポリティクス（承認要求）とでもいえるような事態が始まっているようにも感じるのだ（他方で、社会的マイノリティの権利擁護の動きも着実に深まりつつはあるのだが）。

こうした全体主義化の巨大な「濁流」に飲み込まれないためにも、もう一度、この七〇数年の日本と世界がどのような展開をみせたのかを振り返ることは必須のことだろうと思う。読者にとって、本書が、「戦後」という時代をもう一度振り返りつつ、「次」の時代を展望するときの思索の素材の一つにしてもらえれば幸いである。

本書は、実は、もっと前に出版される予定だった。何度も催促されつつも、とにかく多忙な生活のなかで、やっと完成できた。長いこと待っていただいたインパクト出版会の深田卓さんに、ここで改めて感謝したい。

伊藤公雄（いとうきみお）
1951年埼玉県生まれ。文化社会学、政治社会学、ジェンダー論専攻。
現在、京都産業大学現代社会学部客員教授。京都大学・大阪大学名誉教授。
著書
『光の帝国／迷宮の革命―鏡の中のイタリア』青弓社、1993年
『〈男らしさ〉のゆくえ―男性文化の文化社会学』新曜社、1993年
『男性学入門』作品社、1996年
『「できない男」から「できる男へ」』小学館、2002年
『「男女共同参画」が問いかけるもの―現代日本社会とジェンダー・ポリティクス』インパクト出版会 2003、増補新版、2009年

「戦後」という意味空間

2017年 4月15日　第1刷発行

著　者　伊藤公雄
発行人　深田　卓
装幀者　宗利淳一
発　行　インパクト出版会
〒113-0033　東京都文京区本郷2-5-11　服部ビル2F
Tel 03-3818-7576　Fax 03-3818-8676
E-mail：impact@jca.apc.org
http:www.jca.apc.org/~impact/
郵便振替　00110-9-83148

モリモト印刷株式会社